書けそうで書けない漢字2000

――あいまい書き・うっかり書き実例集

加納喜光

講談社+α文庫

文庫版まえがき

本書は『いつも迷ってしまう漢字大疑問』というタイトルで二〇〇〇年に講談社から刊行されました。今回、大幅に再編集し、『書けそうで書けない漢字2000』というタイトルにかえて、講談社+α文庫に加えさせていただくことになりました。見出し語と説明に出てくる漢字（常用《じょうよう》漢字、人名用漢字、また表外字《ひょうがいじ》）を含めると、約二〇〇〇字あります。

文庫版にするに当たって、体裁《ていさい》をかえたり、内容に手を加えたりしました。まず最初の版の刊行のいきさつから記したいと思います。

はじめに言いたいことは、本書が私ひとりの力ではなく、読者の協力によって生まれたものだということです。企画の出発点は、講談社の編集部が拙著《せっちょ》『読めそうで読めない漢字2000』『あってるつもりで間違ってる漢字』（ともに講談社＋α文庫）の愛読者に対して、「よく間違える漢字」や「漢字に関する疑問」などについて実施《じっし》したアンケート調査です。

一万通のはがきに対し、二五〇〇通ほどの回答が寄せられました。それらの質問や疑問を整理分類すると、漢字の書き間違《まちが》い、読み間違い、同音異義《どうおんいぎ》、同訓異字《どうくんいじ》などなど、漢字の全分野にわたります。あまりにも膨大《ぼうだい》なので、書き間違いだけに絞《しぼ》って、読者の質問・疑問に答えるという形で執筆したのが『いつも迷ってしまう漢字大疑問』でした。

質問・疑問はすべて読者からいただいたもので、私がこしらえたものは一つもありません。読者の協力というのはまさにこのことです。アンケートの回答を寄せられて採用にならなかった方にも、今回あらためて感謝の言葉を贈《おく》ります。またアンケート調査を実施していただいた講談社の編集部にも感謝します。

従来、学校などでの漢字の教え方は、「正しい字はこう書きますよ」と、先生が書いてみせる程度ではなかったでしょうか。不幸にして漢字学習法が確立していないため、なぜこう書くかの問いも答えもなく、ただ丸暗記のほかはありませんでした。だから漢字が曖昧模糊《あいまいもこ》として、いつのまにかすっぽりと頭から抜《ぬ》けてしまうのです。しかも近年、漢字忘れに別の要因が加わりました。それはコンピューターの登場です。パソコンやワープロを使うと、書く必要がなくなったのです。ところが恐《おそ》ろしい事態が起こり出しました。漢字を忘れるようになったのです。私も例外ではありません。手で書かないと、どうしても漢字が出てこなくなるのです。

漢字を知るということは、漢字の字体を脳にインプットするということです。字体《じたい》とは「犬」は「大」の右肩《みぎかた》に点を打つ形といった観念です。この観念の崩壊《ほうかい》が漢字忘れです。それを食い止めるには「書く」という行為《こうい》しかありません。漢字は手で書くことが絶対に必要なのです。

私が述べた処方箋《しょほうせん》は「この漢字はなぜこう書き、そう書かないか」に焦点《しょうてん》を当てることです。漢字の本質をしっかり押さえ、古代から現代までの字体（あるいは書体《しょたい》）の移り変わりを把握《はあく》して、初めてそれは可能です。

漢字は漢語という古代中国の言葉を表記した文字です。言葉の音《おん》（読み方）を写さないで、言葉の意味を図形に変えたのが漢字です。簡単にいうと、「意味のイメージの図形化」です。意味に応じてさまざまな図形が考案されました。これらが、五万もある漢字なのです。

言葉の意味を図形で表象《ひょうしょう》するためには、漢字の構造はどうしても複雑になります。また、形や音が似た漢字もたくさんできます。だから誤字が出るのは当然なのです。これを直すには「どうしてこう書くのか」ということ、つまり字源《じげん》・語源《ごげん》にさかのぼらないと解決しません。私の処方箋は字源・語源を詳《くわ》しく解剖《かいぼう》して、正しい字体を再構築するようにつとめることです。忘れかけた漢字は、あらたに字体を再構築して脳にインプットすれば、よみがえります。本書がそれを実現できることを切に願ってやみません。

二〇〇三年秋

加納喜光《かのうよしみつ》

目次◉書けそうで書けない漢字２０００

第三章 どこか変だと思いつつ、間《ま》違《ちが》えてしまう漢字

書けそうで書けない漢字2000

——あいまい書き・うっかり書き実例集

第一章　だれもが一瞬《いっしゅん》迷う、線と点とはね

私の経験では、何でもない漢字を度忘れして、黒板の前で考え込《こ》むことがあります。例えば、「挨拶《あいさつ》」という字。チョークをもった途端《とたん》に書けなくなります。こんなとき、私は復元しようと試みます。アイはジンアイのアイ（ほこり）と関係があると思い出します。アイはじっと止まるものだ（物の上にじっと止まっている土が埃《ほこり》）、と語源《ごげん》をたどります。そこで「俟《ま》つ」（じっと止まって待つ）を思い出し、「てへん」に「矣」と書きます。ここまでくれば「拶」は容易に出てきます。こんな手続きを経ないと「挨拶」が書けないのかと思うと、だれでも呆《あき》れてしまうでしょう。しかし簡単な覚え方もあります。アンケートに回答を寄せた方も指摘《してき》していましたが、「てへんにムヤクタ」と覚えればよいのです。

ともかく漢字の形は複雑です。複雑だから間違《まちが》いも起こります。間違いが起こるのが漢字の本性《ほんせい》だといってもよいでしょう。これはなぜでしょうか。

簡単にいえば、文字が多いからです。数が多いこと、これも漢字の本性です。物を一つ表すのに漢字が一つ必要なのです。一対一対応の原理、これが漢字の本質です。互《たが》いに他《た》と区別しなければならないから、必然的に漢字の形は複雑になります。漢字の総数は不明ですが、だいたい五万字です。

これらの形を見ると、内部に構造があります。五万字も区別するには相当ひねくれた形を含《ふく》んでいるのではないかと想像しがちですが、それほどでたらめではありません。組み立ての法則があります。最も微細《びさい》な要素に分解すると、おおよそ「一」「丨」「ノ」「丶」「フ」「レ」の六つの符号《ふごう》に収束《しゅうそく》します。こんな少ない符号で五万字も区別するというのは驚異《きょうい》的です。もちろん中には類似《るいじ》した記号がいくつもあります。だからこそ間違いが起こりやすいのです。

同じ理由を別の観点から見ますと、こんなこともいえます。文字というものは音《おん》を写す記号ですが、漢字は意味も写すという二重の働きがあるのです。正確にいうと、漢字は音と意味をもつ最小単位である記号素《きごうそ》（言語学の用語で、要するに一つのことば、単語）を再現する記号です。どんなテクニックで再現するかというと、記号素の意味の面（イメージ）を図形化することによって再現するのです。

例えば、古代の漢語に、ウマの意味をもつ ma という記号素がありました。これを再現する方法は二通りあります。記号素の音の面から再現する方法。ma とかマとか、音だけを表す文字で再現する。これは表音文字《ひょうおんもじ》です。もう一つはウマの図を描《えが》いて再現する方法。「馬」という図形を書いて ma と読むようにする。これが中国人の発明した漢字という表意文字《ひょういもじ》です。要するに漢字は記号素の意味、イメージを図形化したわけです。漢字の形が複雑で、千差万別《せんさばんべつ》である理由はこういうことだったのです。

以上はなぜ漢字に誤字が多く出るかの理由を説明しました。次に誤字を直す方法を説明しましょう。それは簡単にいえば、万人《ばんじん》に共通である字体《じたい》と照合することです。漢字の字体は頭の中に蓄《たくわ》えられた観念です。もちろんすべての漢字に精通《せいつう》している人は稀《まれ》でしょう。その代わりに辞書があります。誤字を直す規範《きはん》は辞書なのです。

では字体とは何でしょうか。「犬《けん》」を例に取ります。「大《だい》」という字の右肩《みぎかた》に点を打つ形が「犬」という字の字体です。「大」の下に点を打つと別の字になります。「大」の右下や左肩《ひだりかた》に点を打つと誤字になります。ではなぜ点が必要なのでしょうか。「大」と区別するためというのは一つの理由です。だとすると、「然《ぜん》」や「獣《じゅう》」

では点がなくてもいいはずですが、点がついています。本当の理由を明らかにするには字源《じげん》にさかのぼるしかありません。そうすると、「犬」はイヌのイメージを図形化した記号で、点は犬の耳に当たる部分であったことが判明します。要するに犬の特徴《とくちょう》の一つが点になって残っているわけです。

「犬」はこう書く約束だからこう書くのであって、点がどうのこうのというのは余計なことである、という意見もあります。「犬」を間違える人はいないでしょう。しかし「専《せん》」になぜ点が要《い》らないか、「博《はく》」になぜ点が要るか、アンケートでその理由を問う方がたくさんいました。それに答えなくてはなりません。こう書くからこう書けでは無責任というものです。

アンケートでわかったことは、字体の観念が怪《あや》しくなっていることです。というよりかなり混乱しています。漢字をよく覚えなさいだけでは解決法になりません。私は漢字の字源や語源を踏《ふ》まえて字体の観念を再構築することが最善の方法だと考えています。先にいったとおり、漢字は記号素の意味、イメージを図形化した記号です。字源・語源の解剖《かいぼう》は図形化の最初のドラマに立ち返る行為《こうい》です。これによって字体の観念を把握《はあく》ないし修正することができると思います。

まずこの章では、だれもが間違えやすい誤字をあげます。誤字の理由、アンケートの中の実例から、「横棒が足りない」「横棒が余分に多い」「右肩に点を打つか打たないか」「余計な点画《てんかく》を入れる」「必要な点画を落とす」「出るか出ないか」「はねるか止めるか」「つくか離れるか」「長いか短いか」「まっすぐか斜《なな》めか」「方向違い」「左右あべこべ」「上下あべこべ」「位置が移動する」などの典型的なパターンを選び、その治療法《ちりよう》について、できるだけ字源・語源から解剖して、示していきます。

達か達か

するするると通っていくイメージ

「達」はワープロにも出てくるくらいですから、由緒《ゆいしょ》ある誤字ですね。

字源《じげん》と語源《ごげん》から説明しましょう。「達《たつ》」のつくり（右側の要素）はもとは「羍」と書きました。「大《だい》」と「羊《よう》」の組み合わせです。だから「羊」が正しいわけです。

「大」は「大きくてゆとりがある」「ゆったりしている」というイメージを示す記号です。それで、「羍」はゆったりした産道を通って産まれてくる子羊を暗示させる図形（下図）です。昔、中国で羊は安産のシンボルとされました。

漢字を作った人は、さわりなくするすると通っていくことを表す象徴《しょうちょう》として羊を利用しました。それで、古代漢語で「スムーズに通る」という意味をもつ dat（ダツ↓タツ）ということばを、「羍」に「しんにょう」をつけた「達」で書き表したのです。

「通達、速達、発達、達人、達観」などの「達」も「スムーズに（さまたげなく、自由自在に）通る」というイメージが含《ふく》まれています。

看か看か

注意深く見る動作

「看《かん》」が正解です。下の篆書《てんしょ》を見てください。

「看」の上は「手《て》」なんですね。

だから一番上の線は「ノ」、次の二線は横

棒です。ただし中の縦線《たてせん》は斜《なな》めになり、下をはねません。

「手＋目」で、手をかざしてよく見る様子を暗示させる図形です。注意深く見るとき、光を避《さ》けるため手を目の上に当てることがよくありますね。この動作を材料にして、kan（よく見張る、見守る）ということばを書き表す字が「看」なのです。

こういうわけで、「目」の上が「手」というのが誤字の治療法《ちりょう》でした。

拝か拝か

意味を暗示する意匠

「拝《はい》」（これが正解です）のつくりの横線を三本に書く人は意外に多いようです。四本が正しいのです。だが、なぜ四本かを説明するのは至難《しなん》の業《わざ》です。「拝」と共通の要素をもつ字はほかにありません。古い字体《じたい》にさかのぼってみましょう。

下図の一番右は金文《きんぶん》といい、中国の先秦《せんしん》時代の書体です。下図中央と左は篆書《てんしょ》で、印鑑《いんかん》などでおなじみの書体ですね。金文の右側は木の枝が垂《た》れた形です。中央と左の図ではかなり変形していますが、それに近いといっていいでしょう。神に祈るときに使う玉串《たまぐし》の形と見ることができます。左側は「手」です。したがって、「玉串を手に持っておがむありさま」というのが「拝」の図形的な解釈です。ただし意味は単に「おがむ」です。玉串は〝意味

を暗示させるための図形的意匠《いしよう》〟なのです。

「拝」は直接的には前ページの図中央に由《ゆ》来《らい》する形です。右側は上の折れた線、中の曲がった二つの線、下の横棒、以上四つの横線でできているわけです。

木の枝葉《えだは》の垂れた形は「垂《すい》」にも含《ふく》まれています。一番下の横棒を取った部分です。上の「ノ」を「二」に変え、両側の縦《たて》線《せん》を省くと「拝」のつくりに近づきます。ただし書き方は中の二線が心持ち短めです。

字体と字形と書体

字体《じたい》は字の組み立てに関して頭の中に蓄《たくわ》えられている観念です。例えば「犬《けん》」は「大《だい》」の右肩《みぎかた》に点を打つ形という情報が脳にインプットされています。インプットされていなければ、要するに漢字がわからない、書けないということです。辞書のお世話になる必要があります。字体は人から人へ伝えていきますが、辞書に蓄積《ちくせき》されるのです。

字形《じけい》は字体に基《もと》づいて実際に書いた字の形です。「大」の形が少々ゆがんでも構いません。各人各様《かくじんかくよう》の書き方があります。しかし点は右肩にないといけません。字形は比較的自由度がありますが、字体に拘束《こうそく》されます。

書体《しょたい》は字の書き方の様式です。同一の書体ではすべての漢字の書き方が同じ特《とく》徴《ちょう》を帯びるのです。昔は筆記用具や書写《しょしゃ》材料の違《ちが》いが独特の書体を生み出しました。近代では特定の人のデザインが書体を創造します。例えば江戸時代に勘亭《かんてい》流《りゅう》という書体が現れました。いまでも歌《か》舞《ぶ》伎《き》や寄《よ》席《せ》、また大相撲《おおずもう》の番付《ばんづけ》などに見られます。新聞などで使う活字体は明朝《みんちょう》体《たい》と呼ばれる書体です。子供が教科書で習う漢字は教科書体という書体です。

明朝体にも教科書体にも問題点があることは、本書でその都度《つど》指摘《してき》します。活《かっ》版《ぱん》印刷や手書きの少なくなった現代では、コンピューターに合った新しい書体の創造が必要になってきました。

貯か貯か

物入れを描いた象形文字に由来

「貯《ちょ》」が正解です。

郵便局には貯金、銀行には預金といっていますが、貯金と預金は何が違《ちが》うのでしょうか。「貯」は「たくわえる」、「預」は「あずける」という意味です。ことばの印象としては、貯《たくわ》えるほうは半永久的だが、預けるのは一時的のような感じがします。郵便局で貯えるのは、安心だからという意識があるためではないでしょうか。「貯金」の「貯」を「貯」と書いた方は郵便マークを連想したからでしょう。また、「貯」と書くという方もいました。金を守ってくれるという意識がこんな誤字を生んだのでしょう。

さて、「貯」のつくり(右側の要素)は、ひつに似た物入れを描いた象形文字《しょうけいもじ》です(下図)。

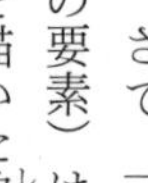

本来「宀」と「丁」に分けることはできませんが、覚えるときは「丁《てい》」を含《ふく》むと考えてよいでしょう。物入れの中に財貨などを貯えるのが「貯」ですが、「いつまでもそのままにじっとしておく」というイメージがあります。だから「佇立《ちょりつ》」の「佇」（たたずむ）も同じ記号を利用します。

報か報か

手錠を描いた図形を利用

正しくは「報《ほう》」です。下の「報」は、「達《たつ》」の誤字と反対に、棒が一本余計に多い誤字です。不思議なことに「執《しつ》」も同じ記号を含《ふく》むのに誤字の報告はありませんでした。

「報」の左側は「幸福」の「幸《こう》」なのです。「幸」と「報」と「執」はどんな関係があるのでしょうか。

まず「幸」を説明しましょう。これは古代の手錠《てじょう》を描《えが》いた図形です。下図右を見てください。上下が対称《たいしょう》形《けい》になっています。「幸」はひっくり返しても同じ形です。だから「幸」の下部は棒が二本で、しかも上が長く下が短いのです。

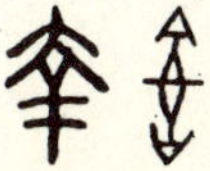

「幸」は偶然《ぐうぜん》の幸いという意味でした。「僥倖《ぎょうこう》」（まぐれざいわい）の「倖」です。古代は、刑罰《けいばつ》にかかる人が多かったのです。刑にかかるのが偶然なら、刑にかからないのも偶然でした。だから偶然の幸いを手錠の図形で暗示させたのです。刑具の図形を用いることにより、戒《いまし》めの気分をこめたのかもしれません。

「幸」を利用して二つの漢字が生まれました。一つは、手錠にかかるありさまを「執《しっ》」(とらえる)で書き表したのです。この字のつくりの「丸」は、「丮」が変化したものです。両手を前に差し出している人の図形です。

もう一つは、人に手錠をかけて仕返しするありさまを「報」(「報復《ほうふく》」の「報」)で書き表したのです。「𠬝」は相手に手をぴったりつけることを示しています。この記号については第三章の「服《ふく》」の項《こう》(三八〇ページ)をご覧ください。

「報」はやり返すわけですから、求めに応じてお返しするという意味も派生《はせい》しました。それが「報告《ほうこく》」の「報」(知らせる)です。

「幸」は「さいわい」と読みますが、漢語と日本語ではイメージがまったく違《ちが》うことばです。日本語の「さいわい」の語源《ごげん》は、「サキ(咲)・サカエ(栄)・サカリ(盛)と同根。生長のはたらきが頂点に達して、外に形を開く意」(『岩波古語辞典』)だといいます。植物の生命力のイメージから出たことばです。

漢語の「幸」は刑《けい》や型《けい》と同根で、枠《わく》というイメージです。これが「さいわい」につながるのは不思議ですが、古代人の言語感覚では、枠(型にはめること)からはみ出ることを「まぐれざいわい」「思いがけない幸運」のイメージにつなげたものでしょう。

賭博《とばく》などは射幸心《しゃこうしん》をあおるものという理

由から法律で禁止されています。偶然の利を求めるのが射幸心です。偶然、まぐれというのが本来の「幸」のイメージです。

龍か龍か竜か

左右に分けたのはあまりに大きいから

右下の横棒は三本（二字目）が正解です。「龍《りゅう》」は全体が象形文字《しょうけいもじ》です。左側は頭の部分、右側は胴体《どうたい》と尾《お》の部分と考えられます。竜《りゅう》はあまりにも大きいので左と右に分けて描《えが》いたのでしょう。もちろん竜は空想動物なのでだれも見たものはありませんが、共同幻想で作り上げた図像《ずぞう》があります。

下段の図はその一つで、頭の角《つの》、あるいは、とさか様《よう》のもの、四本の足などに特徴があり、そっくり文字の形に反映しています。「龍」の右側の四つの線（上に一つ、下に三つ）は足を表しています。というわけで、右下の横棒は三つあるのが正しいのです。

「龍」と「竜」の違《ちが》いは、「竜」が常用《じょうよう》漢字として普通の文章で使われるのに対し、「龍」は人名など特定の文脈で使われるということです。「龍」は人名用漢字表にある字ではなく、「竜」の旧字体です。旧字体（人名用漢字の旧字体を含む）のうち二〇五字は人名用漢字許容字体となっています。

常用漢字と人名用漢字

漢字は数が多いということと、形が複雑であるという理由から、明治以来、字数の制限と簡略化が検討されてきました。文部省（現在の文部科学省）の諮問《しもん》機関である国語審議《しんぎ》会が一九四六年の当用《とうよう》漢字表をもとに改定したのが常用《じょうよう》漢字表です。一九八一年に内閣告示がなされました。当用漢字の一八五〇字から、一九四五字に数が増えたのが一つの特徴《とくちょう》です。しかも制限（当用漢字以外使わないこと）という考えから目安（常用漢字を努力目標とする）という考えに変わったのも大きな特徴です。

常用漢字表は字種《じしゅ》だけでなく、音《おん》と訓《くん》も定めています。

人名用漢字は戸籍《こせき》法の一部改正という名目で一九九〇年に法務省令で施行《しこう》されました。正確にいうと、人名用漢字は常用漢字と人名用漢字別表と人名用漢字許容字体《きょようじたい》表の三つから成ります。別表が二八五字、許容字体表が二〇五字、常用漢字と合わせて、二四三五字が人名に使ってもよい漢字ということになります。問題は字種だけで、読み方を定めていないことです。

本書で人名用漢字といっているのは人名用漢字別表を指しています。

垂か垂か

土の上に生えた草木

「垂《すい》」のほかに「郵《ゆう》」でも同じ趣旨《しゅし》の誤字

報告が多数ありました。二字目のように、「垂」の下部にもう一つ横線を入れる人がけっこういるようです。しかし誤字です。

　漢字の書体は甲骨文字《こうこつもじ》→金文《きんぶん》→篆書《てんしょ》→隷《れい》書《しょ》→楷書《かいしょ》というふうに変わってきました。その都度《つど》漢字の形が大きく変わります。「垂」の篆書は下図右のように書きますが、これが楷書では「垂」となりました。「垂」の上部を楷書に直すと「𠂹」となります。これはもとは植物の枝葉《えだは》が垂《た》れた図形（下図左）です。下部は「土」です。だから、「𠂹＋土」でもって、土の上に生えた草木の枝葉が垂れるありさまを暗示させるのです。だとすると、「垂」と書くのが正しいのではないかという疑問はもっともです。しかし篆書を見てもわかるように、「𠂹＋土」はしっかりドッキングして分離《ぶんり》できません。「土」は上部に組み込まれた形になっているのです。

　篆書と楷書の対応から「垂」をとらえてみましょう。「𠂹」の部分が「𠂹」と対応します。「ノ」は斜《なな》めの枝、「｜」は縦《たて》の枝、四つの「人」は垂れ下がる葉、これが「卄」になります。いちばん下が「土」で、上部にぴったりくっつきます。

　第三章の「郵《ゆう》」の項《こう》（四〇五ページ）、また「華《か》」の項（二四八ページ）も参照してください。

書体の変遷

書体《しょたい》はデザイン化された漢字の書き方

の様式です。古代では自然発生的なもので、筆記用具や書写《しょしゃ》材料が書体を左右しました。

　甲骨文字《こうこつもじ》は中国の古王朝《こおうちょう》である殷《いん》の末期（紀元前一三～紀元前一一世紀）に出現した書体です。書写材料は亀《かめ》の甲羅《こうら》や牛の骨などで、筆記用具はナイフでした。だからごつごつした細い線が特徴《とくちょう》になっています。

　金文《きんぶん》は殷・周《しゅう》（紀元前一三～紀元前三世紀）の時代に現れました。昔、金《きん》といったのは銅のことです。青銅器の内側に鋳込《いこ》まれた銘文《めいぶん》を金文といいます。祖先の功績を讃《たた》えたりする記念の文章が多く、丸みを帯びた太い線が特徴です。

　篆書《てんしょ》（篆文《てんぶん》）は秦《しん》の始皇帝《しこうてい》が天下を統一したとき（紀元前三世紀）に生まれた書体です。書写材料は簡《かん》（竹や木の札《ふだ》）や帛《はく》（絹）、筆記用具は筆でした。戦国時代は漢字の書体（古文《こぶん》については五四ページを見てください）や字体《じたい》が国ごとにばらばらだったので、統一する必要があったのです。曲線が垂《た》れたような、装《そう》飾《しょく》の趣《おもむき》が強い形は優雅《ゆうが》そのものです。自然発生的な書体とは考えられません。現在でも印鑑《いんかん》などに利用されています。

　篆書は間もなく別の書体に取って代わられました。これが秦から漢《かん》にかけて出現した隷書《れいしょ》です。隷は小役人《こやくにん》の意味です。戸籍《こせき》や土地の台帳をつけるには篆書は不便で、それを崩《くず》した隷書が実用的でした。直線を多用しています。

隷書の直線化をいっそう進めていくと楷書《かいしょ》になります。現在一般に使われている書体です。文字全体が四角い形になりました。楷書が生まれたのは後漢《ごかん》から南《なん》北朝《ぼくちょう》のころです。紙の発明が書きやすさを助長させたことはいうまでもないでしょう。

ほかに草書《そうしょ》や行書《ぎょうしょ》という書体もあります。いわゆる崩《くず》し字《じ》で、楷書を崩したような印象を受けますが、実は草書は楷書よりも古く、隷書の段階で現れました。草《そう》は手紙の最後に書く「草々《そうそう》」と同じく「あわただしい、ぞんざいな」という意味です。漢字のスタイルの中でいちばん読みにくい書体ですが、その草書からいちばん読みやすい平仮名《ひらがな》が生まれたのは面白《おもしろ》い現象といえます。

博か博か　点の有無で迷う御三家

点の有無《うむ》で迷う御三家《ごさんけ》は「博《はく》・専《せん》・恵《けい》」でした。これらは漢字アンケート中の御三家でもありました。その中で「博」が断トツなのです。

驚《おどろ》きました。「博」が点を打つかどうかを迷わせるとはどうしたことでしょう。多くの人があげているのは「専」との混同です。ここに錯覚《さっかく》の根源がありそうです。原因解明と治療法《ちりょう》は古い字体《じたい》にまでさかのぼらないと、解決のしようがありません。

「博」の旧字体は「博」です。つくり（右側の要素）は「甫《ほ》＋寸《すん》」からできています。「甫」は「捕・浦・補・舗」を構成します。いずれも常用《じょうよう》漢字で、音《おん》はホです。ハクとホは音韻《おんいん》上のつながりがあり、ハ行の音です。

「甫」に「寸」をつけた字は「博」のほかに「縛《ばく》・薄《はく》・簿《ぼ》・敷《ふ》（寸が方に変わる）」を構成します。音はバク・ハク・ボ・フと多彩《たさい》ですが、いずれもハ行（古音《こおん》はb〜、または、p〜）の音であることは共通です。「専」はセンという音でまったく違《ちが》います。だから似た形でもハ行の音をもつなら点を打つと覚えてください。

以上の説明だけではなぜ点が要《い》るかはわかりません。これを説明しましょう。それには古い図形を出す必要があります。「甫」の非常に古い形（下段の図右）は「屮（草）＋田」ですが、ここからは右肩《みぎかた》の点は出てきようもありません。篆書《てんしょ》（下図左）になると「父＋用」に変わります。「父《ふ》」は音を示すと解釈《かいしゃく》されています（父と甫は古くは同音でした）。おそらく「父」の右上の点が楷書《かいしょ》の段階で出てきたのではないかと考えられます。

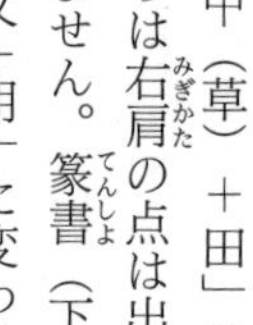

アンケートでは、人名の場合は点がなくてもよいかという質問がありましたが、点がないのはまったくの誤字です。人名用漢字許容字体《きょようじたい》表にも点のない「博」はありません。

音と訓

音《おん》というのは発音符号《ふごう》ではありませ

ん。ことばの読み方です。正確にいうと、記号素《きごうそ》（意味のある最小単位のことば、単語）の音声部分です。例えば、「馬」は ma という記号素の意味の部分を図形化した記号ですが、読み方は ma です。これが古代中国の「馬」の読み方です。「馬」という漢字が日本に伝わったとき、日本人はメと読みました。これは呉音《ごおん》といいます。その後、「馬」の音が伝わってきたとき、バに聞こえたので、バと読みました。これは漢音《かんおん》です。このように、中国から伝わった漢字の読み方も音といいます。この場合は、漢語が日本人の耳に聞こえてくる読み方です。だから必ずしも中国人の読み方と同じであるとは限りません。

「馬」は記号素の意味の部分を図形化した記号といいましたが、日本人の目から見ると、この意味はまさにウマです。古代の日本人は「馬」という漢字を見て、ヒヒーンと鳴く動物と対応していると気がついたのです。それなら「馬」をメとかバと読むほかに、「うま」と読んでもいいんじゃないかと考えたのです。これが訓《くん》の始まりです。訓というのは漢字の意味と対応する日本語です。注意しなければならないのは訓が漢字の意味とぴったり対応するとは限らないことです。「馬」は「うま」と対応していますが、「鮎」は「あゆ」と対応していません。中国では「鮎《ねん》」はナマズのことです。だから「鮎」を「あゆ」と読むのは、わざわざ国訓《こっくん》と呼んで区別しています。

さて音と訓の由来《ゆらい》はいいとして、どう区別するかです。例えば、「肉」のニクは音なのか訓なのか、「穂」のホは音なのか訓なのか。ニクは音、ホは訓ですが、区別をつけるのは簡単ではありません。

ただ音というのは数が少なく、ショウとかチャクとか音節が短いのが特徴《とくちょう》です。また、訓は単独で読んでイメージが湧《わ》きますが（「馬」は「うま」と読んでウマのイメージが浮かぶ）、音は単独で読んだのでは意味がはっきりしないものが多いのです（バだけではウマのイメージは浮かばない）。これがちょっと目安になるかもしれません。

専か尃か

迷惑漢字の横綱

点は不要なので、「専《せん》」が正解です。「専」と「博《はく》」は本当に迷惑《めいわく》漢字の横綱《よこづな》です。漢字のうろ覚えを責めるよりも紛《まぎ》らわしい字《じ》体《たい》作りを責めるべきでしょう。

なぜ紛らわしくなったかというと、旧字体を新しい字体に直す際に、酷似《こくじ》した字体が生まれたからです。「専」の旧字体は「專」でした。「博」の旧字体は「博」です。「專」と「尃」はかなり違《ちが》います。しかし新字体では点の有無だけの違いになりました。

さて、「専」に点の要《い》らない理由を古い図形から説明しましょう。

糸を紡《つむ》ぐ道具に紡錘《ぼうすい》というのがあるのをご存じでしょうか。「専」の上部の「叀」はそれの象形文字《しょうけいもじ》です。下の図を見てください。上に「丫」の形があります。これは糸をより合わせているところです。これが楷書《かいしょ》では「十」の形に変わりました。点のつく余地はありません。

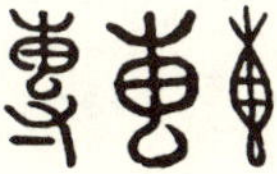

「叀」に「寸」(手の動作を示す符号《ふごう》)を合わせたのが「専」です。何本かの糸をより合わせて一本にまとめるありさまを暗示させる図形です。これで「専門」の「専」、つまり「そのことだけを一筋《ひとすじ》にやる（もっぱらにする)」という意味に用いるのが納《なっ》得《とく》いくと思います。

恵か恵か

点の有無には法則あり

アンケートに答えてくださったある女性は、「私の会社に何度注意しても恵《けい》の右肩《みぎかた》に点を打つ人がいます」と書いています。習慣になるとつい点を打ちたくなります。しかし「恵」に点は要《い》らないのです。

「恵」に点を打つのは「専《せん》」と同じように「博《はく》」との混同です。「恵」に点が要らない理由は、やはり旧字体《きゅうじたい》から判断するしかありません。「恵」の旧字体は「惠」です。ご覧のとおり「惠」の上部は「專」の上部と共通です（下図）。だから点は要らないのです。

「穂」に点を打ってしまうという人もかな

りいました。「博」の項《こう》でハ行の音《おん》なら点を打つと述べました。「穂」はホだから点が要る？　おっと待った。ホは音ではなく訓《くん》です。スイが音です。音は中国語系統の読み、訓は日本語系統の読みです。しかし最近の若者はこの区別があやふやになってきました。「出穂期」をシュッポキなどと平気で読みます。正しくはシュッスイキです。

　点の有無《うむ》についてまとめると次の法則が出てきます。

①ハ行の音なら点を打つ……博《はく》・縛《ばく》・薄《はく》・簿《ぼ》・敷《ふ》

②ハ行の音でないなら打たない……専《せん》・恵《けい》・穂《すい》

展か展か

もともとが誤字？

常用漢字《じょうようかんじ》では「展《てん》」を正形《せいけい》としていますから、「展」は明らかに誤字です。ただ歴史的に見ると、必ずしも間違《まちが》いとはいいきれないのです。

「展」の構造は「尸（しり）＋㠭（重ねる符号《ふごう》）＋衣《い》の省略形」で、衣《ころも》を敷《し》いて尻《しり》で押《お》さえる様子の図形（下図右）です。これによって、「広げて伸《の》ばす」というイメージを表す記号とします。「展開」「発展」の「展」はまさにこの意味です。

　これから見ると、「展」の下部は「衣」と共通だったわけです。図左のように隷書《れいしょ》

までは「展」の形になっているのがわかります。隷書というのは、篆書《てんしょ》が書きにくく、事務処理に支障が生じたため、これを崩《くず》して書きやすいようにした書体《しょたい》です。秦《しん》から漢《かん》の時代にかけて生まれました。「隷」は小役人《こやくにん》という意味です。

後漢《ごかん》のころに発生した楷書《かいしょ》は隷書を受けついだもので、書き方が変わっただけで、字の構造は大幅《おおはば》に変わったわけではありません。ところが「展」は線が一本足りないのです。これこそもともと誤字だったのではないでしょうか。

歴史的に見るとこうですが、「展」となって一〇〇〇年以上になります。もうこれが正字となり、「展」は辞書からも消えてしまいました（ただし『大漢和辞典《だいかんわじてん》』には「展」が出ています）。

書道はちょっと特殊《とくしゅ》な分野で、常用漢字の世界からはみ出します。古代文字も隷書も盛《さか》んに書かれます。「展」を隷書で書くといまでは余計な点画《てんかく》が入るわけです。

本書は書道関係の本も参考にしています。書の世界は漢字の書体や字体《じたい》と関係はありますが、基本的には字形《じけい》、つまり個人の書きぐせが強いところが多いようです。だから書道の字形を漢字の字体の規範《きはん》にすることは難しいと判断しています。

境か墷か

音で区別する方法

「境《きょう》」が正解です。

「鏡《きょう》」についても多数の質問が来ていま

す。「儿」のところに余計な点をつけるのです。明らかに「意《い》」と混同しています。「意」と「竟《きょう》」を区別するには音《おん》で判断するのも一つの方法です。「竟」はめったに使われませんが、ちょっと古いことばに「畢竟《ひっきょう》」（詰《つ》まるところ、結局の意）や「究《くっ》竟《きょう》」（たいへん都合《つごう》のよいという意）があります。音はキョウです。「境」と「鏡」はこれを音符《おんぷ》（音を暗示する符号《ふごう》）とします。「意」の音とはまったく違《ちが》います。

もう一つ字源《じげん》・語源《ごげん》で区別する手もあります。「意」と「竟」の共通項《こう》は「音」ですが、下に「心」がつくか「儿」がつくかでまったく違った意味を表すのです。

「意」は精神に関係があるので「心」が限《げん》定《てい》符号（意味領域を示す符号）になっています。「音」は「中にこもる」というイメージをとります。心の中にこもった思いが「意志《いし》、意欲《いよく》」の「意」なのです。

「竟」は「音＋儿」でできています。「儿」は二本の足の形ですが、人を表すこともあります。人が音楽を歌ったり演奏したりするとき、ここで一区切《ひとくぎ》りをつけるということを示すのが「竟」です。「竟」は「おわる」という意味ですが、他《た》の漢字の構成要素になるときは「区切りをつける」というイメージを添《そ》える符号になります。「竟＋土」で、「土地の区切り目」、つまり「さかい」を表します。「竟＋金」で、明暗の区切り目をはっきり映し出す金属の枠《わく》、つまり「かがみ」を表します。

「境」を間違《まちが》いそうなときはキョウと発音

してみてください。「意」が出てきそうな手が引《ひ》っ込《こ》むでしょう。

限定符号と意符

漢字は構成の仕方によって、象形《しょうけい》、指《し》事《じ》、会意《かいい》、形声《けいせい》の四種類に分けられます。このうち形声は意符《いふ》と音符《おんぷ》から構成されると説明されています。これでも間《ま》違《ちが》いではありませんが、意符ということばが誤解を生んでいます。まるでこの符《ふ》号《ごう》が意味を表しているかのように錯覚《さっかく》させます。例えば「晴《せい》」という漢字。「日《ひ》」が意符、「青《せい》」が音符ですが、どちらに意味があるでしょうか。実は「青」がイメージを表す記号です。「汚《よご》れがなく澄《す》み切《き》っていること」というイメージを表します。このイメージは意味の範囲《はんい》が広く、抽象的《ちゅうしょう》です。もっと具体的な意味領域に限定するにはどうするか。ここで限《げん》定《てい》符号を用いるのです。天気の領域に意味を限定するのが「日」（「ひへん」）です。天気において汚れがなく澄み切っていること、つまり「くもりがなく空が澄んでいること」を表すのが「晴《せい》」（はれる）なのです。このように意符というのは意味を表すのではなく、意味領域を限定する符号にすぎません。だから私は意符と呼ばず限定符号と呼んでいます。

ついでに音符のことにもふれておきましょう。音符は発音符号ではありません。音《おん》というのは前に述べたとおり、記《き》号素《ごうそ》（意味のある最小単位のことば、単語）の読み方です。記号素の音声部分を分析《ぶんせき》すると音素《おんそ》（意味のない最小単位）からできているのですが、漢字は音素には立ち入りません。だから音符というのは実は音を表すのではなく、記号素の全体の読み方を暗示させるだけなんです。例えば「青」は「晴」の音符になっていますが、「青」の古い読み方はts'eng（シヤウ）で、「晴」はdzieng（ジヤウ）です。音符は正確に音を写しているのではなく、ただ似た音（記号素の読み方）を暗示させるだけなのです。

惰か惰か　ちぐはぐな簡略化

常用《じょうよう》漢字の字体《じたい》は一九四九年に公布された当用《とうよう》漢字字体表に基《もと》づいています。いまから考えると、この字体表には不徹底《ふてってい》というか、不統一なところがあります。簡略化がちぐはぐなのです。「惰《だ》」はその中の一つです。次を見てください。

①隨《ずい》（旧字体）→随　髓《ずい》（旧字体）→髄
　墮《だ》（旧字体）→堕
②惰《だ》（旧字体）→惰

①は「育」が「有」に簡略化されていますが、②は新旧とも同じです。同じグループの四つの漢字の字体がばらばらになってしまいました。常用漢字以外では「楕《だ》・隋《ずい》」がありますが、「惰」は字体的にはこれらと共通になっています。こういう事情があるため、「惰」の書き方に迷いが生じるわけです。ということで、怠惰《たいだ》の「惰」

を「惰」と書くのは誤字です。残念ながら常用漢字表の字体を改正する以外に解決の道はありません。

余談ですが、「⿱左月」を「有」としたため筆順が変わりました。「堕」などの有の部分は「ノ→一」の順です。しかし「惰」の右上は元どおり「一→ノ」の順です。

均か⿰土勻か

「あげる」と、「そろう」で区別

「勻」から一画減らすと「匀」となります。ただ「匀」の中をよく見ると、線の向きぐあいが違《ちが》います。「勻」の中の二線は「二」の変形なのです。上の線はまっすぐで、下の線は尻上《しりあ》がりです。「匀」の場合は「、」です。「勻」と「匀」は似通《にかよ》ってはいますが、よく見ると違うのです。ただし「匀」の旧字体《きゅうじたい》は「勻」ですから、基本は似ているといえます。

正解は、「均《きん》」です。常用《じょうよう》漢字表の字体は「均」でも、教科書体は「⿰土勻」なのです。このあたりに「均」のつくりを「匀」に間違《まちが》える原因が潜《ひそ》んでいそうです。

字源《じげん》から考えてみましょう。「勹」は手をぐるりと回す図形です。「二」はそろえることを示す符号《ふごう》です。そこで、「勻」はまんべんなく平等に行きわたらせるさまを暗示させます（下図右と中央）。「均等《きんとう》、均一《きんいつ》、平均《へいきん》」は「そろっている」というイメージがあります。「二」という符号がそれを示すということを覚えたなら、

線を一本減らすことはないでしょう。

「勺《しゃく》」は液体を酌《く》み上げる柄杓《ひしゃく》の図形（前ページの図左）です。「杓《しゃく》」や「酌《しゃく》」のつくり（右側の要素）に用いられています。

「勺」の中の「丶」は水滴《すいてき》と考えてよいでしょう。水を酌み上げるから、「勺」は「上に高くあげる、あがる」というイメージを表します。「酌《しゃく》」（くむ）もそのイメージです。「的《てき》」はどうでしょう。「まと」は高々と掲《かか》げられるものです。「釣《ちょう》」（つる）は竿《さお》を高くあげる行為《こうい》です。

「釣」や「的」のつくりを「勺」に間違うという方もいましたが、「あげる」と「そろう」のイメージで区別するなら、間違うことはないでしょう。

懇か懇か

「むじな」なのか「けもの」なのか

正しくは、「懇《こん》」と書きます。「開墾《かいこん》」の「墾」についても同じような誤字事例がいくつか寄せられています。

私は気がつきませんでしたが、いわれてみれば「豸」は「豕」と似ています。点々をつけたくなります。字源《じげん》がわかれば違《ちが》いが判然とするかもしれません。

「豸」は漢字の部首《ぶしゅ》になるのはご存じですね。「貉《むじな》」という字のへんになっているので「むじなへん」と呼びます。ほかに「豹《ひょう》・貂《てん》・貘《ばく》・貌《ぼう》」などはこの部首に属します。

「豸」の字源を見てみましょう。次ページの図右のように獣《けもの》を描《えが》いた象形文字《しょうけいもじ》です。

上は口を開いた頭の形です。左の二つの「ノ」は二本足です。古字《こじ》書《しょ》に、獲物《えもの》を狙《ねら》って背を丸めている獣と説明しています。いまにも獲物に飛びかかろうとしているので、四本足ではなく、二本足にしたのでしょう。

「豕」はイノシシまたはブタの象形文字です（次ページの図）。「豸」との違いは頭と足の描き方です。「丆」は頭の部分ですが、口がとがった特徴《とくちょう》をとらえています。足は書体《しょたい》によって二本だったり三本だったりしていますが、隷書《れいしょ》や楷書《かいしょ》では左に二本、右に二本の足となっています。

　ということで、「豸」（「むじなへん」）は二本の足、「豕」（「いのこへん」）は四本の足ととらえると違いがはっきりします。

豚か豚か

迷いの原因は何か

結論を先にいえば、「丶」をつけません。「豚《とん》」が正字《せいじ》です。

常用《じょうよう》漢字表や人名用漢字表で「豕」の形を「豕」にしたところに迷いの原因がありそうです。それは次の三字です。

塚（旧字体《きゅうじたい》）↓塚（常用漢字）

啄（旧字体）↓啄（人名用漢字）

琢（旧字体）↓琢（人名用漢字）

昔の当用《とうよう》漢字表には「塚《つか》」はなかったのですが、一九八一年の常用漢字表に初めて「塚」が登場しました。事情を知らない人はいまだに「塚」が正字と思い込んでいるようで、漢字アンケートでもこれに関する質問がいくつかありました。第三章の「塚」の項《こう》（三五一ページ）を参照してください。

「豖」は本来「豕」とは別の字で、ブタの足をしばる図形でした。音《おん》はタクです。この音は「啄《たく》」と「琢《たく》」に残っています。

「豕」は前項《ぜんこう》で述べたように、イノシシまたはブタを描《えが》いた図形(下図)です。音はシです。「豕」に月（肉）をつけたのが「豚」です。これはイノシシではなくブタそのもの。「豚」はもともと「、」は要《い》らなかったわけです。

なお、人名用漢字許容字体表に「琢」が出ていますが、「啄」はありません。こんなところにも混乱の原因が潜《ひそ》んでいそうです。

渋か渋か

二つの足がぶつかるとどうなる？

「ㄨ」のつく漢字はいろいろありますが、旧字体《きゅうじたい》を簡略化したものに、一つの共通点があります。次を見てください。

攝《せつ》（旧字体）↓摂
壘《るい》（旧字体）↓塁
樂《らく》（旧字体）↓楽

おわかりでしょうか。同じ記号をもつものを「ㄨ」と簡略化しているのです。「渋《じゅう》」（これが正解です）もそうなのです。

澁（旧字体）↓渋

このように「渋」は「止《し》」が三つからできていました。しかしもっとさかのぼると「澀」という字形《じけい》でした。「止」は何かというと、足（foot）を描《えが》いた図形です。「澀」の右上は「止」が下向きになって二つ並び、右下は上向きの「止」が二つ並んでいます（下図）。全体は二つの足があっちからとこっちからとぶつかって対峙《たいじ》している形です。これでは足は一歩も進めません。渋滞《じゅうたい》です。

　おわかりですね。足が止まるから「止」と書くのです。

魅か魅か

「ム」は要るのか要らないのか

「魅《み》」に「ム」を忘れる人が多いと、新潟《にいがた》県の四六歳の女性からの指摘《してき》もありました。「鬼《き》」の場合はさすがに「ム」を落とす人はいないでしょうが、「魅」の場合は意外に落とされるようです。

　考えてみるとなぜ「ム」がいるのかという疑問が起こります。いったい「ム」って何だろう。

　「鬼」は頭の大きな人の形で、亡霊《ぼうれい》と解《かい》釈《しゃく》されています。いちばん古い書体《しょたい》（下図右）を見ると「ム」は見当たりません。「ム」を添《そ》えるようになるのは戦国時代の古文《こぶん》か、秦代《しんだい》の篆《てん》書《しょ》（下図左）あたりからのようです。

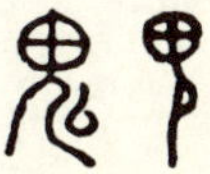

「ム」は尻尾《しっぽ》を表したものでしょう。亡霊は人間の魂《たましい》ですが、もはや人間ではなく、怪物《かいぶつ》の一種だと意識されるようになったからと思われます。「禺《ぐう》」や「禹《う》」や「離《り》」に含《ふく》まれる「ム」は獣《けもの》などの尻尾の形です。「虫」にもあります。要するに「鬼」は

人間ではないことを示しているわけです。

亡霊や化け物と関係のある漢字には鬼のへん（部首《ぶしゅ》名は「きにょう」）がつきます。目に見えない化け物が「魅」です。「魑魅《ちみ》魍魎《もうりょう》」（さまざまな自然の妖怪《ようかい》）の「魅」が本来の意味です。

余談ですが、「鬼《き》」は死者の魂、亡者《もうじゃ》というのが本来の意味です。「鬼籍《きせき》に入《い》る」といえば死ぬこと、「異域《いいき》の鬼《き》となる」といえば外国で死ぬことです。「鬼」を「おに」と読むのは仏教が伝わってから始まりました。

古文

書体《しょたい》の変遷《へんせん》を説明したとき（三七ページ）、古文《こぶん》についてはふれなかったので、ここで述べておきます。中国は戦国時代の各国で通行した書体を総称して古文といいます。

古文はそれほど多くは伝承されていません。『説文解字《せつもんかいじ》』などの古字書《こじしょ》に少し引用されているだけです。漢字の字体《じたい》は秦《しん》の時代にできた篆書《てんしょ》から隷書《れいしょ》、そして楷書《かいしょ》へと継承《けいしょう》されていきますが、古文から直接由来《ゆらい》する字体もいくつかあります。例えば「岳《がく》・要《よう》・明《めい》・求《きゅう》・朋《ほう》・礼《れい》」などは古文の系統です。

このうち「岳」と「嶽」、「礼」と「禮」は新旧の字体の扱《あつか》いを受けていますが、もともと別系統の字だったわけです。また、「太《たい》」は「泰《たい》」の古文ですが、現在では別字として使い分けをしています。

角か角か

日本の誤字が中国では正字

いまは亡《な》き田中角栄《たなかかくえい》元首相の「角」は「角」が正式で、新聞も確かそれにしていたと思います。よくこんな活字《かつじ》があったものです。

「角」は誤字であると断定するのが少しためらわれます。というのは歴史上は「角」もあったし、現在の中国ではこれが正字《せいじ》になっているからです。しかし日本の書記体系は常用《じょうよう》漢字を主《しゅ》とします。私は常用漢字の字体《じたい》について批判すべきは批判していますが、現在のところ常用漢字が正式な字体であることはいうまでもありません。常用漢字に照らすならば、「角」は誤字としてさしつかえないでしょう。

「角」の歴代の書体《しょたい》を見ると中の縦棒《たてぼう》は突《つ》き出ていません（下図）。中の縦棒が下に出ているのは主《おも》に書道の分野です。そうするとこれは字体ではなく字形《じけい》といえると思います。

書体、字体、字形の区別はすでに述べましたが（三一ページ）、もう一度簡単に振《ふ》り返《かえ》ると、篆書《てんしょ》や楷書《かいしょ》、また明朝体《みんちょうたい》や教科書体など、一定の特徴《とくちょう》を備えた書き方は書体といいます。一定の組み立て方に基《もと》づいて構成した文字の形に関する観念は字体といいます。字体の観念に基づいて各人《かくじん》が具体的に書いた文字の形は字形といいます。

字形は各人各様《かくよう》でバラエティがあります。字体に極端《きょくたん》にはずれない限り、間違《まちが》いとはいえません。書道などで「角」と書いても文句は出ません。しかしこれが普通の文章に登場すると、途端《とたん》に誤字扱《あつか》いになります。「角」と両立することはできません。

人名の場合には使ってよいかというと、これも駄目《だめ》なのです。人名用漢字表（また人名用漢字許容字体表《きょようじたい》）で定められた字体ではないからです。では田中角栄氏は特別かというと、そうではありません。人名漢字が制定されるまでは、字種《じしゅ》も字体（あるいは字形）も自由だったのです。

帰か帰か
出る・出ないの法則

手を描《えが》いた図形の一つに「」があります。これは篆書《てんしょ》ですが、楷書《かいしょ》に直す段になって、「又」（奴《ど》・取《しゅ》など）になる場合、「ナ」（右《う》・友《ゆう》など）になる場合、また「彐」の形になる場合と、三通りに分かれました。

「帰《き》」（これが正解です）のつくり（右側の要素）は「帚」で、手でほうきをもつ図形です（下図）。「箒《そう》」（ほうき）や「掃《そう》」（はく）を構成する記号になります。

「彐」は本来は「又」と同じですから、中の横棒が右のほうへ出るのが正しい形でした。しかし当用漢字《とうよう》（常用漢字《じょうよう》の前身）の字体《じたい》では、歸（旧字体）→帰と簡略化されました。「彐」の中の横棒を途中で止めることにしたのです。「掃・婦《ふ》・侵《しん》・浸《しん》・寝《しん》」も右へならえです。

ところが「⺕」のままに据《す》えおかれた字体もありました。「君《くん》・妻《さい》・建《けん》」などはそれです。「⺕」と書くか「ヨ」と書くか迷わせる原因はまさにここにあります。

ただし「⺕」の中の横棒が出る・出ないの法則があります。

①出る……事《じ》・妻《さい》・君《くん》・郡《ぐん》・群《ぐん》・争《そう》・浄《じょう》・静《せい》・兼《けん》・嫌《けん》・廉《れん》・謙《けん》・唐《とう》・糖《とう》・筆《ひっ》・建《けん》・健《けん》・津《しん》・律《りつ》・書《しょ》・粛《しゅく》・康《こう》・逮《たい》・隷《れい》・庸《よう》

②出ない……急《きゅう》・尋《じん》・隠《いん》・穏《おん》・帰《き》・婦《ふ》・掃《そう》・雪《せつ》・侵《しん》・浸《しん》・寝《しん》・当《とう》

これを見てお気づきでしょうか。そうです。①は「⺕」の中間に縦棒《たてぼう》が通っていますが、②は縦棒が通っていません。「⺕」になるか「ヨ」になるかは、縦棒の有無《うむ》が基準になります。

憲か憲か

人間の欲望をストップさせるためのおきて

「憲《けん》」が正解です。「憲」と「害《がい》」を見てください。上部に共通の形があります。縦棒《たてぼう》が上に抜《ぬ》けているのがわかりますか。形だけでなく意味の上でも共通したところがあるといったら、意外に思われるかもしれません。

「主」(「主《しゅ》」とは別)のもとの形は「丰」でした。当用《とうよう》漢字(常用《じょうよう》漢字の前身)以来「主」になったのです。「丰」は何かというと、縦の棒に斜《なな》めの三つの線を書いて、切り込みを入れることを示す符号《ふごう》です(下図右)。音はカイと読みます。この符号がつく漢字

には「切り込みを入れる」「途中で切る」「切って止める」「さえぎり止める」というイメージがあります。

害《がい》……命や成長をストップさせる（殺《さっ》害《がい》、災害《さいがい》）
割《かつ》……途中で断《た》ち切る（分割《ぶんかつ》、割腹《かっぷく》）
轄《かつ》……車輪が抜けないように車軸《しゃじく》につける止《と》め金《がね》（くさび）
契《けい》……木などに刻《きざ》みを入れて約束の印《しるし》とする（契約《けいやく》）
喫《きっ》……物を歯で嚙《か》んで食べる（満喫《まんきつ》）
潔《けっ》……汚《よご》れを削《けず》り落とす→清らか（清《せい》潔《けつ》）

さて、「憲」はどういうイメージでしょうか。字の構造は「害の省略形＋目＋心」です。目と心は人間の欲望のありかを示しています。そうすると「人間のかってな欲望をストップさせるためのおきて」というイメージになります。

「憲」は「憲法」のほかに「憲兵《けんぺい》」とか「官憲《かんけん》」という使い方もあります。これらは兵隊あるいは民衆のかってな行動を押《お》さえ止める役人のことです。

以上の漢字のグループはカ行の音をもつという特徴《とくちょう》があります。ちなみに、「青《せい》・責《せき》・素《そ》・毒《どく》・麦《ばく》・表《ひょう》」は同じ符《ふ》号を含みますが、カ行の音ではありません。「龶」のグループとはまったく別です。

危《か》か危《か》か

図形　がけの上と下に人がいる

常用《じょうよう》漢字表の前文に「明朝体活字《みんちょうたいかつじ》と筆写《ひっしゃ》

の楷書《かいしょ》との関係について」というコメントがあり、はねてもいい例として「木・来・糸・環・牛（「うしへん」）」があがっています。また、はねなくてもいい例として「切・改」の「乚」、「酒・陸・穴（「あなかんむり」）」の「儿」があがっています。このような類《たぐい》は字形《じけい》（字体《じたい》に基《もと》づいて実現される具体的な書き方）の違《ちが》いとされ、許容《きょよう》されるのです。

しかし「危《き》」の場合は、横棒の右端《みぎはし》をはねると字体が崩《くず》れます。「皮《ひ》」や「虎《こ》」などと混乱しますので、誤字となるのです。「危」の中に含《ふく》まれる「⼚」は垂直のがけの形です。がけの上と下に人がいる形が「危」です。がけの下に人がいるなら「厄《やく》」です。いずれも、あぶない場面を暗示させる図形になっています。がけをはねてはいけません。

皮か皮か

一段ばねなのか二段ばねなのか

二番目の「皮」は間違《まちが》いです。「服《ふく》」のつくり（右側の要素）と混乱しています。

「皮《ひ》」の字源《じげん》から説明しましょう。「又」は手の形です。それを除いた部分は、頭のついた動物の毛皮の形です。「廿」（または「口」）と「尸」からできています。これが崩《くず》れて「屮」となりました。そうすると「皮」のような二段ばねの字体《じたい》も成り立ちそうですね。しかし現実には一段ばねの「皮」が定着したのです。

その理由は「服」や「報《ほう》」のつくりと区別するためと思われます。この「𠬝《ふく》」は「卩＋又」で、人の背に手をぴったりつける図形です。「皮」と「𠬝」をはっきり区別しないといけません。

「皮」と「𠬝」は筆順も違います。「皮」は「ノ」から書き出し、「𠬝」は「㇆」から書き出すのです。

「皮」と「𠬝」の混乱による誤字については、第三章の「服」の項《こう》（三八〇ページ）をご覧ください。

劇か劇か

トラに関係あり

「虎《こ》」の略形である「虍」を「とらがしら」と呼び、トラに関係のあることを示す限定符号《げんていふごう》になります。

「虎」の字源《じげん》を下図で見ると、甲《こう》骨文字《こつもじ》（右）と金文《きんぶん》（中央）まではトラの象形文字《しょうけいもじ》であることが一《いち》目瞭然《もくりょうぜん》ですが、篆書《てんしょ》（左）になるとよくわからなくなります。楷書《かいしょ》の「虎」となると、頭の向きが左向きから右向きに変わったようにも見えます。一説によると、うずくまったトラの形だともいいます。そうすると「儿」は前足、両側に垂《た》れている線は後ろ足でしょう。

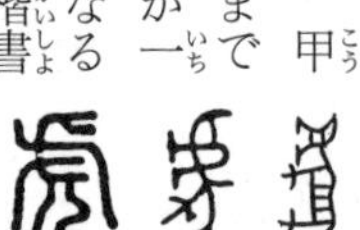

ちょっと苦しい解釈《かいしゃく》ですが、篆書を楷書に直した際、後ろ足の一本が「虍」の右端のはねになったといえそうです。したがって、「劇《げき》」（二字目）が正解です。

「じゃ七は何だ」といわれても返答に困り

ますが、トラの模様としておきましょう。

ついでに「劇」の字源についてふれておきます。左側の「豦《げき》」は「虍（＝虎）」（トラ）と「豕」（イノシシ）から成り立ちます。トラとイノシシがはげしくぶつかり合う場面を図形化したものです。これで「劇《げき》毒《どく》、劇薬《げきやく》」の「劇」（はげしい）の意味が納得《なっとく》できると思います。漢字誕生のプロセスから見ると、「はげしい」という意味をもつgiak（ゲキ）ということばを「豦」に「刂」（「りっとう」、刀を示す符号）を添《そ》えた字で書き表したのです。

抽象的《ちゆうしようてき》な意味を具体的なイメージで表《ひよう》象《しよう》するのが漢字のテクニックです。

疲か疲か

ベッドの上に人が寝ている図形に注目

「皮《ひ》」がはねるので、「疒」もはねるのではないかと迷う事例です。

「疲《ひ》」（これが正解です）の右上をはねるかどうかは、「疒」をはねるかの問題です。

「疒」の字源《じげん》を考えてみます。下図を見てください。左側は「爿《しよう》」で、ベッドの象形文字《しようけいもじ》です。「壮《そう》・将《しよう》・状《じよう》」の左側と同じです。

「疒」の上の部分は篆書《てんしよ》では「一」になっていて、「亠」になっていません。ちょっと不思議ですが、甲骨文字《こうこつもじ》を見ると「〈」（人の形）になっています。これが「亠」に変わり、とうとう「疒」になったと思わ

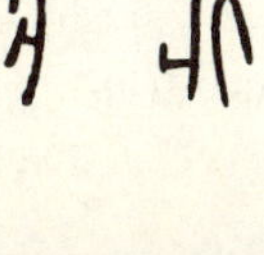

れます。ベッドの上に人が寝《ね》ている図形でもって病気を示す限定符号《げんていふごう》としたわけです。

ということで「疒」の上は「亠」であって、はねません。

なお、「疲」の字源については第三章(三七一ページ)をご覧ください。

分か分か

刀で左右に切りわける

「分《ぶん》」が正解ですが、「八」のところをつけて書くという人はけっこう多いようです。明朝体活字《みんちょうたいかつじ》が「分」となっているので、つけてしまうのかもしれません。

「分」を字源《じげん》から見ると間違《まちが》いがはっきりします。「八《はち》＋刀《かたな》」の組

み合わせが「分」なのです(上段の図)。「八」は左右に分けることを示す符号《ふごう》です。したがって、刀で左右に切り分ける様子を暗示させる図形が「分」です。

「盆《ぼん》」や「雰《ふん》」の「八」をつけるか離《はな》すか迷うという人もいましたが、みな同じことですので、この際直してください。特に「雰」は当用《とうよう》漢字表になかった字で、常用《じょうよう》漢字表に新たに入りました。それ以前は「雰」と書いていたので間違いやすい字です。「貧《ひん》・粉《ふん》・紛《ふん》・頒《はん》・盆《ぼん》」もチェックしてください。

「八」のように離す字はほかに、「公《こう》・総《そう》・谷《こく》・船《せん》」などがあります。「穴」にも含《ふく》まれていますが、これはさすがに「八」をつけて書く人はいないでしょう。

介か介か

人と八を合わせた図形

「分《ぶん》」とは逆に、上がつかないのは誤字（二字目）です。

「介《かい》」は下図のように「亽」（人の形）と「八」を合わせた図形で、中のものを両脇《りょうわき》からはさむ様子を暗示させます。間に入ってとりもつ（仲介《ちゅうかい》、媒介《ばいかい》）という意味です。

「八」を含《ふく》むなら「分」のように上が離《はな》れるのでは？　と疑問をもたれるかもしれませんが、下の図をよく見てください。篆書《てんしょ》を楷書《かいしょ》に翻訳《ほんやく》すると、「亽」が「𠆢」に当たり、「八」が「儿」に当たるのがわかります。

「にんべん」が「𠆢」の形になるのを「ひとやね」といい、「今《こん》・会《かい》・余《よ》・傘《さん》」などがこれに属しますが、本当に人の形を表すのは「介」と「企《き》」だけです。

酒か酒か

さけが入っていることを示す一線

「酉《ゆう》」の内部の「一」を両側につけて書くかどうかです。実は私も丁寧《ていねい》に書かないときは中の横棒がついていません。これを誤字とするのは判断が苦しいところです。

「酉」の古い字体《じたい》（下図）を見てください。これは酒壺《さかつぼ》の象形文字《しょうけいもじ》です。上の一線は蓋《ふた》の部分で、内部の一線はおそらく液体が入っていることを示すのでしょう。甲骨文字《こうこつもじ》から

篆書《てんしょ》まで、線は両側についています。

ところが書道などでは一線をつけない例もけっこうあるのです。常用漢字表《じょうようかんじひょう》ではどう扱《あつか》っているかというと、「明朝体活字《みんちょうたいかつじ》と筆写《ひっしゃ》の楷書《かいしょ》との関係について」というコメントで、「はねるか、とめるかに関する例」として「酒」があがっていますが、一線はつけたままです。「つけるか、はなすかに関する例」として「月」はありますが、「酒」はありません。私は「月」のほかに「酒」もあげるべきだと思いますが、常用漢字字体の制定者の意図《いと》はわかりません。現在の常用漢字表を杓子定規《しゃくしじょうぎ》に守るならば、「酒」は誤字ということになります。

「酒」は字典では伝統的に「さんずい」ではなく「酉《ゆう》」の部首《ぶしゅ》に入っています。酒は液体だから「さんずい」でよさそうなものですが、中国人は、「酉」(酒壺)のほうを重視したのでしょう。

ところで「酉」の部首名を日本では「ひよみのとり」と呼んでいます。「ひよみ」とはカレンダー、または十二支《じゅうにし》のことです。年や月を表すのに十二支を使うことがありますが、「酉」は「とり」なので「酉」を「ひよみのとり」というのです。

壇か壇か

音を知っていれば簡単

正しいのは「壇《だん》」のほうで、音《おん》を知っていれば簡単です。「壇」のつくり(右側の要素)は「元旦《がんたん》」の「旦《たん》」と音声上のつながりがあるからです。

「旦」と「且」をこんがらがる例に「黄《おう》疸《だん》」があります。よく「黄疸」と誤植されます。しかし「疽《そ》」は「できもの」という意味で別に存在する字です。

さて、「壇」の右下はわかったとして、右上は何でしょうか。これだけ取り出すと見慣れない形です。「図《ず》」の旧字体《きゅうじたい》の「圖」をご存じでしょうか。この中に含《ふく》まれています。「鄙《ひ》」(ひな、いなか)という字の左下にもあります。また「稟《りん》」や「廩《りん》」(くら)に含まれています。「㐭」は米倉《こめぐら》の象《しょう》形文字《けいもじ》です。「亠」は屋根、「回」は貯蔵庫と見てよいでしょう。

「旦」は「平坦《へいたん》な」というイメージを示す符号《ふごう》で、音を兼《か》ねます。したがって「亶《たん》」は平坦な場所に建つ米倉を暗示させる図形(下図)になります。そこから展開して、米倉とは直接の縁《えん》がなくなり、ただ平坦な小高い土台という意味になったのが「壇」という字です。

昔、中国に天を祭るための大がかりな舞《ぶ》台《たい》がありました。これを「天壇《てんだん》」といいました。「祭壇《さいだん》」の「壇」がもとの意味だったのです。これを「教壇《きょうだん》」「花壇《かだん》」に用いるのは比喩《ひゆ》的用法です。

天か天か

正誤の判断は難しい

私は「天《てん》」の横棒のどちらが長いか意識して書いたことはありません。意識して書いてみると上が長くなります。しかし正誤《せいご》の判断となると、どうも難しいようです。

古い字体《じたい》を調べると、上は二本の棒ではないので、どちらを長くするかの根拠《こんきょ》ははっきりしません。隷書《れいしょ》になると「天」に近い形が現れますが、上が短いものと上下同じ長さのものが見られます。

古字書《こじしょ》を調べてみました。明《みん》の『正字《せいじ》通《つう》』では上がやや短めです。清《しん》の『康煕字《こうきじ》典《てん》』では上が長い「天」になっています。どうやら権威《けんい》のある康煕字典体《たい》に落ち着くようです。もっとも現在の中国では上の短い「天」が正字《せいじ》になっています。

ここで、中国の辞典についてふれておきます。中国の辞典には三種類あります。漢字の形《けい》・音《おん》・義《ぎ》のどれかを基準として、字《じ》形《けい》で分類するもの、音で分類するもの、意味で分類するもの、この三種です。名称はそれぞれ字典（字書）、韻書《いんしょ》、辞典（詞典《してん》）です。『正字通』と『康煕字典』はいずれも字典です。

さて、話を戻すと、「天」なのか「天」なのかは、「夫《ふ》」との区別から考えたほうがよいかもしれません。「天」も「夫」も「大《だい》」に「一《いち》」をつけた形ですが、「夫」の場合の「一」はかんざしか冠《かんむり》かを象徴《しょうちょう》的に示していて、一人前《いちにんまえ》になった男を暗示させます。だから上の「一」は下の「一」よりも短いのです。一方、「天」の場合の「一」は人の頭の天辺《てっぺん》を暗示させます（上段の図を見てください）。頭そのものではなく、頭の上に広がる大空を暗示させているのです。だから字源《じげん》的に考えると、「天」の上は「夫」と違《ちが》って長いと見ることができます。もっともこの理論（?）は絶対的ではありません。いまのところ常用《じょうよう》漢字表の字体を基準として、上の長い「天」を正字とするほかはありません。

𠮷か吉か　誤字ではなく異体字

前に「博《はく》」の項《こう》で誤字の御三家《ごさんけ》をあげましたが、「𠮷《きち》」についてもそれに劣《おと》らず多数の質問が来ています。

結論からいうと、「𠮷」は誤字ではなく異体字《いたいじ》（七六ページ参照）という概念《がいねん》に入ります。ただし常用《じょうよう》漢字という正式な字体《じたい》から見るとはずれていますので、使えるのは姓《せい》や地名などの特殊《とくしゅ》な分野に限られます。

古い字体を見てみましょう。金《きん》文《ぶん》（下図右と中央）では「士」と「土」が半々くらいです。篆書《てんしょ》と（下図左）では「士」だけになっています。しかしその後の書道では「土」が多いようです。字源《じげん》的に見てもどちらが正しいか明らかではありません。

「𠮷」の上部はかぶせるもの、下部は容器を示しており、「中身をいっぱい詰《つ》め込《こ》むさま」を暗示させる図形です。これによって「めでたいこと、よいこと」を表象《ひょうしょう》するのです。空《から》っぽなありさまの図形である「凶《きょう》」が「よくないこと、わざわい」を表すのとちょうど反対です。

戦後の首相《しゅしょう》であった吉田茂《よしだしげる》は確か「𠮷」

と書いたと思います。「吉野家《よしのや》」というチェーン店もあります。「吉田」や「吉野」などの姓をもつ方は「吉」が誤字かどうかをたいへん気にしているようですが、安心してください。中国では古くから使われております。しかし現在は日本でも中国でも正字と見なされず、俗字扱《ぞくじあつか》いになっています。

正字と俗字

俗字《ぞくじ》の定義づけがあるわけではありませんが、一般《いっぱん》には次のように考えられています。

「漢字で、正字《せいじ》に対して世間一般に用いられているが、本来はそう書くべきでないと考えられている字体《じたい》。例えば、正字の『兔』に対して『兎』、正字の『奇』に対して『竒』など」（『学研漢和大字典』）

では正字とは何でしょうか。あまりはっきりしません。何を基準にするかによって正字の定義は変わると思います。記号素《ごうそ》（意味のある最小単位のことば、単語）の意味をよく表象《ひょうしょう》し再現する字体が正字だという考えも成り立ちます。例えば、「するりと抜《ぬ》け去《さ》る」という意味をもつイツという記号素を再現するには、「辶（⻌しんにょう）」＋兔（ウサギ）」という組み立てがふさわしいので、「逸（逸）」を正字としてよいでしょう。そうすると「逸《いつ》」は俗字です。しかし公《おおやけ》に定めた字体を正字とする見方もできます。

「逸」は常用《じょうよう》漢字として国が定めた字体ですから、現在の日本では「逸」が正字です。そうすると「逸（逸）」は本字《ほんじ》、旧字《きゅうじ》ということになります。

　このように基準を設けないと正字と俗字の判定はできません。

荘か荘か　「士」なのか「土」なのか

「荘《そう・しょう》」が正解です。

「荘園《しょうえん》」の「荘」と「庄屋《しょうや》」の「庄」は「いなかの家」という意味では同じです。ところが一方は「士」、一方は「土」なので混乱してしまうのではないでしょうか。しかし「壮《そう》」を想起《そうき》すれば解決がつきます。意味から考えても「壮」の右側は「士《し》」でないといけません。血気《けっき》盛《さか》んな男という意味です。

　ついでに「荘《そう》」（旧字体《きゅうじたい》は「莊」）の字源《じげん》にふれておきましょう。「壮」は血気盛んな男ですが、イメージとしては背の高い体格のいい男です。これは「爿《しょう》」のイメージを利用したものです。「爿」は細長いベッドの象形文字《しょうけいもじ》でした。だから「荘」は長屋《ながや》のイメージになります。いなかや、下《しも》屋《や》敷《しき》、はたごやなどを「荘」といいます。一《ひと》頃《ころ》アパートなどに「〜荘」とつけましたが、現代の長屋という感じです。

　さて、「吉《きち》」の項《こう》で、字源的に「吉」と「吉」の区別がつきにくいといいました。「士」と「土」は形が似ているために、昔からこんがらがっていたふしがあります。

「壮」や「荘」の場合も「士」を「土」と書いた例があるのです。

「士」の字源は何でしょうか。私は「牡《ぼ》」（おす）という字のつくりと同じだと考えています。「牡」の甲骨文字《こうこつもじ》（下図の右から三番目）を見ると、「二」の上に棒が立っています。これはペニスの形と考えられます。人間の場合は棒の中ほどがふくらんで「士」の形になったのでしょう。ここから「士」（人間の場合、おとこ）と「牡」（動物の場合、おす）の二つの字《じ》体《たい》に分化したのだと思います。

「牡」のつくりは本来は「士」でしたが、篆書《てんしょ》の段階で「土」に間違《まちが》われたのです。「牡」をいまさら変えるわけにはいきませんが、「壮」や「荘」は「士」であって、「土」と書いては間違いなのです。

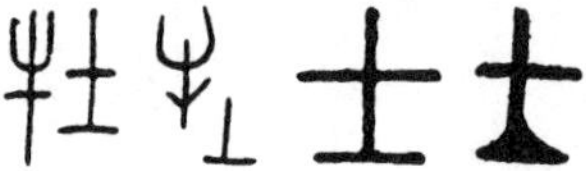

奏か奏か

「夭」なのか「夭」なのか

下部を「夭」（「天」ではありません）と書くか「夭《よう》」と書くかです。正直にいうと、私は「奏」と書いていました。この質問であれっと思った次第《しだい》です。少し古い世代は「夭」と書いていたのではないでしょうか。『大漢和辞典《だいかんわじてん》』（大修館書店《たいしゅうかんしょてん》）も「奏」になっています。

しかし常用漢字表《じょうようかんじひょう》を目を凝《こ》らして見るとまさに「奏《そう》」なのです。意外でした。「奏」は常用漢字表の前文の許容字体《きょようじたい》にも入っていませんでした。

なぜ二つの字体があるのでしょうか。古い字書を調べてみました。明《みん》の『正字通《せいじつう》』は「奏」、清《しん》の『康熙字典《こうきじてん》』は「奏」で、まちまちでした。

篆書《てんしょ》では「奏」の下部は「夲」のような形になっています（下図）。これが楷書《かいしょ》でなぜ「天」または「夭」になるのか不明です。

「奏」の正しさの根拠《こんきょ》ははっきりしませんが、常用漢字表の字体に準拠《じゅんきょ》して、「奏」を正字《せいじ》にしてよいと思います。

橋か橋か

「夭」はなよなよとしたイメージ

「橋《きょう》」のつくり（右側の要素）は「喬《きょう》」（人名で「たかし」）です。高いと関係があるので上が「天《てん》」のような感じもしますが、「夭《よう》」なのです。

「夭」は「夭折《ようせつ》」（若くして亡《な》くなること）の「夭」（若い、弱いの意）で、なよなよとしたというイメージを表します。これが「高い」とどう関係があるのか、ちょっと面白《おもしろ》いので説明しましょう。

「夭」は首を斜《なな》めに曲げた人を描《えが》いた図形（次ページの図右）です。女性がしなをつくる形と見ることができます。「妖艶《ようえん》」の「妖」は女性のコケティッシュなありさまを意味します。女性が首を曲げたり体をくねらせたりする形から、「夭」を「『〈』型に曲がる」というイメージを示す記号に使います。これが「喬」の上にあるものです。

「喬」は「夭＋高《こう》（「亠」を省略）」で、高いけれども上が曲がっているという微妙《びみょう》なイメージを表します（下図左）。「橋」は水の上にかかっているから高い建造物ですが、「⌒」型に曲がっているのです。いわゆる太鼓橋《たいこばし》が「橋」の意味だったわけです。

最後に、「天」になるか「夭」になるか、あるいは「天」になるかをまとめると、次のとおりです。

①「天」の形……奏《そう》（常用漢字《じょうようよう》）、湊《そう》・輳《そう》・癸《き》・揆《き》・葵《き》・呑《どん》（以上、表外字《ひょうがいじ》）

②「夭」の形……笑《しょう》・橋《きょう》・矯《きょう》・添《てん》（以上、常用漢字）、喬《きょう》（人名用漢字）、妖《よう》・沃《よく》・嬌《きょう》・驕《きょう》・蕎《きょう》・呑《どん》（「呑」の俗字）・忝《てん》（以上、表外字）

③「天」の形……蚕《さん》（常用漢字）

右のうち、添（そう）・忝（かたじけない）・呑（のむ／俗字は呑）の「夭」はもともと「天」でした。だから添《てん》・忝《てん》・呑《どん》（呑）の音が「天《てん》」と縁《えん》があるのです。

虐か虐か

右手なのか左手なのか

「虐《ぎゃく》」（旧字体《きゅうじたい》は「虐」）が正解です。この字の下部を逆向きに書く人が意外に多いようです。「ヨ」と「彐」の形については前に述べました（五六ページ）。この形を含《ふく》む字は常用漢字《じょうよう》でかなりの数に上ります。しかし「E」の形は「虐」など数例しかありません。だから方向を間違《まちが》えやすいのでしょう。

「⺕」は「又」と同じで、手の形です。しかも右手です。その反対向きは当然左手ということになります。「𦥑《きょく》」（両手の形）の左側に当たります。これは「與」（「与《よ》」の旧字体）や「學」（「学《がく》」の旧字体）や「興《こう》」に含まれています。「印《いん》」の左側もそうです。この場合は「E」の中の横棒は抜《ぬ》け出ません。

ただし「虐」の場合は字源《じげん》的に少し違います。篆書《てんしょ》（下図）を見てください。「虎《こ》」と「E」の組み合わせになっているのがおわかりでしょう。ただしトラは左手も右手も関係なく、ただトラの足の爪《つめ》を表しているだけです。なお楷書《かいしょ》では「儿」が略された字体になっています。

当用《とうよう》漢字の字体で「⺕」が「ヨ」となったのと歩調を合わせて、「虐」は「虐」に変わりました。

修か修か

二本と三本で異なる方向

斜《なな》めにはらう線が二本の場合は、「冬《とう》・尽《じん》」のように、右下がりになるものがあります。三本の場合は「彡」のように左下がりになります。前者と後者を混乱したのが「修」という誤字でしょう。

「彡」は二通りの働きのある符号《ふごう》です。一つは髪《かみ》の毛の形です。「髟」（「かみがしら」）を構成し、「髪」に含《ふく》まれています。また「須《しゅ》」の「彡」もひげを表します。「鬚《しゅ》」（あごひげ）という字には「彡」が二つもあります。髪やひげは細くてすきまがあいているので、「杉《さん》」という字の構成要素にもなります。スギの葉は確かに「細くてすきまがあいている」というイメージがあります。

もう一つは模様を示す符号に使われます。この場合は「さんづくり」といって部《ぶ》首《しゅ》になります。あや、模様をつけて美しく飾《かざ》るというのが「修」の意味です。

「修」を間違《まちが》いそうになったら、「髪」や「杉《すぎ》」を思い出せばよいでしょう。

「修」のほかの誤字や字源《じげん》については、第三章（三一〇ページ）をご覧ください。

於か於か

右はらいなのか左はらいなのか

ポスターなどでたまに「於○○公会堂」などという文句を見かけることがあります。「於《お》」の訓《くん》は「おいて」です。一種の漢文読みで、「○○公会堂に於《おい》て」というふうにひっくり返って読むのです。「於」は場所を示す助字《じょじ》（実質的な意味はなく、文法的な役割をはたす文字）で、場所の前につける文字なのです。これはもう廃語《はいご》のようなものですが、人名用漢字としてわずかに生き残っています。

さて、字源《じげん》から説明しましょう。といっても字源がよくわからない字です。『説文《せつもん》解字《かいじ》』（中国で最初に現れた字典）という古字書《こじしょ》では「於」は「烏《う》」の古文《こぶん》（五四ページの解説を見てください）とあります（下図右は

「烏」の篆書《てんしょ》、左は古文の「於」)。つまり、ともにカラスの象形文字《しょうけいもじ》だというのです。とてもカラスには見えませんが、この説に従っておきます。前ページの図左を見ると、右下が「二」の形になっています。これが楷書《かいしょ》以後「ミ」になりました。

「二」が「ミ」に変わるのは、ほかにこんな例があります。踊《おど》り字《じ》というのをご存じですか。同じ文字を繰《く》り返《かえ》すとき、その代わりをする符号《ふごう》です。漢文では「〻」を使いますが、日本ではよく「〃」が使われます。実はこれらは「二」から変わった形なのです。「扵」という誤字はこれの影響《えいきょう》かもしれません。

ついでに「於」を利用する漢字の話をします。カラスの鳴き声はのどにつかえたような感じですね。中国人は「つかえる」ことを示す記号として「於」を用いました。そこで、川にたまる泥《どろ》を「淤《お》」、血の流れが滞《とどこお》る病態《びょうたい》を「瘀《お》」と書くのです。「瘀血《おけつ》」ということばは漢方《かんぽう》でよく使われます。

遊か遊か ― 左右あべこべを防ぐには

この誤字(二字目)については、たくさんの事例が寄せられています。

「遊《ゆう》」の「しんにょう」をはずすと「斿」。これの解剖《かいぼう》の仕方が問題です。「㫃+子」と分析《ぶんせき》するのです。「㫃」が一つの単位なのです。この方法がわかったら、左右入れ替えは防げるのではないでしょうか。

「㫃」は何かというと、旗《はた》の吹《ふ》き流《なが》しの形です。「旗《き》」や「旒《りゅう》」(吹き流し)などに含《ふく》まれます。「㫃」は『説文解字《せつもんかいじ》』という古《こ》字書《じしょ》では独立した部首《ぶしゅ》だったのです。後世、部首を統廃合《とうはいごう》した際、「方」(「かたへん」)に入れられてしまいました。そのため「㫃」が一つの単位であることが忘れられてしまったのです。

　ところで、子が旗を持って遊ぶから「遊」ができた? 違《ちが》います。漢字の作り方はそんなにストレートではありません。「遊」の字源《じげん》はこうです。旗の吹き流しはゆらゆら動いています。子供はあっちに行ったりこっちに行ったりじっとしていないものです。こんな二つのイメージを集めて、「あっちこっちに動いて同じ位置にじっとしていない」という意味を表したのです。「遊《ゆう》学《がく》、遊軍《ゆうぐん》、遊星《ゆうせい》」などの「遊」はまさにそれです。「遊戯《ゆうぎ》」の「遊」もそんな行動の一つです。

　さきほど、入れ替えると誤字になると述べましたが、もちろんすべてがそうとは限りません。「秋《しゅう》」は「秌《しゅう》」、「隣《りん》」は「鄰《りん》」となっても同じです。ただし後者は異体字《いたいじ》で、普通に使う字ではありません。

異体字

記号素《きごうそ》(意味のある最小単位のことば、単語)を写した視覚記号が漢字ですが、一つのことばに対して漢字が一つだけあるとは限りません。複数ある場合もあります。標準の字に対してそれ以外の字を異体字《いたいじ》といいます。これらのもとになる記号素は一つですから、標準の字と異体字は同音同義です。例えば、「島《とう》」は標準の字体《じたい》ですが、「嶋・嶌」は異体字です。ただし歴史的に見ると、「㠀」が本字《ほんじ》です。そうすると「島」は「嶋・嶌」と同じレベルの異体字ということになります。

標準の字と異体字との関係によって、異体字に対し、俗字《ぞくじ》、略字《りゃくじ》、誤字、正《せい》字《じ》、本字、古字《こじ》、旧字《きゅうじ》などの名称を使うこともあります。

もともと異体字なのに、標準の字から独立してしまって、別の意味に使う場合もあります。例えば、「叶《きょう》」は「協《きょう》」の異体字ですが、専《もっぱ》ら「かなう」という意味で使われます。また「臈《ろう》」は「臘《ろう》」(僧《そう》の修行《しゅぎょう》の年数の意)の異体字ですが、「上臈《じょうろう》」(身分の高い女性)、「中臈《ちゅうろう》」、「下《げ》臈《ろう》」、「臈長《ろうた》ける」(美しく気品がある)という限定した使い方をします。

尋か尋か

「ロエ」なのか「エロ」なのか

これは私も迷う字です。「エロ」が正しいなんて無責任なことはいいません。字源《じげん》から説明しましょう。

「尋《じん》」の旧字体《きゅうじたい》は「尋」です。「ヨ」は前にも述べましたが(五六ページ)、「又」と同じで、手の形です。「寸」は「又」に「二」をつけた字で、手の動作を示す限定《げんてい》符号《ふごう》に使われますが、ここでは「又」と同じ働きをします。そうすると、上の「ヨ」も下の「寸」も同じく手を表すということになります。

ところで、下図の「左」と「右」という字を見てください。前者の「ナ」は左の手、後者の「ナ」は右の手という区別はありますが、同じ形になっていて、手であることに変わりはありません。変わっているのは「工」と「口」の部分です。

もうおわかりですね。「尋」の真ん中の「エロ」はまさにこれなのです。左右の手を組み合わせた字が「尋」なのです。となると、覚え方も決まりました。「エロ」は「左右」の順序なのです。

なぜ普通《ふつう》のことを「尋常《じんじょう》」というのでしょうか。「尋」は長さを測る単位に使われます。日本では「ひろ」といいます。これは左右の手を広げた長さなのです。だれにでも測れる単位なので、普通という意味が派生《はせい》したのです。

⿰令歯か齢か

「歯」は右なのか左なのか

「齢《れい》」が正解です。

「令」が左につく字には「領《りょう》」と「鴒《れい》」があります。たぶん「領」とこんがらがって「⿰令歯」と書くのではないでしょうか。それとも、「年令」という当て字があり、これじゃいけない、「歯」がつくはずだと気づき、「令」は「歯」の左だったかしら、右だったかしらと迷うのでしょうか。

漢字の構成の仕方は、へんやつくりなど

の要素（部首《ぶしゅ》、または限定符号《げんていふごう》）がつくのが多いのですが、一定の決まりがあります。次の七通りがあります。

①へん……左につく（例―保《ほ》・語《ご》）
②つくり……右につく（例―教《きょう》・歌《か》）
③かんむり……上につく（例―宇《う》・花《か》）
④あし……下につく（例―舞《まい》・烈《れつ》）
⑤たれ……上から左下に垂《た》れる（例―原《げん》・病《びょう》）
⑥にょう……左側から右へ延びる（例―建《けん》・遠《えん》）
⑦かまえ……外側につく（例―国《こく》・街《がい》）

「歯」（「はへん」）は①、「頁」（「おおがい」）は②に入ります。中には「鳥」のようにあちこちにつくものがあります。例えば「鴕《だ》」（ダチョウ）は①、「鴒《れい》」（鶺鴒《せきれい》）は②、「鳧《ふ》」（かも・けり）は③、「鷺《ろ》」（さぎ）は④といったぐあい。しかし「歯」は左に来ることが圧倒的です（例外は「齧《げっ》」ぐらい）。「齢」の場合は、「令」が左か右かを考えるのではなく、「歯」が左か右かを考えてください。そうすると自《おの》ずから答えが決まります。

偏旁冠脚と部首

前に限定符号《げんていふごう》について説明しました（四七ページ）。限定符号は漢字の構成要素として、どの部分を占《し》めるか、どんな形をとるかによって、七つに分類できます。上段に七つあげてあります。代表的な四つを選んで偏旁冠脚《へんぼうかんきゃく》といいます。また二つだけを代表させて偏旁《へんぼう》ということもあります。極端《きょくたん》に短くしてただ偏《へん》ということもあります。

　限定符号は漢字を分析《ぶんせき》するときの用語ですが、漢字を分類するときは部首《ぶしゅ》といいます。部首というのは部のトップ、つまり、例えば「人の部」なら「人」という字ということです。部首は偏旁冠脚など七つのどれかに当たります。「人」はへんです（ただし「企《き》」のようにかんむりになる場合もあります）。

　漢字を部首で分類する方法は『説文解《せつもんかい》字《じ》』（紀元一〇〇年に成立した、中国で最初の字典）が始まりでした。最初は五四〇部首あったのですが、『康熙字典《こうきじてん》』（清《しん》の時代に出版された、権威《けんい》ある字典）では二一四部首になりました。日本の漢和辞典も同じです。

　限定符号と部首は違《ちが》ったレベルの用語ですから、ぴったり同じとは限りません。例えば「亠」（「なべぶた」）は部首としてはかんむりに当たりますが、限定符号ではありません。つまり「亠」は意味領域を限定する働きがないからです。「京・交・亦」などを分類するための便《べん》宜上《ぎじょう》の共通項《こう》にすぎません。

減か減か

左側の「ノ」に注目

「減《げん》」が正解です。迷わせる原因は「域《いき》」との混同でしょう。「域」は「口↓一」の順、「減」は「一↓口」の順ですから、確かに紛《まぎ》らわしいですね。でも大きな違《ちが》いがあります。「或」の左側には「丿」の線がありませんが、「咸《かん》」にはあります。

違いを字源《じげん》から説明しましょう。「咸」は「戌＋口」と分析《ぶんせき》するのです。「戌《じゅつ》」が一つの単位です。「戌」は十二支《じゅうにし》の「いぬ」です。しかしこの字の字源は、広い刃《は》のついた武器の象形《しょうけい》文字《もじ》で（下図右と中央）、犬とは何の関係もありません。「戌」と「口」を合わせた図形（下図左）でもって、武器でおどして相手の口を封《ふう》じる様子を暗示させます。そこで「咸」は二つのイメージを示す記号になります。①強いショックを与える、②封じ込《こ》めるというイメージです。

心にショックを与えるのは感動の「感《かん》」です。これは①のイメージ。手紙に封をして「緘《かん》」という字を書くことがあります。また、口を閉《と》ざして物をしゃべらないことを「緘黙《かんもく》」といいます。この「緘」は②のイメージです。水源を閉じれば当然水は減ります。「減《げん》」も②のイメージに由来《ゆらい》する字です。

以上、「戌」が一つの単位になっていることをご記憶《きおく》ください。「威《い》」や「滅《めつ》」のつくりもそうなっています。

慢か慢か

ベールを目の前にかぶせると

「曼《まん》」を含《ふく》む字は常用漢字《じょうよう》では「慢《まん》」（これが正解です）のほかに「漫《まん》」がありま す。「曰」が上ですが、その理由を説明しますので、誤字を解決してください。

「曼」を字源《じげん》から解剖《かいぼう》します。「曰」は「日」ではありません。「冒《ぼう》」の上と同じで、本来は「冃」という形です。これは「冂」（おおい）と「二」を合わせたもので、物の上に覆《おお》いやベールをかぶせることを示す符号《ふごう》です。「罒」は縦《たて》の「目」を横にした形で、目と同じです。「又」は手の形です。この三つを縦に重ね合わせて、ある場面を図形化します。それはベールを目の前にかぶせて垂《た》らしている場面です（下図）。

以上から、「曰」（ベール）が「罒」（目）の上にある理由がおわかりでしょう。

ついでに意味もしっかりとらえておきましょう。「曼」はベールで顔を覆って目の前に垂らす図形ですので、「だらだらと長く垂れる」というイメージを示す符号になります。「慢」は「気分がだらだらとだらけて締《し》まりがない」（怠慢《たいまん》）という意味です。「蔓《まん》」（つる）や「鰻《まん》」（うなぎ）もだらだらと長いというイメージです。

「漫画」の「漫」も「慢」と関係があります。物事に締まりのないありさまが「漫」です（散漫《さんまん》、放漫《ほうまん》）。漫画は笑いにより心の緊張《きんちょう》を解きほぐす絵といえましょう。

「漫」と「慢」の使い分けについては、第二章（二一六ページ）でも言及《げんきゅう》します。

俊か俊か

頭がとんがって体がすらり

上は、本当に意外な誤字です。「総《そう》」な

どで「ハム」と書き出すのがうつったのでしょうか。字の構造をしっかりとらえれば間違《まちが》いは解消されるはずです。正しくは「俊《しゅん》」です。

「俊」のつくりは「允＋夂」でできています。「允《いん》」は人名用漢字表にもある字です。インと読み、「允許《いんきょ》」（許可する意）とも使います。字源《じげん》は、頭がとんがって体がすらりとスマートな人を描《えが》いた図形（下図右と中央）です。だから「儿」は「児《じ》・元《げん》・充《じゅう》」などと共通で、人体を表しており、「八」ではありません。

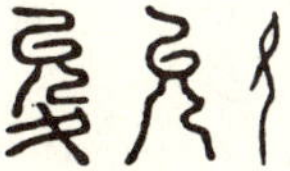

「允」に「夂」（足の形）を合わせたのが「夋《しゅん》」です。ただし、篆書《てんしょ》（図左）では「夊」になっていますが、楷書《かいしょ》で「夂」に変わりました。「夋」は、つまさきだってすらりと高く立つ人を暗示させます。他人よりも高く立つならすぐれていることにもなります。これを表すのが「俊」です。

「俊」のつくりを「厶（頭）＋儿（体）＋夂（足）」の順ととらえれば、上下を反対にすることはないでしょう。

ちなみに建物が完成することを「竣工《しゅんこう》」といいますが、「竣《しゅん》」はまさに高く立つという意味です。

「竣」は人名用漢字ですが、ほかに「峻《しゅん》」と「駿《しゅん》」もあります。「峻」は山が高くそびえ立つ様子です。馬の場合はどうでしょうか。背が高くすっくと立つ馬はきっと足も速いでしょう。駿馬《しゅんめ》、駿足《しゅんそく》はこの使い方です。

これらの字には「高く抜《ぬ》きん出《で》る」というイメージがあります。人名に「すぐれる」という意味の「俊」が使われるのは当然ですが、へんを替《か》えて意味領域を別にした「竣・峻・駿」もやはり人名としてふさわしい字だったわけです。

⿰山耑か端か

そろっているというイメージ

「山」は「やま」とは関係がありません。「耑《たん》」の全体が一つの単位です。もちろん「端《たん》」が正解です。下図を見てください。これは植物が芽を出し、根が左右にそろっている図形です。それで、「そろっている」というイメージを示す符号《ふごう》になります。

「容姿端麗《ようしたんれい》」ということばがあります。顔《かお》形《かたち》がきちんと整っていることです。「端正《たんせい》」も似た形容詞になります。要するに「端」は「きちんとバランスがとれている」という意味です。「耑」だけでもそのイメージがありますが、「立」（両足をそろえて立つ形）をつけるなら、意味の表出《ひょうしゅつ》は完全といえましょう。そういうわけで、「たつへん」（立）に「耑」という書き方が生まれたのです。

ちょっと余談ですが、「喘息《ぜんそく》」の「喘」も「耑」の符号を含《ふく》んでいますね。いったい「端麗」と「喘息」にどんな関係があるのでしょう。「喘」はあえぐことです。あえぐときは、息が等間隔《とうかんかく》で出るはずです。これも「そろった」状態には違《ちが》いありません。

　ところで、「端」はいうまでもなく「はし」の意味でも使われます。「端正」や「端麗」の「端」と「はし」はどんな関係があるのでしょうか。

　室町《むろまち》時代の禅僧一休《ぜんそういっきゅう》のとんち話に、「このハシ渡《わた》るべからず」といわれた一休が、橋の真ん中を渡ったという話があります。日本語の「はし」は、「端〈は〉」と同根《どうこん》。『奥』『中』の対《たい》。周辺部・辺縁部《へんえんぶ》の意。転じて、価値の低い、重要でない位置や部分」（『岩波古語辞典』）というのが基本的なイメージです。

　それに対し、漢字の「端」の本来のイメージは「左右にそろっている」というイメージです。「はし」に当たる部分は一方向だけではありません。中心から左右両側にあります。だから中心からそろって左右の方向へ延び出ている部分が「先端」の「端」なのです。日本語の「はし」とはイメージが違います。

鍋か鍋か

不思議な字体

「鍋《か》」（なべ）が正解です。上の字は「冂」の向きが変わり、しかも左側に位置を移しているわけですね。

　こんな字体《じたい》が実は中国にはあるんです。現在の中国では「過《か》・渦《か》・禍《か》・鍋《か》」などは簡体字《かんたいじ》を使いますが、それらの繁体字《はんたいじ》のつくりは「咼」となっています。日本の「咼《か》」と比《くら》べて、画数《かくすう》が一画減っています。

「骨」も上の部分が「咼」と共通です。現在の中国ではこれも「骨」というぐあいに書きます。

古字書《こじしょ》を調べてみました。『正字通《せいじつう》』では親字《おやじ》（見出しの字）は「咼」で立っていますが、説明文に「咼」の形も見られます。ただし「骨」は親字は「骨」で、「ほねへん」（骨）に所属する字は「骨」です。要するに不統一です。『康煕字典《こうきじてん》』ではすべて「咼」の形だけです。

いったい「咼」の形はどうして生まれたのでしょう。篆書《てんしょ》（下図）にさかのぼっても、そんな形は出そうにもありません。

ただ書道では「咼」の上部の中が「人」「メ」「ト」などと書かれたようです。そのうちのどれかが「亅」になったのかもしれません。

いずれにしても「鍋」は不思議な字体です。左利きと関係があるとも思えません。現在の日本では誤字扱《あつか》いでよいのではないかと思います。

簡体字と繁体字

これらは中国で使われている用語です。複雑な字《じ》体《たい》を簡略化したのが簡体《かんたい》字《じ》、それに対応する本来の字を繁体字《はんたいじ》といいます。略字といっても国が定めた正式の字です。だから中国では簡体字が正《せい》字《じ》になっています。

簡体字が公布されたのは一九五六年でした。日本ではそれより前、一九四九年に当用《とうよう》漢字字体表が発表され、簡略化された新字体が生まれています。中国の簡体字と日本の新字体は共通のものもありますが、多くは違《ちが》っています。「与」（中国の簡体字）と「与」（日本の常用《じょうよう》漢字）のような微妙《びみょう》な違いもたくさん見られます。中国語を学ぶネックはこの字体の違いにもあります。中国を専門にする人は簡体字のほかに繁体字も習得する必要があります。文字がやさしくなった代わりに、記憶《きおく》する量も増えているのが現実です。

コンピューター時代になって、国際的に字体を統一しようという動きもあるのですが、おいそれとはいきません。漢字を簡略化してあまりに年月がたちすぎました。

蓮か蓮か

道路標識でも見かける誤字

東北自動車道を行くと、埼玉《さいたま》県の蓮田市《はすだし》を通りますが、標識《ひょうしき》は「蓮田」になっていて、アレッと思います。ほかにも変わった道路標識にぶつかることがあって、戸惑《とまど》うことがあります。こんなのに気を取られては大変です。たかが誤字、されど誤字です。

「蓮」はへんが位置を移したケースです。正しくは「蓮」で、植物のハスを表す字ですから、いうまでもなく「くさかんむり」が正しいのです。「くさかんむり」が車の上に移動して、「しんにょう」の字になったのがここにあげた誤字例です。こんな字は辞書に出ていません。しかし書道ではよく見かけます。なぜこんな奇妙《きみょう》な形を書くのでしょうか。形の美を追求するからでしょうか。それはわかりませんが、誤字は誤字です。

へんを移しても、誤字でない場合もあります。峰《ほう》—峯、松《しょう》—枩などは人名によく見られます。闊《かつ》—濶、荊《けい》—荆、窪《くぼ》—漥などは、誤字ではなく異体字《いたいじ》として辞書に出ています。

へんの配置換えをすると、まったく違《ちが》う字になることがむしろ多いのです。次のような例があります。

吟《ぎん》（吟味《ぎんみ》）—含《がん》（ふくむ）
忘《ぼう》（わすれる）—忙《ぼう》（いそがしい）
架《か》（かける）—枷《か》（かせ）
衾《きん》（ふすま）—衿《きん》（えり）
集《しゅう》（あつめる）—椎《すい・つい》（しい、椎骨《ついこつ》）
猶《ゆう》（猶予《ゆうよ》）—猷《ゆう》（はかりごと）
部《ぶ》（部分）—陪《ばい》（陪席《ばいせき》）
褒《ほう》（ほめる）—褓《ほ》（おむつ）
郵《ゆう》（郵便）—陲《すい》（地の果て）
棗《そう》（なつめ）—棘《きょく》（いばら、とげ）

覚か覚か 学か学か 尚か尚か

「ツ」になるのは一九字、「⺍」になるのは一八字

「覚《かく》」「学《がく》」「尚《しょう》」が正解です。

上が「ツ」になる字と「⺍」になる字があって厄介《やっかい》です。世間でよく間違《まちが》われてい

る割にはアンケートで回答が少なかったのは、気がついていない人が多いからではないでしょうか。

有名な画伯《がはく》が雑誌の絵日記で「簡単」と書いていたというアンケートの回答もありました。手書きだとこんなあらも出てきます。名文に誤字があっては台無しです。

「ツ」の形が生まれたのは当用《とうよう》漢字（常用《じょうよう》漢字の前身）以後のことです。「ツ」はどうしてできたかというと、さまざまです。旧字体《きゅうじたい》を検証しないと身元がわかりません。身元を洗ってみましょう。次の六つのグループに分けられます（上が旧字体です）。

①學《がく》→学　覺《かく》→覚
②擧《きょ》→挙　譽《よ》→誉
③榮《えい》→栄　營《えい》→営　螢《けい》→蛍　勞《ろう》→労
④單《たん》→単　戰《せん》→戦　禪《ぜん》→禅　彈《だん》→弾
　獸《じゅう》→獣　嚴《げん》→厳
⑤櫻《おう》→桜
⑥腦《のう》→脳　惱《のう》→悩　巢《そう》→巣　獵《りょう》→猟

①と②は頭に重いものを戴《いただ》いておりました。「ツ」と略すことでかなり身軽になったようです。③から⑤までは「火」「口」「貝」の並ぶ形が「ツ」となりました。⑥は「巛」が「ツ」となりました。

面白《おもしろ》いことに、これらは中国でも簡略化されていますが、①と②だけが日本と同じ「ツ」で、あとはそれぞれ全部違った形です。歴史的な事情があるのでしょうが、記《き》憶《おく》の負担からいうと日本式に分《ぶ》があるかもしれません。もっとも「⺍」の混同が増えたから結局プラスマイナスゼロでしょうが。

　次に、頭が「⺌」になる字には五つの系列があります。

①「尚」の系列……尚《しょう》・常《じょう》・堂《どう》・党《とう》・当《とう》・掌《しょう》・賞《しょう》・償《しょう》
②「肖」の系列……肖《しょう》・消《しょう》・宵《しょう》・削《さく》・硝《しょう》
③「𧴪」の系列……鎖《さ》
④「敝」の系列……弊《へい》・幣《へい》
⑤「光」の系列……光《こう》・輝《き》

　①から④までは「小」の変形です。正確にいうと、①は「八＋向」からできていて、本来は大小の「小」とは別です。⑤も「小」とは関係ありません。字源《じげん》的には「火＋儿」で、火をかかげる人の図形でした。

　ついでに「尚《しょう》」の字源を説明します。「向《こう》」は空気抜《ぬ》きの窓の形です。「八」(左右に分かれる符号《ふごう》)をつけて、空気が高く上がっていくありさまを図形化します。だから「尚」には「高尚《こうしょう》」の「尚」のように「たかい」という意味があるのです。

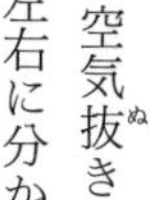

　頭に「ツ」がつく常用漢字は右の一九字、「⺌」がつく字は一八字です。私も昔、子供のころ、どういうわけか「学」だけを「学」と書いた記憶があります。一度覚えたものを直すのは容易ではありません。この際、見直しをしてください。

裕か裕か 祝か祝か

自分の名前でも間違える

「裕《ゆう》」「祝《しゅく》」が正解です。

自分の名前を間違《まちが》って書くほど恥《は》ずかしいことはありません。アンケートでも、中学まで自分の名前を「裕」と書いていたという回答もありました。「裕《ゆう》」に関する回答が断トツに多くありました。なぜでしょう。「裕子《ゆうこ》」の「ネ」と「裕子《ゆうこ》」の「ネ」がこんがらがるせいでしょうか。

「ネ」と「ネ」はどう違うのかという質問もたくさん寄せられています。まずこれから説明しましょう。

「ネ」と「ネ」は漢字のへんになるときの形です。「ネ」は「しめすへん」、「ネ」は「ころもへん」と呼びます。左の図を見てください。

「ネ」は「示」が変化したもの、「ネ」は「衣」から変化したものです。

「示」と「ネ」、「衣」と「ネ」をじっくり見れば、なぜそうなったかがわかるはずです。問題はあまりに似すぎてしまったことです。部首《ぶしゅ》（限定符号《げんていふごう》）としての使い分けから区別するほかはありません。

「ネ」の原形である「示」は祭壇《さいだん》の図形（下図右）です。それで、神と関係のあることを示す限定符号になります。「祝」も神と関係があることを示しています。つまり「いいことがあるように神に祈《いの》る」という意味だっ

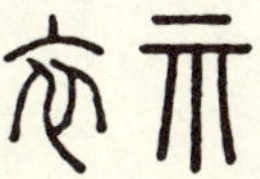

たのです。「福《ふく》」は神からくだされる幸せという意味でした。

「衤」の原形は「衣」です（前ページの図左）。だから「衤」は衣《ころも》と関係があることを示す限定符号になります。「裕」は「裕福《ゆうふく》」の「裕」だから「福」と同じく「礻」じゃないか、と反論されそうですが、「裕」はただ単に「ゆったりしている」という意味です（「余裕《よゆう》」の「裕」）。この意味を表すにはどうしようかと古代の中国人は考えました。彼らの発想はこうです。

「谷」は水がたまるところで、中にたっぷり入るというイメージがある。だから「容《よう》」は中に物を入れる、中身という意味に使っている。この「谷」という記号を利用しよう。これに「衣」をつければ、体をゆったり包み入れる衣のイメージが生まれ、「ゆったりしている」という意味を表すのにぴったりだ。

こうして「裕」ができたのです。ゆったりした衣装《いしょう》を着ていた中国人だからできたわけで、現代のように体にフィットする衣服が主流の時代ではとても発想されなかったでしょう。

「祝」の字源《じげん》については第三章（三一三ページ）を参照してください。

初か初か

「衣」と「刀」から発想すると？

「初《しょ》」が正解です。

「礻」と「衤」の区別は前項《ぜんこう》で述べました。繰《く》り返《かえ》しますと、「礻」（「しめすへん」）は神と関係があることを示す限定符《げんていふ》号《ごう》、「ネ」（「ころもへん」）は衣と関係があることを示す限定符号ということでした。

ここでも古代中国人の文字の作り方の発想を考えてみましょう。

「物事のおこり、最初」を意味することばがありました。これは聴覚《ちょうかく》的な記号です。これを視覚的な記号に変換《へんかん》するにはどうしたらいいか。中国人は裁縫《さいほう》に注目したのです。

衣装《いしょう》のデザインは目に見える形ですが、最初は形のないものです。形のないただの素材に手を入れて形あるものを作り出すのです。そこで、「物事のはじめ」を表すには素材に手を加える瞬間《しゅんかん》をとらえればいいと考えました。素材がやがて衣になるから、「衣」という記号を用いよう。これは原因を結果で代替《だいたい》するレトリックです。また、素材を加工する道具を表すには「刀」を利用しよう。刀は武器だが工具に転用してしまう。これも一種のレトリックです。「衣」と「刀」を組み合わせれば、素材に最初に手を入れる場面を図形化できる。こういう発想を経て、「初」が生まれました。別の発想もありえたと思います。最初の神様や人間の祖先を表す文字を作ることもできたでしょう。しかし中国人は身近な裁縫に目が行ったのです。

「ころもへん」の字が直接衣服を表すのでないことは「裕《ゆう》」と「初」（漢和辞典では「かたなへん」に入っていますが絶対ではありません）からおわかりでしょう。なぜ

「ころもへん」なのかは、字源《じげん》や語源《ごげん》の理解なしには、答えが出てこないのです。

革か革か謹か謹か
「廿」か「龷」か「卄」か

「革《かく》」「謹《きん》」が正解です。

「廿」を含《ふく》む漢字が当用《とうよう》漢字（常用《じょうよう》漢字の前身）で三つの字体《じたい》に分裂《ぶんれつ》したため、混乱が起こっているようです。次の三グループです（②③の上の字は旧字体《きゅうじたい》）。

①革《かく》　席《せき》　度《ど》・渡《と》　庶《しょ》・遮《しゃ》
②黃→黄《こう》　橫→横《おう》　滿→満《まん》
③漢→漢《かん》　嘆→嘆《たん》　難→難《なん》　勤→勤《きん》
謹→謹《きん》

「廿」の形が①ではそのままですが、②では「龷」に、③では「卄」に変わりました。昔の漢字（旧字体）を知っている年配者に特に混乱が見られます。

「廿」を含む漢字には字源《じげん》上の共通点があったのです。「廿」は「革」の上部を構成し、獣《けもの》の革《かわ》を表す符号《ふごう》なのです。昔、頭のついたままの虎《とら》や豹《ひょう》の毛皮を敷物《しきもの》にする人がいましたが、「革」はあのような毛皮を図形化したものです（下図）。「席《せき》」（むしろ、敷物）という字に「廿」（「革」の省略形）を含んでいる理由がおわかりでしょう。

次に②のグループ、「黄」の旧字体は「黃」で、「廿」を含んでいましたが（下図。右は金文《きんぶん》、左は篆書《てんしょ》）、新字体で上部が「龷」の形にされまし

た。常用漢字ではこれが正字《せいじ》です。ここで誤字に注意する必要があります。上部を「廿」や「艹」にしないことです。もう一つ、よくやる誤字は「由」の中の縦棒《たてぼう》が上に出ないで、「黄」にしてしまうことです。「革」を見ればわかるように、縦棒が上に出て「廿」の下にくっついています。この名残《なごり》が「黄」にも「満」にも残っているわけです。

③のグループは「廿」が「艹」になったのが大きな変化です。しかも「口」の中の棒が上に出ていないことに注意する必要があります。

それだけではありません。このグループには二つの形があるため、非常に誤字が出やすいのです。次のような例がありました。

勤か勤か勤か 三本なのか二本なのか

左上が悩《なや》ましい形です。さらに常用《じょうよう》漢字と表外字《ひょうがいじ》（常用漢字表にない字）では、字《じ》体《たい》が違《ちが》うのです。次が表外字です。目を凝《こ》らしてよく見てください。

①「菫」の系列……僅《きん》・槿《きん》・瑾《きん》・覲《きん》・饉《きん》

②「𦰩」の系列……艱《かん》・歎《たん》・灘《たん》（なだ）

①と②は、上の部分は共通ですが、下の部分が違います。

上部は「廿」で、その下の「口」の中の縦棒《たてぼう》が「廿」にぴったりついています。表外字は常用漢字の字体を用いないのが原則です。ところがパソコンやワープロなどに入っているJIS漢字は、表外字なのに常用漢字の字体をまねたのもあり、まねていないのもあり、ばらばらです。これが字体の混乱に拍車《はくしゃ》をかけています。

ちなみにJIS漢字の例をあげますと、右の表外字のうち、「僅・歎・灘」が字体をかえ、他《た》はもとのままです。

もう一つ厄介《やっかい》なのは「菫《すみれ》」（人名用漢字）です。上は「廿」が変化した「艹」ではなくて、本来の「くさかんむり」です。だから下の「二」は上につくのではなく、下につきます。では何かというと、「廿」が「二」に省略されたものです。「口」の中の縦棒が上に出て「二」についているのを確認してください。

「勤《きん》」（これが正解です）に関する質問は多数ありました。「勤」の字源《じげん》を分析《ぶんせき》して、誤字の処方箋《しょほうせん》を考えましょう。

字源を尋《たず》ねるには旧字体《きゅうじたい》の「勤」をもってきます。この左側は「𦰩」と「土」をドッキングさせたものです（下図中央と左）。

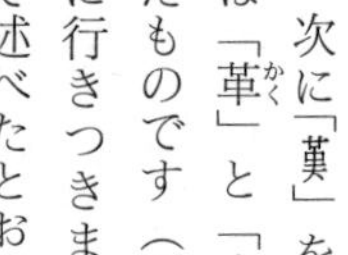

次に「𦰩」を解剖《かいぼう》します。これは「革《かく》」と「火」がドッキングしたものです（下図右）。結局「革」に行きつきました。「革」は前項《ぜんこう》で述べたとおり、頭つきの獣《けもの》の毛皮です。敷物《しきもの》などにするため乾燥《かんそう》させます。したがって「革＋火」は革《かわ》を火気《かき》であぶって乾《かわ》かしている場面を図形化したものでした。漢字を構成する記号としては「乾く」というイメージを利用します。

今度は分解した記号を結合しましょう。「𦰩」に「土」を合わせます。乾いた土を暗示させる図形ができました。「乾く」というイメージは、水分がなくなることですから、「尽《つ》きる」「少なくなる」というイメージに連合します。ここで「勤」と結びつきます。「力をすっかり出し尽くす」「へとへとになるまで働く」という意味がとらえられます。

したがって「力を出し尽くしてつとめる」のが「勤務《きんむ》」の「勤」です。また尽きることから、「少し、小さい、わずか」というイメージにもつながります。「僅少《きんしょう》」の「僅」は「わずか」の意、「飢《き》饉《きん》」の「饉」は食料が少ないこと、「菫《きん》」(すみれ)は小さな草の名です。

さて字体は「廿」が「艹」に略され、「中」の縦棒を上に出さないことになりました。これが大きな変化です(前項を参照してください)。ここまでは①と②は共通ですが、そのあと横棒の数に大きな違いが現れます。「菓」は横棒が二本です。これに横棒が二本の「土」を加えたのが「菫」ですが、ドッキングしたため横棒が一つ減って三本になるのです。

ついでに音《おん》についてもふれておきましょう。「菓」がつくとカン、ナン、タンのどれかになり、「菫」がつくとすべてキンになります。これも違いを識別《しきべつ》する目安になりましょう。

なお、第三章の「漢《かん》」の項(二六〇ページ)、「難《なん》」の項(三六〇ページ)も参照してください。

扇か扇か
煽か煽か
翌か翌か
曜か曜か

「羽」なのか「羽」なのか「彐彐」なのか

前項《ぜんこう》と同じような分裂字体《ぶんれつじたい》の問題です。当用《とうよう》漢字（常用《じょうよう》漢字の前身）で「羽」に二つの字体が生まれ、以前の字体と合わせて、三つが併存《へいそん》しています。この分裂が迷いを生じるのです。特に年配者を泣かせます。

逆に若い世代にとっては三つの書き方があるなんて知らないでしょう。そうすると字源《じげん》の手がかりを失ってしまいます。もちろんいちいち字源を考えて書くわけではありませんが、同じ形（と認識できる）ならば負担の軽減につながることは確かです。

「羽《う》」の字源を見てみましょう。鳥のはねを描《えが》いた象形文字《しょうけいもじ》です。篆書《てんしょ》（下図）では「彡」のように三本あったのが、楷書《かいしょ》では二本になってしまいました。以後「羽」が正式の字体になりました。しかし書道などでは「羽」の形が多いようです。このほうが運筆上《うんぴつじょう》、書きやすかったのでしょう。明《みん》代の『正字通《せいじつう》』に「羽と書くのは間違《まちが》い」とわざわざ断っているくらいだから、俗字《ぞくじ》として広く通行していたようです。

一九四九年の当用漢字字体表で「羽」の

形を採用して現在に至っています。だから「羽」の形は新字体、「羽」の形は旧字体と定め、それらを含《ふく》む漢字は常用漢字と表外《ひょうがい》字《じ》（常用漢字表にない字）ですみ分けています（後のまとめを参照してください）。

ところが奇妙《きみょう》なことに「羽」の形はこれだけではありません。「曜《よう》・躍《やく》・濯《たく》」のつくりの上部を見てください。「ヨ」が二つ並んだ形ですが、実は「羽」と同じなのです。「翟《てき》」は「羽＋隹（とり）」で、キジの尾《お》の羽《はね》を示す図形（下図）です。これを利用して「高く上がる」というイメージを表す符号《ふごう》とします。「跳躍《ちょうやく》」の「躍」（おどる）はこのイメージがはっきりしています。「曜」は光が高く上がって輝《かがや》くことで、「黒曜石《こくようせき》」の「曜」にこの使い方が残っています。

「翟」のグループだけ「ヨ」の形になった理由はおそらく書道の影響《えいきょう》でしょう。しかし書道では「ヨ」のように書くのは何も「翟」だけではありません。「習《しゅう》」でも「翠《すい》」でも「翼《よく》」でもしばしば「ヨ」の形になるのです。

「ヨ」の由来《ゆらい》はわかりました。しかしこれを「羽」やそれを含《ふく》む漢字に適用することはできません。それは誤字ということになります。その逆もしかりです。

いまさら改めるのは困難です。三つのすみ分けの負担が増えました。まとめると次のとおりです。

①「羽」の形……習《しゅう》・翌《よく》・翼《よく》・翁《おう》・翻《ほん》・扇《せん》（以上、常用漢字）、翔《しょう》・翠《すい》（以上、人

名用漢字）
②「ヨ」の形……曜《よう》・躍《やく》・濯《たく》（以上、常用漢字）、耀《よう》・燿《よう》（以上、人名用漢字）
③「羽」の形……表外字の場合。翡《ひ》・翩《へん》・翰《かん》・翅《し》・翳《えい》・煽《せん》・擢《てき》・櫂《とう》など

「翩」は表外字、「翻」は常用漢字だから「羽」「羽」と使い分けるのです。「翡翠《ひすい》」も同じです。美しい鳥、あるいは美しい宝石が、「羽」と「羽」の分裂形は見苦しい感じがします。

なお、人名用漢字の「耀」は漢和辞典では一般に「羽」の部に入っていますが、「ヨ」に変わったため、これではちょっと無理があります。『岩波新漢和辞典』はわざわざ「光《ひかり》」の部を作って、ここに入れています。窮余《きゅうよ》の一策でしょう。

パソコンやワープロなどに入っているJIS漢字については前にもふれたように字体がばらばらです。理念がありません。無視してください。全面改定の時機を待つしかありません。

仰か 仰か
迎か 迎か 迎か
抑か 抑か
卯か 卯か

「卬」なのか
「卯」なのか
「卯」なのか

「仰《ぎょう》」「迎《げい》」「抑《よく》」「卯《らん》」が正解です。

「仰」という誤字は「柳《りゅう》」との混乱の面もありますが、「留《りゅう》」や「貿《ぼう》」との混乱もか

らんでいますね。三つの紛《まぎ》らわしい形があって厄介《やっかい》です。字源《じげん》から説明しましょう。「卬《ごう》」は左に立っている人、右にひざまずいている人を配した図形（下図）です。左側の形は「比《ひ》」の「匕」と同じです。また「北《ほく》」の左側の反対向きなのです。「卩」は「即《そく》」や「御《ぎょ》」の右側と同じです。

「卬」の図形は二通りのイメージを表すことができます。右の人から左の人を見た場合、むかえることにもなり、あおぐことにもなるのです。だから「迎」（むかえる）と「仰」（あおぐ）という字ができました。高くあおぐから、「昂《こう》」（たかい意、人名では「たかし」）という字もできています。

「抑」のつくりの「卬《よく》」は「迎《げい》・仰《ぎょう》」の「卬」と同じ形になっていますが、もともと「印《いん》」を反対向きにした形でした。左側はひざまずいている人、右側は手の形（図右）です。それが「卬」に変わったのです。だから音《おん》もヨクとインで関係があり、意味も「上から下に押《お》しつける、おさえる」というイメージが共通しています。

次に「卯《ぼう》」はとびらが反対に向いている図形（図左）です。門を開ける様子を暗示させます。これによって「両側に開ける」というイメージと、「するすると滑《すべ》って止まる」という二つのイメージを表す記号とします。

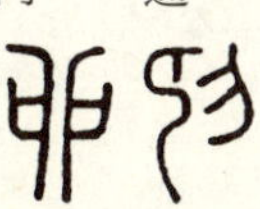

「柳」と「昴《ぼう》」では「卯」の形のままですが、「留」や「貿」では「丣」に変わります。

このため話がややこしくなりました。リュウとボウの二つの音、「卯」と「丣」の二つの形になっているのです。

　まとめると次のとおりです。

①「卬」……㋐仰・迎（常用《じょうよう》漢字）、昂（人名用漢字）　㋑抑（常用漢字）

②「卯」……柳（常用漢字）、昴（人名用漢字）

③「丣」……留・貿（常用漢字）

「迎」という誤字は「卬」と「卯」の混同とも違《ちが》うようです。「卬」の左下ははねないといけません。

　一般に「卬」を「卯」に間違《まちが》うケースが多く見られます。違いは音で区別するのがいいでしょう。前者はゲイかギョウ、後者はボウかリュウです。

「扌卯」や「戼」という誤字は「抑」や「卵」の「卩」の部分の縦線があるかないかという問題です。アンケートでは、この字の質問者は「抑」のつくりを「卯」と書いた上で、中の棒が一本か二本かを問うていますから、「扌卯」という誤字ができます。また「卵」は「戼」となります。これは人の考えつかないユニークな発想だと思いました。

　かつて有名なスポーツ選手が息子《むすこ》の名前を「昴《すばる》」とつけて役所に届けたら受けつけてもらえず、一画抜《いっかくぬ》いて「昂」にしたら受けつけてもらえたという話があります。しかも「昂」を「すばる」と読ませたそうです。いまではこんな無茶苦茶《むちゃくちゃ》はないと思います。というのは「昴」はめでたく人名用漢字に格上げになったからです。

それにしても「昴」と「昂」は紛《まぎ》らわしく、「意気軒昴」（正しくは「意気軒昂《いきけんこう》」）。意気盛《いきさか》んなさま）などとよく誤植《ごしょく》されます。「昂」は「迎・仰」のグループ、「昴」は「貿・留」のグループと覚えてください。実は「昴」は「留」と関係があります。古代ではプレアデス星団は「留」という名でした。陽気が留《と》まる星と考えられたからです。後世《こうせい》、「田」を「日」に変えて「昴」と称するようになったのです。ただし音もリュウからボウに変わりました。

湯か潟か

間違えるのも無理ない複雑さ

本項《ほんこう》は字形《じけい》が複雑で内部の構造がわかりにくいため、多くの誤字を出す例です。「潟《せき》」（これが正解です）については多数の質問が寄せられています。

一九八一年に現在の常用《じょうよう》漢字表が制定されましたが、この表に初めて入った漢字の一つが「潟」でした。だからそれ以前は学校で「潟」を教えていなかったのです。書き方がわからないという人が多いのも無理はありません。

「岡《おか》」も「阪《さか》」も常用漢字でないのに、なぜこんな難しい字が常用漢字表に入ったか不思議です。本当かどうかは知りませんが、政治家の後押《あとお》しがあったとか。

「潟」の音《おん》はセキですが、めったに使われません。だから常用漢字表には訓《くん》の「かた」しか載《の》っていません。しかも地名のほかは「干潟《ひがた》」ぐらいしか用例がないという、効率の悪い漢字です。

おまけに「潟」のつくり（右側の要素）がほかの漢字にないもので、連想がききません。「写」の旧字体《きゅうじたい》「寫」には共通の要素がありますが、知っている人は少ないでしょう。それでも常用漢字表にあるかぎり覚えておく必要があります。

アンケートでは、本項の見出しであげた以外にも、下段のような誤字が寄せられました。これから書き間違いのパターンを整理すると、

①つくりの上の部分が「日」「臼」「白」「臼」「旦」「旧」になる。

②つくりの下の部分が「勿」になる。

③つくりを寫→写にならって略字にする。

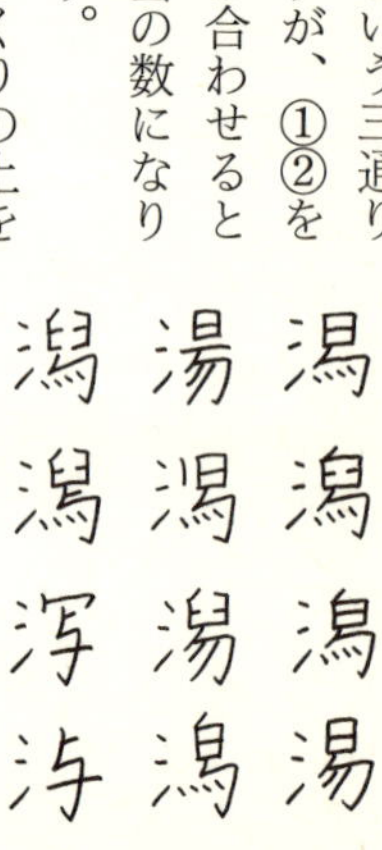

という三通りですが、①②を組み合わせると相当の数になります。

つくりの上を「旧」にした人は「兒《じ》」（「児」の旧字体）からの連想でしょうか。当用漢字《とうよう》（常用漢字の前身）の字体《じたい》では臼→旧というぐあいに簡略化されたのです。このやり方でいくと、稻《とう》→稲、陷《かん》→陥となります。「舊《きゅう》」は全体が「旧」に簡略化されました。だから「潟」を「澙」と簡略化する手もあったのです。

私の家の近所に「巴浮」というチャンコ料理店がありますが、たぶんトモエガタと

読ませるのでしょう。これをもとの字に戻《もど》すと、「潟《かた》」ではなく「瀉《しゃ》」になってしまいます。

字源《じげん》から説明しましょう。「潟」のつくり（右側の要素）はある種の鳥の象形文字《しょうけいもじ》（下図）です。下の部分は「鳥・烏《う》・焉《えん》」と似ていますね。これらも鳥の象形文字です。「臼」は頭の部分です。「臼」を単独で用いるときは「うす」ですが、この場合はうすのように丸みを帯びた頭と考えてよいでしょう。「勹」は胴《どう》から尾《お》にかけての部分です。「灬」は足です。実はカササギという鳥なのです。このようなイメージを思い浮かべながら「舄」を書いてはいかがでしょう。

鳥はあちこちに場所を移すものです。そこで、「移す」とか「渡《わた》る」というイメージを表す記号として「舄《せき》」を使います。「舄《せき》」（字体が少し違います）は単独では「くつ」という意味で使われました。「くつ」はまさに足を運ぶための道具です。「一瀉千里《いっしゃせんり》」（物事が一気に進むこと）の「瀉」は「そそぐ」と読みます。これも水が移ることです。これから考えると、なぜ「かた」を「潟」と書くかの理由がわかります。遠浅《とおあさ》の海で、海水が移ると現れる場所を「潟《かた》」というのです。

葛か葛か

ワープロにはない！

東京にこの漢字を使った地名があるせいか、この字についての質問は東京の人が圧《あっ》倒《とう》的でした。
「葛飾区《かつしかく》の葛と葛西《かさい》の葛はどちらが本当でしょうか」という質問もありました。
　朝日新聞は他社にさきがけて「葛飾区」を使っていましたが、葛飾区民の抗議《こうぎ》があって、とうとう「葛」に戻《もど》したそうです。たかが文字の形と侮《あなど》れません。ちょっと字《じ》体《たい》が変わると自分でないような気がするのが漢字というものです。
　いまワープロで打っていますが、「葛」がないので不便をかこっています。JIS漢字では「葛」になっているのです。なぜ「葛」にしたかというと、常用《じょうよう》漢字の字体にならったからです。常用漢字表では、
　掲《けい》→掲　喝《かつ》→喝　渇《かつ》→渇
　褐《かつ》→褐　謁《えつ》→謁
というぐあいにみんな「曷」を「曷」にしてしまいました。だからといって表外字《ひょうがいじ》（常用漢字表にない字）までかってに改めてよいということにはなりません。新聞などは表外字をかってに改めて使う傾向があります。字体の観念（まさに頭の中の問題です）を狂わせる原因の一つはこんなところにもありそうです。
　答えをいいます。「勹」と「𠃊」の間は「人」と書きます。よって「葛《かつ》」が正解です。その理由を字源《じげん》から説明しましょう。
「亾」は古い字体（下図。右から甲骨《こうこつ》文字、金文《きんぶん》、篆書《てんしょ》）では、「匕」（人の形）と一線（縦の線）からできている図形でしたが、楷書では

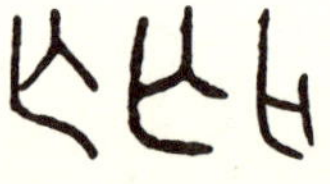

「人＋乚」のように変化しました。これによって、人をさえぎり止めるとか、止めて隠《かく》すなどのイメージを表す符号《ふごう》になります。実は「亡《ぼう》」と同じなのです。何かにさえぎられると姿が見えなくなります。これを表すのが「死亡《しぼう》、逃亡《とうぼう》」の「亡」です。

　さえぎって止めるというイメージを表すには、「亾（＝亡）＋勹」の組み合わせで、「匃《かい》」という字を作りました（下図右）。次に「匃＋曰（いう）」の組み合わせにより、「曷《かつ》」という字ができました（下図左）。向こうから来る人をさえぎって、かっとどなるありさまを暗示させるのです。「一喝《いっかつ》」の「喝」（どなる）にこのイメージが残っています。

　というわけで「⿹勹乚」の内部は「人」（人）と書くのが正しいのです。

「葛」の誤字はバラエティに富んでいます。アンケートに寄せられた誤字を一括《いっかつ》して紹介《しょうかい》しておきます。

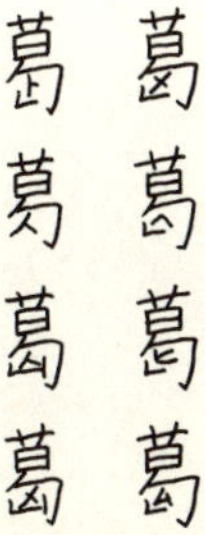

第二章　覚えてもすぐに忘れる、似すぎた漢字

第一章で、漢字は数が多すぎるという話をしました。五万字をわずかな符号《ふごう》を使って区別しなければならないので、必然的に似た形が存在します。そのため書き間《ま》違《ちが》いが発生するのです。

書き間違いに二通りあります。一つは、書いた結果がもともと存在する別の字であるケースです。例えば、委員の「委《い》」を「季《き》」と書いてしまう。「季」は存在する字です。互《たが》いに形が似ているために間違ったわけです。もう一つは、書いた結果が存在しない字になるケースです。例えば、「愛《あい》」の下の「夂」を「又」と書いてしまう。こんな字は存在しません。

総じていえば前者も後者も誤字ですが、区別すると、前者は誤記、後者は誤字というべきでしょう。本書では両者を区別することにし、第二章で誤記、第三章で誤字を扱《あつか》います。

私は新聞、雑誌、広告、チラシなどからNG（間違い漢字）を集め、本にまとめたことがあります（『あってるつもりで間違ってる漢字』講談社+α文庫）。漢字の形《けい》・音《おん》・義《ぎ》全般《ぜんぱん》にわたってNGを分類しましたが、本章と関係があるのは形の分野です。形のNGをだいたい五つに分けました。

①疑似形《ぎじけい》……洒落（洒落《しゃれ》が正）　班点（斑点《はんてん》が正）

②偏違《へんちが》い……除々（徐々《じょじょ》が正）　平担（平坦《へいたん》が正）

③同音字《どうおんじ》の書き違い……喝を入れる（活《かつ》が正）　気嫌（機嫌《きげん》が正）

④同音異義語《どうおんいぎご》の書き違い……快心の作（会心《かいしん》が正）　早々（手紙の文句、草々《そうそう》が正）

⑤同訓字《どうくんじ》の書き違い……至難《しなん》の技（業《わざ》が正）　吐け口（捌《は》け口が正）

本章はこのうちの①と②を対象としています。実はこの分野がいちばん誤記が多いのです。印刷物は誤字はほとんどありません。存在しない字をわざわざ作字する必要はないからです。それより誤記はしばしば起こります。

誤記の原因は三つほどあると思います。いちばん大きな原因は字体《じたい》の観念の混乱によるものです。特に似た形の字は取り違えやすいのです。例えば「甲冑《かっちゅう》」の「冑」（かぶとの意）は「胄《ちゅう》」（子孫の意）によく間違われます。「冑」の下部の「月」はかぶることを示す符号ですが、「月」（「にくづき」）と似ているため、字体に混乱を来《きた》しています。また、「侘《わび》しい」の「侘」を「佗《た》」に間違っている辞典さえあります。

誤記からできたことばもあります。例えば「独壇場《どくだんじょう》」(その人だけが活躍《かつやく》できる場所)。正しくは「独擅場《どくせんじょう》」です。「擅《せん》」は「もっぱらにする、ほしいままにする」という意味です。「擅」を「壇」と間違って、だれかが「独壇場」と言い出して、とうとうこれが定着してしまいました。「病膏肓《やまいこうもう》」もそうです。「病膏肓《やまいこうこう》」(趣味《しゅみ》などに深入りして抜《ぬ》けられないこと)が正しいのです。「膏《こう》」と「肓《こう》」は中国医学の用語で、体内の奥深《おくふか》くにあるという器官の名です。病気がここに入ったため治療《ちりょう》不能と診断《しんだん》した医者の話から、「病、膏肓に入《い》る」という故事成語《こじせいご》が生まれました。これを略したのが「病膏肓」です。

アンケートで、「こけら落とし」(劇場などが新たに完成して興行《こうぎょう》すること)の「こけら」(材木をかんなで削《けず》ったときに出る屑《くず》)を「柿」と書くのは正しいかという質問がありました。確かにこれでは「かき」なのか「こけら」なのか区別がつきません。本当は「こけら」は「杮」と書くのです。『正字通《せいじつう》』(明《みん》代に書かれた字書）はこの字体で出し、「柿」を俗字《ぞくじ》としています。当時からすでに「かき」の「柿」と混乱しているのです。実は「肺《はい》」のつくり（右側の要素）も「杮」のつくりと同じだったのです。混乱の始まりは相当古いようです。現在では「かき」の「柿」と「こけら」の「杮」は、前者が「市」を五画《かく》（亠→巾）に、後者が「巿」を四画（一→冂→｜）に書いて区別していますが、印刷では区別がつきません。

誤記の原因として、もう一つはうっかりミスです。アンケートで、香典袋《こうでんぶくろ》に「御《ご》仏前《ぶつぜん》」と書くところを「御化前」と書いてしまったという報告がありましたが、これには大笑いしました。原因はもちろん「仏」と「化」がよく似ているところにあります。雑誌に「団魂の世代」を見かけましたが、「団塊《だんかい》の世代」のうっかりミスでしょう。「団塊」と書いてあるのにダンコンと読む人もいるようです。この場合は字体の観念も怪《あや》しいようです。

確信犯的誤記もあります。最近の新聞のスポーツ欄《らん》を見ると、「貫録」という文字が目につきます。「タイガー・ウッズ貫録の優勝」等々。正しくは「貫禄《かんろく》」です。私はこれを確信犯的誤記と見なしています。なぜ間違いかは第三章の「禄」の項《こう》

（四二三ページ）をご覧ください。「班点」（「斑点《はんてん》」が正）もそうです（二〇二ページ）。こんなことをいうと、「包丁《ほうちょう》」や「沈殿《ちんでん》」のような同音書き換《か》えも誤記なのかという質問が出そうです。基本的には誤記ですが、慣用と認めていいものもあります。しかし文字表記は言語感覚と不可分《ふかぶん》ですから、倫理《りんり》というものが必要です。かってに表記を改めるのは慎《つつし》むべきでしょう。

最後に誤記の直し方ですが、第一章でも述べたように、まず字体の観念を再構築することです。そして、その字体に対応した漢字の意味をしっかり把握《はあく》することです。これから実際の誤記について、一つ一つ処方《しょほう》を考えていきます。

誤字か誤記か微妙《びみょう》なケースもあります。存在しない字だろうと思って、大きな字典を引いてみると、出ていたという場合もあります。例えば、「劵」や「抻」。しかしこれらは字書にあるだけで、ほとんど使われません。廃字《はいじ》の類《たぐい》です。このような字に間違う場合は誤記ではなく誤字に扱います。

哀と衰

アーとかハーと溜め息をつくありさま

「衣《い》」の「亠」と「𧘇」の間に「口」を書くのが「哀《あい》」、「口」の中に横棒を引いたのが「衰《すい》」です。しかしちょっとの違《ちが》いが天地ほどの違いになります。

「かなしい」と関係があるのは「口」なのです。「悲《ひ》」の場合は「心」ですが、「哀」は少しイメージが違います。悲しくて溜《た》め息《いき》が出るのが「哀」だったのです。では「衣」は何でしょうか。「衣《ころも》」の機能を考えてみますと、肌《はだ》を隠《かく》すのが着物の働きなんですね。だから感情を隠すということを示すために「衣」を記号として利用するのです（「イ」と「アイ」は音も似ています）。かなしみの気持ちは胸のうちに秘《ひ》めるのが人情です。しかし思わず知らず溜め息は出ます。アーとかハーと溜め息をつくありさまを「哀」で表したわけです。これでなぜ「口」がつくかの理由がおわかりと思います。

「衰」の中の「毌」は「[illegible]」（冄）が変わったもので、両側にだらりと垂れる形です。蓑《みの》をご存じでしょうか。わらなどを編んで作った昔の雨具《あまぐ》です。だらりと垂れた形をしています。このイメージを利用したのが「衰」です。「おとろえる」はだらっとしおれて勢いがない状態ですから、「おとろえる」を「衰」で表したのです。

「衰《おとろ》える」から「蓑《さ》」（みの）が生まれたのではなく、逆に「蓑」から「衰える」が発想されました。具体物のイメージを通して抽象《ちゅうしょう》的な意味の表象《ひょうしょう》を行うのが漢字の造形法なのです。

「衰」については第三章（三二六ページ）も参照してください。

委と季

女はくねくねと男にしなだれる？

「委《い》」と「季《き》」は、形が「女」と「子」の違《ちが》いだけです。しかし音《おん》と意味がまるで違います。「委」と「季」は音を示す手がかりがありません。だから字源《じげん》から区別するしか手がありません。

「禾《か》」は共通で、「いね」のことです。「ノ」と「木」に分けられるので、「のぎ」「のぎへん」と呼びます。ただし字典の分類では「委」は「おんなへん」（女）、「季」は「こへん」（子）に入っています。

何のために「いね」を用いるかといいますと、イメージを利用するのです。「禾」は稲《いね》の穂《ほ》が垂れた図形（下図）です。まず「だらっと垂《た》れる」というイメージがあります。何かに寄りかからないと、倒《たお》れてしまいそうです。「寄りかかる、たよりにする」という意味をもつことばの「イ」を表すために「禾＋女」の組み合わせにしたのが「委」なのです。ではなぜ「女」かというと、女はくねくねと男にしなだれて身を任せるというイメージがあるからです。こんなことをいうと叱《しか》られそうですが、古代の中国人の発想だから仕方がありません。

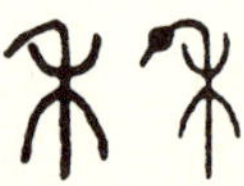

そういうわけで、他《た》に任せることを「委」というのです。「委員」というのは自分の代わりに任せる人のことです。

次に「禾」は「実って種子ができる」というイメージがあります。「子」は人間の子ではなく、種子でした。稲が実るのは農耕の時期の終わりです。時間の「すえ」を表す「キ」ということばに対して、「禾＋子」を組み合わせた図形が作られたのです。春の終わりなら「季春《きしゅん》」です。末っ子は「季子《きし》」です（ただし古語）。また、一年を四つに分けた時間も「季」で表しました。

いい覚え方ではありませんが、他人に身を任せる委員は「女」、種子が実る季節は「子」と覚えるのはどうでしょう。

烏と鳥

「烏龍茶」か「鳥龍茶」か

これも「哀《あい》・衰《すい》」と同様、横棒があるなしの違《ちが》いです。紛《まぎ》らわしいことは確かです。アンケートに「烏龍茶《ウーロンちゃ》」をずっと「鳥龍茶」と思い込んでいたという報告もありました。「嗚《お》」と「鳴《めい》」を間違《まちが》える人もいるようです。ビデオに映るカラオケの歌詞はたいてい「嗚呼《ああ》」が「鳴呼」になっています。

「烏《う》」はカラスの象形文字《しょうけいもじ》ですが（七四ページの図参照）、いったいどんな特徴《とくちょう》をとらえたのでしょうか。古人の説によると、「鳥《ちょう》」の目の部分を省いた字で、カラスは黒くて目の部分がはっきり見えないから、そういう字をこしらえたといいます。案外当たっているのかもしれません。「鳥」の目の部分を抜《ぬ》いたのが「烏」と覚えればよいでしょう。

カラスには「烏」のほかに「鴉」もあります。読み方は前者はウ、後者はアで、鳴き声にちなむ命名でしょう。これも古人の説ですが、「烏」は真っ黒いハシブトガラス、あるいはハシボソガラスで、「鴉」は腹の白いコクマルガラスだそうです。

殴と欧

「殴米」か「欧米」か

意味領域を限定する符号《ふごう》を限定符号といいます。普通《ふつう》はそれを部首《ぶしゅ》と呼んでいます。これにはへん、つくり、かんむり、あしなどがあります（限定符号、部首、偏旁《へんぼう》冠脚《かんきゃく》については四七ページ、七九ページを見てください）。これらの符号は、その漢字の意味がどういう領域に属しているかを暗示させます。

「殳」（「るまた」または「ほこづくり」）と「欠」（「あくび」）はつくりで、ともに身体の動作を示すための限定符号です。

「殳」は手に棒をもつ形（下図の右から一、二番目）ですので、手の動作を示します。「なぐる」は手の動作の一つです。ほかに「殺《さつ》・段《だん》」などがこの符号を含《ふく》んでいます。

「欠」は体をかがめて口を大きく開けた人の図形（下図の右から

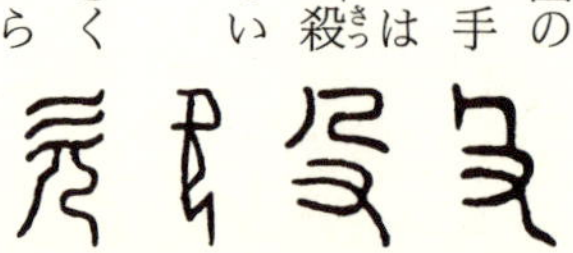

三、四番目）で、身体の行為《こうい》、特に口と関係する動作を示します。「歌《か》・欲《よく》・歓《かん》・歎《たん》」などはこの符号を含んでいます。「欧《おう》」は「嘔吐《おうと》」の「嘔」と同じで、「はく」ことです。

以上の説明で「殴る《なぐ》」はわかったと思いますが、「欧米《おうべい》」の「欧」と「はく」の関係がわからないかもしれません。「欧米」の「欧」と「はく」は意味の関係は何もなく、ただ音《おん》を借りただけです。ヨーロッパに当たるポルトガル語の Europa を近世の中国で「欧羅巴」と当て字したのが始まりでした。そのため「欧」を「はく」という意味で使わず、ヨーロッパの専用にしたのです。

どうせ当て字ならヨーロッパを「殴」と書いてもいいじゃないかと思われる方もいるでしょう。だがいったん書き方が定着したら、取《と》り替《か》えがなかなかきかないのが漢字というものです。「欧米」の「欧」は最初は表音文字《ひょうおんもじ》のようなものでしたが、いまや表意文字《ひょういもじ》なのです。というのは「欧」はヨーロッパを意味することばになったからです。ただし「欧」の字形《じけい》をいくら解剖《かいぼう》してもヨーロッパという意味は現れません。字形を乗っとったようなものです。

ということで「殴る」は「殳」が目安《めやす》になりますが、「欧」は手がかりがありません。ただ「区」が「殴」と同じくオウの音とかかわりがあるというだけです。古くは「区」にオウという音があったのです。「区」（旧字体《きゅうじたい》は「區」）を音符《おんぷ》とする字のグループには、「欧・殴・嘔《おう》・鷗《おう》・甌《おう》・謳《おう》」などオウと読む系列と、「駆《く》・軀《く》」などクと読む系列の二通りあります。

穏と隠

「穏密」か「隠密」か

「穏《おん》」と「隠《いん》」は、形《けい》も音《おん》も意味も紛《まぎ》れそうな字です。「隠密《おんみつ》」だと同音になってしまいます。

これも字源《じげん》から説明しましょう。「隠」の旧字体《きゅうじたい》は「隱」です。つくり（右側の要素）の「爪」は下向きの手、「⺕」は上向きの手、その間に「工」の印《しるし》（ある物を示す）がはさまっています。両手の間に物を隠《かく》すありさまを図形化しました（下図右）。

それに「心」をつけて、心の中に隠すというイメージに転化させます（上段図左）。

つくりに「阝」（「こざとへん」）をつけます。これは盛《も》り土《ど》、段々、丘《おか》、山など盛り上がった土と関係があることを示す限定《げんてい》符号《ふごう》です。「隠」は丘の陰《かげ》に身を隠すというイメージに転化したわけです。しかし丘という具体を捨象《しゃしょう》すると、ただ「かくす」「かくれる」というイメージだけが残ります。

次に「穏」は「隠」の「かくす」というイメージを利用します。中に隠して外に出さないというイメージが、波風が立たず穏《おだ》やかだというイメージにつながります。そこで「阝」を「禾」（「のぎへん」、稲《いね》を表す）に替《か》えます。そうするとあとのイメージが決まります。収穫《しゅうかく》した穀物《こくもつ》を倉の中にしまいこめばもう安心だからです。しかしここでも、穀物といった具体は捨象します。そうするとただ「おだやか」だけが残ります。

漢字というものは記号素《きごうそ》（意味のある最小単位のことば、単語）の意味を図形で暗示させる記号です。抽象《ちゅうしょう》的な意味は具体的なものを借りて暗示させるほかはありません。「隠」や「穏」の意味に、丘とか穀物といった具体的な要素は含《ふく》まれているわけではないのです。しかし覚える際は具体を復活させるのがよいでしょう。丘の陰に身を隠すのが「隠」、稲を倉の中に隠して安心するのが「穏」、これはあくまで便宜《べんぎ》的な覚え方です。

瓜と爪

諺で覚える

たいへん多くの方が「瓜《か》」と「爪《そう》」を迷うようです。この混乱は昔からあるもので、「瓜《うり》に爪《つめ》あり、爪《つめ》に爪《つめ》なし」という有名な諺《ことわざ》までできています。これは江戸初期の本に出ているそうで、江戸人も覚えるのに苦労したようです。アンケートの回答には、この文句を唱えないと正しく書けないというものもありました。意外に役立ちそうですから、諺による区別をお奨《すす》めします。

字源《じげん》からの区別の仕方は第三章の「孤《こ》」の項《こう》（二八八ページ）を参照してください。

渦と禍

「渦中」か「禍中」か

「渦《か》」と「禍《か》」、形《けい》と音《おん》だけでなく、意味、というよりイメージも何となく似たところがあります。「戦渦《せんか》に巻き込まれた」とか「戦禍《せんか》を被《こうむ》った」は両方ともある言い方です。「戦渦」は戦いの渦《うず》、つまり戦乱のことです。「戦禍」は戦争の災禍《さいか》（わざわい）です。このようにイメージは似ていますが、もちろん意味が違《ちが》います。「渦」はあくまでも比喩《ひゆ》であって、本来の意味は「うず」です。

「渦中《かちゅう》」も比喩的用法です。「事件の渦中にある」は正しい言い方ですが、禍《わざわい》の中に巻き込まれたからといって、「禍中」という言い方はありません。強《し》いていおうとすればいえないことはないのですが、辞典に登録されていないのです。辞典にないことばを創《つく》ることはできます。しゃれや語呂《ごろ》合わせなどの遊びの場合です。それ以外は単なる誤用となります。

「咼《か》」の誤字については、第一章の「鍋《か》」（八五ページ）を参照してください。

稼と嫁

稲と女の違い

「稼《か》」と「嫁《か》」、「稼《かせ》ぐ」と「嫁《とつ》ぐ」、形も似ていて、送り仮《が》名まで同じです。この区別も限定符号《げんていふごう》（部首《ぶしゅ》）に目をつければいいのです。

「かせぐ」は働いて金などを手に入れるこ

とです。「稼」という字の本来の意味は、稲《いね》を植えつけて、その後取り入れることです。金をかせぐのも、何かを元手《もとで》にして、利益を取り入れることです。漢字の「稼《か》」と日本語の「かせぐ」は家に取り込《こ》むという点で共通なのです。だから「かせぐ」を「稼ぐ」と書くようになったのです。

「とつぐ」は女性が結婚することです。他《た》家《け》に嫁《よめ》に行くことです。だから「女＋家」で「とつぐ」と「よめ」の両方を書き表します。

以上から、自分の家に「禾」（「のぎへん」。昔の給料でもあった穀物、稲を表す）を取り込むのが「稼《かせ》ぐ」、他人の家に「女《おんな》」が入り込むのが「嫁《とつ》ぐ」というふうに便宜《べんぎ》的《てき》に覚えれば誤記は直るでしょう。

芽と茅

「きば」か「ほこ」か

日本語で「め」と「きば」はまったく違《ちが》ったことばですが、漢語ではともにガというのです。字形《じけい》は「牙《が》」が共通です。これはなぜかというと、「め」と「きば」にイメージの類似性《るいじせい》があるからです。二つのぎざぎざしたものが嚙《か》み合った形が「牙」という字（下図）です。

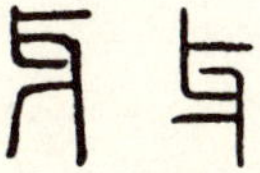

見方を変えると、同じところから二つのものが嚙み合った形で出ていると見ることもできます。「きば」は普通《ふつう》の歯が鋭《するど》くなって出ています。普通の歯に対して、ぎざぎざと突《つ》き出ています。植物の「め」はどうでしょうか。種子から突き

出て生えてきます。全体的に見ると、種子と「め」が噛み合った形になっています。このように「め」に「きば」のイメージを見て、「め」を「芽」と書くのです。漢字を作った人は自然を細かく観察しています。

「茅《ぼう》」も自然観察に基《もと》づいています。茅《ち》ケ《が》崎《さき》や茅《ち》野《の》の「茅」は「ち」と読みますが、チは植物のチガヤの古語です。チガヤの穂《ほ》を「つばな」といいます。漢字を作った人は太く長いつばなを「ほこ」に見立てました。「ほこ」を表す記号は「矛《む》」（「矛盾《むじゅん》」の「矛」）です。そこでチガヤを表す「茅《ぼう》」という字が生まれたのです。

以上の「芽」と「茅」の由来《ゆらい》から、漢字の作り方の特徴《とくちょう》の一つが見えてきます。違った分野のことばでも、イメージが類似するなら、同じ記号を用いるということです。使い方（意味）の違いは限定符号《げんていふごう》（「芽」や「茅」の場合は「くさかんむり」）で区別するのです。

戒と戎

「警戒」か「警戎」か

「戒《かい》」から一画《いっかく》落とすと「戎《じゅう》」になります。ただし「戎」自体は誤字ではありません。

「戒」を「戎」と区別するには、「戒」の構造をしっかりとらえる必要があります。図形は第三章の「戒」の項《こう》（二五〇ページ）を参照してください。

「廾」は両手の形で、「𠬞」が変化したも

のです。「算《さん》」の下部にも含《ふく》まれています。「戈」は、ほこという武器です。この二つの符号《ふごう》を組み合わせた「戒」で、両手で武器をもって用心するありさまを図形化しました。文字通り警戒《けいかい》することです。

「戎」も説明しましょう。七福神《しちふくじん》の「えびす」は「恵比須」「夷」「蛭子」のほかに、「戎」とも書きます。これは日本的な用法ですが、漢字本来の意味は異民族、野蛮人《やばんじん》ということです。この場合も「えびす」と読みます。

さらに古くは「いくさ、もののふ」という意味がありました。これを表すため、「十＋戈（ほこ）」の組み合わせとしました。「十」は数字の十ではなく、「甲《こう》」（よろい）の古い形です。荒々《あらあら》しい武者《むしゃ》から、荒々しい野蛮人となったわけです。

悔と侮

「後悔」か「後侮」か

へんに注目して違《ちが》いをつかんでください。「くやむ」「くやしい」は精神の働きと関係があります。だから「りっしんべん」（忄、心）です。「あなどる」は人を無視し、馬鹿《ばか》にする行為《こうい》です。行為や行動と関係があることを示す限定符号《げんていふごう》には「攵」「彳」「イ」などがありますが、人に対する行動と見て、「にんべん」（イ、人）をつけて表したのです。

「悔《かい》」は「後悔《こうかい》」、「侮《ぶ》」は「侮辱《ぶじょく》」という熟語に使われるとおり、音《おん》が違います。カイという音は海《かい》―晦《かい》の系列、ブという音は毎《まい》—梅《ばい》の系列です。

概と慨

「気概」か「気慨」か

ある小説で「気慨」を見かけたことがあります。精神に関係がありそうなことばなので、つい「気慨」と書きたくなりますが、間違《まちが》いです。

字源《じげん》と語源《ごげん》から「概《がい》」と「慨《がい》」の違いを考えます。

昔、米を量《はか》るとき、升《ます》の表面を平らに均《なら》す棒がありました。これを日本では「とかき」（斗掻き）、あるいは「ますかき」（升掻き）といい、中国では「概」といいました。これが「概」のもとの意味です。「既《き》」は腹いっぱい食べてげっぷが出るありさまの図形です。詳《くわ》しくは第三章の「愛《あい》」の項《こう》（二三五ページ）を見てください。この「いっぱいになる」というイメージを利用して、升にいっぱいにする棒を「きへん」をつけて「概」と書きました。

漢字はイメージの類似性《るいじせい》により、次々と意味が転化していきます。細かいところを省いて全体をひっくるめることも「概」で表しました。つまり「概括《がいかつ》、梗概《こうがい》（あらすじ）」の「概」です。ますかきで余分な米を落として全体を均すイメージと似ていませんか。

さらに意味が転化します。人間の度量を表すことばにもなります。細かいところを省いて、その人全体の雰囲気《ふんいき》や器量をとらえて、「概」というのです。「あの老人は古《こ》武士《ぶし》の概《がい》がある」といえば、全体から醸《かも》し出される雰囲気が昔の武士に似ているということです。「気概《きがい》」もこうして生まれたことばで、全体から醸し出される意気込《いきご》みということです。単なる気持ちという意味ではありません。

「一概」もこれでおわかりでしょう。「全体をひっくるめて」という意味です。

次に「慨」は心の動きを表すことばで、「なげく」という意味です。漢字で表すときは「既」の二つのイメージを利用します。一つは「腹いっぱい」のイメージ、もう一つは「げっぷが出る」のイメージです。これを「胸がいっぱい」と「ハーと溜《た》め息《いき》が出る」に転用します。こうして「胸がいっぱいになり、溜め息が出る」というイメージを「慨」で表現したのです。「慨《がい》嘆《たん》」とはまさにそういうことです。

「概」と「慨」は名詞と動詞の違いということも区別の目安になります。

獲と穫

「獲得」か「穫得」か

「獲《かく》」も「穫《かく》」も「取り込《こ》む」という点では共通です。ただし何を取り込むかによって書き方が違《ちが》います。へんによって区別するのです。

小内一《おないはじめ》『究極版　逆引き頭引き日本語辞典』（講談社+α文庫）に、何を「獲得《かくとく》する」か、何になることばが五三例あがっています。「一等賞、資格、自由、真理、賃金、人気、領土」等々、すべていいもの、希望するもの、狙《ねら》うもので、悪いもの、いやなものは一つもありません。

「獲」は「犭」（「けものへん」）で示されているように、もともと獲物《えもの》を手に入れることです。獲物は生きた鳥獣《ちょうじゅう》や魚《うお》です。死んだものや無生物では獲物になりません。だから手に入れるには計画も必要だし、努力も必要です。手に入れた結果は喜びもひとしおです。

このような言外《げんがい》の意味を踏《ふ》まえて、生きた獲物を手に入れることから、右の例のような物事を手に入れるという比喩《ひゆ》的用法が生まれたのです。これが「獲得」です。

次に「穫」は「禾」（「のぎへん」）で示されているように、稲《いね》を取り入れることです。作物の取り入れも計画と努力は必要でしょう。しかし獲物を捕《と》らえるような緊張《きんちょう》感はありません。右の辞典では何を「収穫する」の何に当たるのは「果実、作物、大《だい》豆《ず》、麦」の四例だけです。「穫得」という熟語は生まれなかったのです。たぶん作物は獲物のように得がたいものではなかったからでしょう。

官と管

「器官」か「器管」か

「器官《きかん》」を「器管」と書くのは「気管《きかん》」と混乱しているのですね。「気管」は気（呼吸気）の通る「くだ」だから「気管」でいいのです。「器官」は「くだ」ではありません。生体《せいたい》の内部でいろいろな機能をもつ組織体が器官です。この場合の「官」は働きという意味です。

「官」になぜ働きという意味があるかを説明しましょう。「官」は垣根《かきね》をめぐらしてて人々が仕事をする場所を表した図形です。だから集まって働くというイメージがあります。役所を念頭に置いてください。多くの役人が働いています。政府の役所なら、財務省、厚生労働省、文部科学省などさまざまな部署《ぶしょ》があります。それぞれ機能が違《ちが》います。

目とか、耳とかは、生体において何かの働きをするいわば役所の部署です。すべて違った働きをします。そこで官僚機構《かんりょうきこう》になぞらえて「器官」ということばが生まれたのです。「器」というのはうつわ、入れ物です。これも比喩《ひゆ》で、体を器になぞらえているのです。

勘と堪

「勘能」か「堪能」か

「勘《かん》」と「堪《かん》」の区別は、限定符号《げんていふごう》（部首《ぶしゅ》）からではちょっと弱そうです。字源《じげん》から説明しましょう。

「甚《じん》」は「甘」と「匹」をドッキングさせた図形です。「甘」（あまい、うまいの意）は食欲、「匹《ひっ》」（カップルの意）は性欲にたとえます。どちらも人間がふけりやすい欲望です。それで「程度が深い、深入りする」というイメージを「甚」という記号で表しました。

「甚」に「力」（「りきづくり」）を添《そ》えたのが「勘」です。「力」はつとめる、一生懸命《けんめい》にやるということを示す限定符号です。したがって、深く探《さぐ》りを入れて、突《つ》き詰《つ》めることを「勘」といいます。何を突き詰めるのかというと、間違《まちが》いや罪などです。数に間違いがないかを調べるのは「勘《かん》定《じょう》」、文字に誤りがないかを調べるのは「校勘《こうかん》」、罪を調べて法に当てるのは「勘《かん》当《どう》」(日本での用法は少しずれます)です。

さて問題は第六感をなぜ「勘」というかです。これには間違いという意味は含《ふく》まれていません。しかし「深い」というイメージはありそうです。目、耳、鼻、舌、皮膚《ひふ》の五官による感覚以外に存在するといわれる感覚を第六感といいます。これは心の奥《おく》底《そこ》にあると想定されている感覚です。五官が表面的であるのに対し、第六感は深層的です。そういうことから勘違《かんちが》いの「勘」という用法が生まれたと考えられます。

次に「堪」は「甚」に「土」を加えました。重みにたえてもちこたえることです。「土」は深く分厚《ぶあつ》いものを暗示させる符号として使われています。「たえる」という行為《こうい》は深くて厚い重みや圧力が前提になるから、「土」を加えたのです。「堪忍《かんにん》」の「堪」、つまり「たえる」というのが本来の意味でした。これを「堪能《たんのう》」に使うのは当て字です。「足《た》んぬ」(足りる、十分だ)がタンノウになまったといわれています。ただしカンノウと読む本来の「堪能《かんのう》」は別にあります。技能が優《すぐ》れているという意味の古語です。

少しこじつけですが、「力」を発揮する

のは第六感の「勘《かん》」、タンノウするのは「堪《た》えて堪《こら》える」の「堪《かん》」と覚えるのはどうでしょう。

歓と勧

「歓待」か「勧待」か

「歓《かん》」の左側を共通にもつ字はほかに「観《かん》」と「権《けん》」があります。「観」は「見」が標識になり、「権」は音《おん》が違《ちが》うから、迷うことはないでしょう。

「歓」の意味は「よろこぶ」、「勧」の意味は「すすめる」です。意味さえ取れれば間《ま》違《ちが》うはずはありませんが、字形《じけい》に間違いを防ぐ目印はないでしょうか。

つくり（右側の要素）に注目しましょう。「欠」（「あくび」）は「歌《か》・欲《よく》」などに含《ふく》まれています。「欠」は「殴《おう》と欧《おう》」の項《こう》（一一八ページ）でも述べたように、口を大きく開けている図形です。それで、「欠」は口を開けてある動作をすることを示す限《げん》定符号《ていふごう》になるのです。「欲《ほ》しがる」も口を開ける動作です。「歌う」はまさにそれです。「よろこぶ」はどうでしょう。よろこびの表し方はいろいろでしょうが、声をたててよろこびを表すこともあります。「歓」はまさにこれです。もちろん声をたてないと「歓」は使えないということはありません。これはあくまで語源《ごげん》の話です。

「すすめる」は相手が何かをするように助けるというイメージです。励《はげ》ますこともあります。「助《じょ》」や「励《れい》」も「りきづくり」（力）になっています。「勧告《かんこく》、勧誘《かんゆう》、勧善《かんぜん》懲悪《ちょうあく》」、すべて相手に何らかの力を及《およ》ぼすというイメージがあります。

以上から、「歓待《かんたい》」（よろこんでもてなす）は「歓」、「勧誘」（すすめて誘《さそ》う）は「勧」と、しっかり使い分けをしてください。

憾と感

「遺憾」か「遺感」か

政治家や高級官僚《かんりょう》や企業幹部の不祥事《ふしょうじ》が明るみに出るたびに、「遺憾《いかん》」ということばが新聞を賑《にぎ》わします。軽い常套句《じょうとうく》になっていますが、本来は「うらみを残す」という意味です。

「憾《かん》」を構成する「感《かん》」の字源《じげん》については、第一章の「減《げん》」の項《こう》（八〇ページ）で少しふれています。「咸《かん》」という記号には二つのイメージがあり、そのうちの一つは「強いショックを与える」ということです。心にショックを与えるのが「感」です。感動の「感」はこれです。

「残念だ」と思う気持ちも精神的なショックの一つです。感動や感激などはプラスイメージのショックですが、うらむのはマイナスイメージのショックです。そこで「感」と区別するために一《ひと》ひねりしたのが遺憾の「憾」です。「心」が二ついているわけです。感動よりも強いショックが「遺憾」だったのです。新聞を賑わす「遺憾」が強さを感じさせないのは文字のせいではなく、不祥事が多すぎて乱用するせいでしょう。

宜と宣

「宜しく」か「宣しく」か

アンケートの回答には、正しくは「宜《よろ》しく」と書くところをずっと「宣しく」と書いていたという例がありました。しかし、不思議に思うのは「よろしく」を漢字で書くことです。「宜しく」はもともと漢文訓《かんぶんくん》読《どく》の読み方です。これを挨拶《あいさつ》用語の「よろしく」にも用いたのでしょう。私は「よろしく」は仮名《かな》書きにしています。もっとも仮名であろうと漢字であろうと人の好み次《し》第《だい》ですから、とやかくはいえません。

「宜」の下部は「祖《そ》」や「組《そ》」の右側、「畳《じょう》」（たたみ）の一部とも似ています。「且」は「かさなる」というイメージがあります。重なったものの形がかっこうよい→都合《つごう》がよい（「適宜《てきぎ》、便宜《べんぎ》」の「宜」）となりました。

「宣」の「亘」は「垣《えん》」（かき）や「恒」（「恒常《こうじょう》」の「恒」、つね）の右側と同じです。ただし「宣」とイメージの上で関係があるのは「亘《せん》」（わたる、めぐる）と「垣」です。「垣」は周囲にめぐらしたものです。情報などがめぐってすみずみまで行きわたるのが「宣」（「宣伝」の「宣」）です。

余談ですが、名乗《なのり》（公家《くげ》や武士の男子が元服《げんぷく》後につけた実名）では、「宣」を「のり」とか「のぶ」と読みます。「のり」も「のぶ」も、情報を広く告げ知らせるという意味です。

義と議

「講義」か「講議」か

まず「義《ぎ》」の意味から考えてみましょう。字形《じけい》を解剖《かいぼう》します。「羊」はヒツジですが、美しい形を代表する符号《ふごう》に用います。「我《が》」は刀身《とうしん》がぎざぎざにとがった形のほこの図形（下図）で、「『へ』型《がた》にとがる」「きちんとした形」というイメージを示す記号です。この二つの組み合わせによって、「筋道《すじみち》がきちんと立っていること」を意味することばを書き表しました。だから「義」の最初の意味は「正しいこと」です。

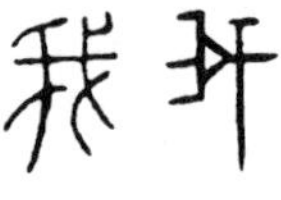

物事にはすべて「名」というものがありますが、それだけでは表面的です。内実が伴《ともな》わないといけません。「名」に筋道をつけるものが「意義」の「義」です。要するにことばの意味です。

また、世間には、関係のないものに関係をつけて、二つを結ぶ場合があります。これらにきちんとした筋道をつけることを「義」といいます。例えば血のつながりのない父親は「義父」といいます。本物の歯ではないが、歯の代わりになるものを「義《ぎ》歯《し》」といいます。

アンケートには、「講義」か「講議」かという質問がありました。「講議」と書かれるのもよく目にしますが間違《まちが》いです。「講義」というのは元来《がんらい》ことばや学問の意味を説明することです。古代の漢語では「講議」もありますが、単に相談するといった意味です。

これと似たケースに「談義《だんぎ》」があります。新聞などでは「談議」と書いていることが多いようですが、これも相談するという意味の古代漢語です。「哲学談義」などという場合の「談義」は哲学の根本《こんぽん》の（あるいは哲学にまつわる）意味を語るということです。だからこの場合は「談義」が正しいのです。

「名義」か「名儀」かという質問もありました。「名義」が正しいと思います。この場合の「義」は二番目の「意味」という意味です。つまり「名義」は「名と意味」です。ところが「義」の意味が落ちて単に「名」（名前、名称《めいしょう》）だけの意味になったのです。こんな例は「異同《いどう》」にも見られます。「同」の意味が落ちて、「異同」は単に「違い」という意味しかありません。

ところで「名義」の「義」が無意味になったため、「名儀」という書き方も生まれました。「儀」は「私儀《わたくしぎ》」の「儀」と同じで「事」ぐらいの意味です。ということで「名儀」も間違いではないと思います。ただしどういうわけか国語辞典には載《の》っていませんでした。『岩波新漢語辞典』などには出ています。

却と劫

「消却」か「消劫」か

「却《きゃく》」の「卩」を「力」に変えると「劫《こう》」になります。これは別に存在する字です。二つの違《ちが》いを字源《じげん》から確認しましょう。

「却」については異体字《いたいじ》の「卻《きゃく》」から説明します。この「谷《きゃく》」は「たに」ではなく、口の上、鼻の下にあるみぞ（鼻溝《はなみぞ》、人中《じんちゅう》）を表す図形（下図）です。ここはへこんでいるので、「へこむ」ことを示す符号《ふごう》になります。「卩」（「ふしづくり」）はしゃがんだ人です。人がしゃがんでへこむのは縦の移動ですが、横に置き換《か》えると、一線から引き下がる、つまり「しりぞく」となります。これが「退却《たいきゃく》」の「却」です。「去」（さる）も一線から下がっていくというイメージがあるので、「谷」を「去」に変えたのです。

次に「劫《こう》」は「おびやかす」という意味で、力ずくで去らせる様子を暗示させる図形でした。ただし普通《ふつう》はサンスクリット（梵語《ぼんご》）の kalpa（非常に長い時間）の音《おん》訳字《やくじ》とします。「永劫《えいごう》」の「劫」です。碁《ご》を打つ方は碁の用語（「コウ」という）にもなっていることをご存じでしょう。

音訳字は広義《こうぎ》では外来語を写した字ですが、狭義《きょうぎ》では外来語のために作られた特別の字のことです。

狭と挟

「狭間」か「挟間」か

「狭《きょう》」と「挟《きょう》」、どっちが「はさむ」か、どっちが「せまい」か、考えるとかえってわからなくなります。「はさむ」はとにかく「てへん」だと覚えておけば、残りは「けものへん」で決まりです。しかしなぜ「けものへん」かと考えると、また悩《なや》んでしまいます。

限定符《げんていふ》号《ごう》はその字の意味領域を暗示させる符号ですが、実情に合わなくなったケースもあります。「狭」も「けものへん」と「せまい」はぴったりしません。こういう例はけっこうあります。長い時間を経て、漢字の意味が変化したという理由もあります。あるいは、漢字を作った人の意図《いと》がはっきりしないという理由もあります。「狭」はたぶん後者でしょう。その場合、遊びやユーモアの感覚も念頭に置く必要があります。

まず「挟」のつくり（右側の要素）から見ます。もとは「夾《きょう》」と書きました。「大」（大きく立つ人の形）の両側に小さな人を二つ添《そ》えた図形（下段の図）です。これには二つのイメージがあります。一つは子分《こぶん》を抱《かか》える親分《おやぶん》、もう一つは「両脇《りょうわき》からはさむ」というイメージです。前者は「俠客《きょうかく》」や「仁《にん》俠《きょう》」の「俠」に残るイメージです。後者から「挟」が生まれました。

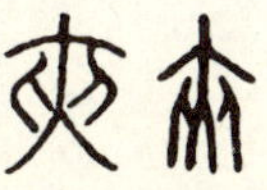

「狭」も、後者の「はさむ」のイメージを利用したものです。物と物の間に挟《はさ》まれるというイメージは、間隔《かんかく》が狭《せま》いというイメージにつながります。なぜ「けものへん」にしたのでしょう。この漢字を考案した人は犬が怖《こわ》かったのかもしれません。犬と犬にはさまれた実感がこもっているような気がします。

「はざま」の語源《ごげん》は「はさまる」の語幹《ごかん》から来たという説があります。これが正しいとすると「挟間」と書けるはずです。しかし「は」は「端」、「さ」は狭、「ま」は「間」だという説もあります。狭いすきまという意味が本来だとすると、やはり「狭《はざ》間《ま》」に軍配《ぐんばい》が上がると思います。

偶と遇

「偶然」か「遇然」か

多くの方が「偶然《ぐうぜん》」を「遇然」に間《ま》違《ちが》えると回答しています。

「偶」の意味を検討しましょう。図形の解《かい》剖《ぼう》から始めます。「禺《ぐう》」はある種の類人猿《るいじんえん》の象形文字《しょうけいもじ》です(下図)。前にもたびたび述べましたが、漢字は具体的な物を通して抽象《ちゅうしょう》的なイメージを作り出します。類人猿は人に似

ているが人ではないので、「禺」を「本物に似る」「本物とにせもの」「二つのものが並ぶ」などのイメージを示す記号とするのです。そこで、人に似せた人形を「偶」で表しました。「土偶《どぐう》」の「偶」です。さらに、二つ並んだカップルという意味にもなります。「配偶《はいぐう》」の「偶」です。「偶数」の「偶」が二つ並ぶ数であることはすぐおわかりでしょう。

問題は「偶然」の「偶」です。これを理解するには、イメージを切り替《か》える必要があります。二つが並ぶというイメージは、二つが出会ったことの結果でもありますので、ひょっこり出会うというイメージにつながるのです。「出会う」を捨象《しゃしょう》して「ひょっこり」だけを残したのが「偶然」の

「偶」だったのです。

では「出会う」のほうはどうなったかといいますと、ちゃんと別の字を用意しました。これが「遭遇《そうぐう》」の「遇」です。「にんべん」を「しんにょう」（進むことを示す限定符号《げんていふごう》）に替えたのです。

掘と堀

「掘り出し物」か「堀り出し物」か

「掘《くつ》」と「堀《くつ》」はよく見かける間違《まちが》いですね。「てへん」と「つちへん」が紛《まぎ》らわしいことのほかに、「掘《ほ》り〜」ということばに思わず「堀《ほり》」を書いてしまうのではないでしょうか。

処方《しょほう》は簡単です。「ほる」は手の動作ですから「てへん」、「ほり」は土をほった穴なので「つちへん」です。現在使う「堀」の意味は水がたまるくぼんだところですが、本来はくぼんだ穴なんです。水とは関係ありませんでした。つまり「岩窟《がんくつ》」の「窟」と同じです。

「屈」は「屈伸《くっしん》」の「屈」で、ぽこんとへこむ、くぼむというイメージがあります。手で下のほうへくぼませる行為が「掘る」ということです。また、くぼませた土地が「堀」なのです。

郡と群

群馬県群馬郡群馬町！

「郡《ぐん》」を書くとき、私もときどきペンが止まることがあります。群馬《ぐんま》県群馬《けんぐんま》郡群馬《ぐんぐんま》町《まち》（実際にある地名です）は特にややこしいですね。

「郡」と「群《ぐん》」を区別する目安は限定符号《げんていふごう》(部首《ぶしゅ》)しかありません。

「阝」が漢字の右側(つくり)についた限定符号は「おおざと」と呼びます。人の住む比較的大きな範囲《はんい》の土地を限定する符号です。「邦《ほう》・都《と》・郷《きょう》・郭《かく》」などは「おおざと」を含《ふく》みます。「郡」ももちろん「おおざと」です。

「群」は「むれ、むれる」を表します。むれをなす動物の代表として「羊《ひつじ》」を利用したのです。

では「君《くん》」は何か、単なる音符《おんぷ》かというと、そんなことはありません。人々をまとめる頂点に立つ人が君主です。したがって「多くのものをまとめる」というイメージを「君」で表すのです。古代中国では、「郡」は行政区画としては最大の単位でした。多くの県をまとめた単位です。いまの日本とはちょうど逆です。

「君」については第三章(二七七ページ)も参照してください。

径と経

「半径」か「半経」か

「経路《けいろ》」と「径路《けいろ》」、二つの書き方があります。国語辞典を見ると、二つ並記《へいき》したもの(例えば『大辞林《だいじりん》』)、別扱《べつあつか》いしたもの(例えば『広辞苑《こうじえん》』)があってばらばらです。辞典でも混乱しているようです。

しかし漢字の意味から考えると、「経路」は通っていく道筋《みちすじ》、「径路」は近道のことで、意味合いが違《ちが》います。「半径」の「径」も後者と関係があります。

「径」の旧字体《きゅうじたい》は「徑」で、この右側は機《はた》織《お》りの機械に縦糸《たていと》が通っている図形（下図）です。それで、「まっすぐに通る」というイメージを示す符号《ふごう》になります。

　道というものは曲がったところがあるものです。曲がると距離《きょり》がそれだけ延びます。曲がり道を避《さ》けるルートがあれば、それは近道になります。近道を「彳＋巠」で表す理由はまさにそれです。「彳」（「ぎょうにんべん」）は「行」の左半分をとり、道や行くことを示す限定符号《げんていふごう》です。

「経」もまっすぐに通るという意味があります。「経由《けいゆ》」の「経」です。経路は通っていく道という意味です。だからといって、近道という意味ではありません。

　さて円の中心をまっすぐ通る線が直径です。その半分が半径です。これももちろん近道です。

「径路」と「経路」を混同させるような国語辞典はさっそく改める必要がありそうです。こんなことから「半径」と「半経」の混乱も起こるのではないでしょうか。

拳と挙

「太極拳」か「太極挙」か

　なるほどよく似ていますね。「太極拳」、「重量挙げ」と書いても間違《まちが》いに気がつかないかもしれません。

　こんなに似てしまったのは「拳《けん》」が人名

用漢字に採用されたからです。それまでは「挙」だったのです。これなら違いがはっきりしています。

さて「拳」と「挙《きょ》」の区別を字《じ》源《げん》から説明するのは面《めん》倒《どう》ですから、他の漢字との類《るい》推《すい》でいきましょう。

「拳」はにぎりこぶしです。にぎりこぶしは手の指を丸く巻いたかっこうです。というわけで「拳」の上部と「巻《かん》」の上部は共通の符《ふ》号《ごう》を含《ふく》みます。また「券《けん》」（手形などの意味）とも共通です。昔、手形はひもで巻いて所持したからです。

「挙」は「上にあげる」という意味で、「誉《よ》」（ことばでほめあげる）と共通の符号を含みます。注意したいのは上が「ツ」の形になることです（八八ページを見てください）。ここが「拳」と「挙」を区別するポイントになります。

遣と遺

「派遣」か「派遺」か

「派《は》遣《けん》」の「遣」と「遺《い》物《ぶつ》」の「遺」はかなり似ています。違《ちが》いは「𠂤」と「貝」の部分です。

字《じ》源《げん》から解《かい》剖《ぼう》してみましょう。右側の部分に着目します。「𠀎」は「臾」の変形で、土を運ぶ「もっこ」という道具を表す図形です。「𠂤」は積み上げた土の形で、「官」にも含《ふく》まれています。「追」や「師」にあるのも同じ符《ふ》号《ごう》です。

土木工事を念頭に置いてください。川の堤《てい》防《ぼう》などを築くとき、土をもっこに入れて運びます。土を道具で分けて運ぶありさまを暗示させるのが「遣」なのです。「辶」（「しんにょう」）は行くことを示す限定符《げんていふ》号《ごう》です。ただし実際に使われる意味は、一部を分けてよそにやるということです。これが「派遣」の「遣」です。分けるのはもちろん土ではなくて人です。

「遺」では右下が「貝」に変わっています。「貝」は昔の貨幣《かへい》です。もっこに財貨、つまり貴重品を入れた図形です。この字を作った人は、「後《あと》に置き忘れる」ことを意味する「イ」ということばを表すのに、もっこに入れた貴重品の形に「しんにょう」をつけて暗示させたわけです。

「遺《い》」は「貴《き》」（たっとい）と直接の意味上の関係はありません。抽象《ちゅうしょう》的な意味を、具体的な場面や情景を借りて表出《ひょうしゅつ》するのが、漢字の造形法なのです。

己と已と巳

「克己心」か「克已心」か「克巳心」か

紛《まぎ》らわしい字の最右翼《さいうよく》としてつねにあげられるのが「己《こ》・已《い》・巳《し》」です。

「己」は常用《じょうよう》漢字、「巳」は人名用漢字、「已」は表外字《ひょうがいじ》です。「已」は「すでに」という意味ですが、国文法の「已然形《いぜんけい》」という用語にしか用のない漢字です。だから覚える必要はほとんどありません。

「己」と「巳」の違《ちが》いだけを確認しておきましょう。「己」はこんな形の文様《もんよう》と考えられます（下図）。「卍《まんじ》」のようなものです。た

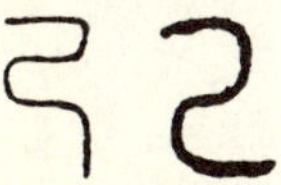

だし「己」はめでたさとは関係ありません。たるんだものが下からくねくねと上に立ち上がるありさまを象徴《しょうちょう》しました。「起《き》」（おきる、たつ）にこのイメージが生きています。

「巳」は胎児《たいじ》の象形文字《しょうけいもじ》です（下図）。「包《ほう》」の旧字体《きゅうじたい》「包」（子宮《しきゅう》の膜《まく》が胎児をつつむ図形）に「巳」が含《ふく》まれています。「祭祀《さいし》」（神や祖先をまつること）の「祀《し》」や「熙《き》」にも含まれています。古代から「巳」は十《じゅう》二《に》支《し》の「み」（へび）に使われますが、胎児との関連性はありません。

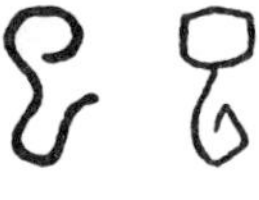

　アンケートの回答で、大阪府の七五歳の男性が「己」「已」「巳」の覚え方を書いてくださっていたので紹介します。

「き・この声、おのれ・つちのと下につき、い・すでに中に、し・みはみなつく」

　形の説明と音《おん》と訓《くん》を盛《も》り込《こ》んだ歌です。「己」の形は「し」がいちばん下につき、音はキとコ、訓は「おのれ」と「つちのと」です。「已」は「し」が中ほどで切れた形で、音はイ、訓は「すでに」です。「巳」は「し」が上にくっつき、音はシ、訓は「み」です。

孤と狐

「孤独」か「狐独」か

「狐独」はもちろん間違《まちが》いです。「狐《こ》」はキツネ以外の意味はありません。「孤《こ》」に「こへん」がついている理由は、もともと「みなしご」という意味を表すからです。独《ひと》り者《もの》を意味する漢字に四つあります。妻を失った男は「鰥《かん》」(やもお)、夫を失った女は「寡《か》」(やもめ)、親を失った子は「孤」、配偶者《はいぐうしゃ》のいない人は「独《どく》」というのです。「独」の「けものへん」(犭)は「狭《きょう》」と同じくユーモア感覚で発想されています。犬が定位置を離《はな》れずに、他《た》を見向きもせず、孤独《こどく》に張り番している姿をとらえた字です。

亨と享

「亨年」か「享年」か

「亨《こう》」と「享《きょう》」の違《ちが》いを字源《じげん》から説明するのは難しいので、類推法でいきましょう。「亨」を含《ふく》む字は「烹《ほう》」ぐらいです。「割《かっ》烹《ぽう》」の「烹」です。割烹といっても若い人は知らないかもしれません。日本料理店です。「割烹」の語源《ごげん》は素材を割《さ》くことと、煮《に》ることとです。「烹」は火熱《かねつ》を通して煮るという意味なのです。これで「亨」を「とおる」と読む理由がおわかりでしょう。音《おん》はコウとホウの二通りあります。

「享」は「郭《かく》」や「塾《じゅく》」などに含まれていますが、意味上のつながりはありません。「享」は元来《がんらい》ご先祖や神様に供《そな》え物《もの》をしてもてなすという意味でした。一方からもてなしがあれば、他方からお返しもあります。神様から恵《めぐ》みを受けるのを「享」というのです。死んだときの年齢《ねんれい》を「享年《きょうねん》」といいますが、神様からくだされた年という意味です。「行年《こうねん》」はちょっと意味合いが違います。人生を歩んできた年です。

考と孝

「親考行」か「親孝行」か

「考《こう》」と「孝《こう》」の共通点は「耂」（「おいかんむり」または「おいがしら」）です。これは「老《ろう》」の下を略した形で、年寄りを表す符号《ふごう》です。二字はともに年寄りと関係があります。

違《ちが》いは次の点です。「考」の下部は変な形になっていますが、「朽《きゅう》」や「巧《こう》」や「号《ごう》」に含《ふく》まれる「丂《こう》」と同じです。この符号《ふごう》は音《おん》を知る目安になります。それだけでなく「曲がりくねる」というイメージも暗示させます。そうすると「考」は腰《こし》の曲がった老人を表す図形ということになります。

実際は、死んだ父を「考」といいました。それに対し、死んだ母を「妣《ひ》」といいます。

「考」をなぜ「かんがえる」という意味に使うかは難問です。老人は考え深いからでは答えになりません。漢字の作り方はそんなにストレートではありません。やはりイメージが絡《から》んでいます。「曲がりくねる」というイメージです。一般に物事を考えるのは直線的ではなく、曲がりつつ進めていくものです。「曲がりくねる」というイメージの共通性から「考」を「かんがえる」という意味に使うようになったのです。

次に「孝」は年寄りと子の組み合わせです。二つとも具体的なイメージです。これで、「子が親を大切にすること」という抽《ちゅう》象《しょう》的な概念《がいねん》を表します。「子」に着目すればば「考」と間違《まちが》えることはないでしょう。

幸と辛

手錠と刃物の違い

「幸《こう》」の一番上の横棒をとると「辛《しん》」になります。ただし、よく見ると、「幸」の二番目と三番目の横棒と、「辛」の一番目と二番目の横棒の長さが違《ちが》うことに注意してください。だから「幸」の上の横棒をとっても、ぴったり「辛」になるわけではありません。

字源《じげん》から「幸」と「辛」の区別を考えます。

「幸」は第一章の「報《ほう》」の項《こう》（三二ページ）で説明したとおり、古代の手錠《てじょう》の図形です。上下対称《たいしょう》になっています。ここがポイントです。上に「土」、下に「干」、ちょうど対称形で、二つを「ソ」のような二線で結んでいます。

「辛」は刃物《はもの》の図形（下図）です。「立」は鋭《するど》い刃《は》の部分、「十」は把手《とって》の部分です。「十」の横棒は柄《え》です。切れ味が鋭いというイメージから、「からい、つらい」という意味を表すのに「辛」を使うのです。

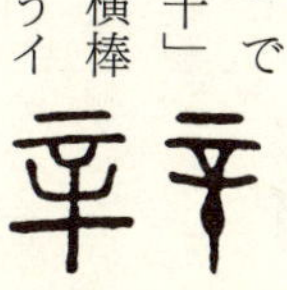

梗と硬

「梗塞」か「硬塞」か

「更《こう》」は「たるまないようにぴんと張る」というイメージを示す記号です。第三章の「便《べん》」の項《こう》（三八五ページ）を参照してください。魚《うお》の骨を「鯁《こう》」といいます。木のしんを「梗《こう》」といいます。いずれもぴんと張っている状態です。

しんがぴんと張っているというイメージは、ふさいで通さないというイメージにつながります。これが「梗塞《こうそく》」の「梗」の使い方です。脳梗塞や心筋梗塞の「梗塞」は血管がふさがって通りが悪くなることです。

一方、しんがぴんと張っている状態はかたいことにもなります。魚の骨も木のしんもかたいものです。かたいことを表す字が「硬《こう》」です。かたいものの代表として、「いしへん」をつけました。

ふさぐものは木のしん、かたいものは石と覚えてはどうでしょうか。

綱と網

どっちがツナで、どっちがアミ？

聞いた話ですが、「網八《あみはち》」という名の居《い》酒屋《ざかや》が、お客のだれもが「あみはち」と読んでくれず、「つなはち」と読むので、とうとう「綱八《つなはち》」に変えたそうです。

「綱《こう》」と「網《もう》」はあまりによく似ています。限定符号《げんていふごう》も同じです。区別する方法が見つからず困りました。棒暗記しか方法がないというのではこんな本も必要ないでしょう。字源《じげん》から考えてみましょう。

「あみ」を表す最古の図形は「网《もう》」です。四角い枠《わく》の中に糸が張られている形（下図）です。こ

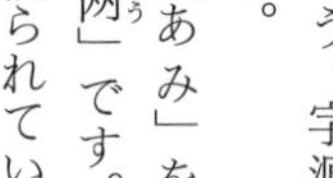

の「网」は二つのイメージがあります。一つは「よく見えない」というイメージ。特に霞網《かすみあみ》などは見えないように作ってあります。もう一つは「冂型《がた》の枠」というイメージです。

二つのイメージが漢字を二つに分化《ぶんか》させました。第一の道は「网」に「亡《ぼう》」を加えて、「罔《もう》」となります。「亡」は「姿が見えない」ことを示す符号です。モウという音《おん》とも関係があります。「罔」で「あみ」を表したのです。しかしもう一つ別の意味、「ない」も表しました。見えない→ないと転義したのです。そのため「あみ」のための専用字が必要になりました。そこで生まれたのが「網」です。

第二の道は「网」に「山」を加えました。山の尾根《おね》を表すため、「冂型」のイメージをもつ「网」を利用するのです。これが「岡《こう》」（おか）という字です。

冂型に走る山の背筋《せすじ》からさらに別のイメージが生まれます。こんな尾根は角《かど》があり、ごつごつとした感じです。そこで「岡」を「がっしりと堅《かた》い」というイメージを示す符号とするのです。

今度は「つな」を表すため「岡」のイメージを利用します。日本の神事《しんじ》などで太いつなが使われますが、あのような大きいつなを「綱《こう》」といいました。「綱領《こうりょう》」（政治団体の主張、方針を示したもの）や「綱紀《こうき》」（国を治める根本《こんぽん》原則）の「綱」は物事の根本という意味ですが、この比喩《ひゆ》が成り立つのも「綱」がおおづなだからです。

これで「網」と「綱」の違いがわかったとも思えませんが、便法《べんぽう》を用いて、「亡者《もうじゃ》」のように姿の見えない霞網は「網」、「岡《おか》」のように太いおおづなは「綱」と覚えるのはどうでしょう。

構と講

「結構」か「結講」か

「けっこう」は「よい、すばらしい、十分だ」といった意味なので、「ごんべん」をつけて「結講」と書きたくなります。しかし間違《まちが》いです。というのは「結構《けっこう》」ということばから転義したのが、右の意味だからです。「結構」というのは構造物の組み立てのことをいいます。ではなぜ「きへん」かの説明をしましょう。

「冓《こう》」は上に横線三つと縦線《たてせん》二つが組まれ、下はそれがひっくり返った形です。このようなシンメトリカルな図形でもって、「バランスよく組み立てる」ことを示す記号とするのです。「冓」の字体《じたい》の詳《くわ》しい分《ぶん》析《せき》は、第三章の「講《こう》」の項《こう》（二九一ページ）で行っていますので、そちらを参照してください。

「冓」は抽象《ちゅうしょう》的ですが、もっと具体からもってくるには何がいいかと、漢字の創造者は考えました。建築物、特に建物に白羽《しらは》の矢《や》を立てました。バランスよく材木を組み立てた結果、みごとな建物ができあがります。だから「冓」に「きへん」をつけたのです。「構」でもって「組み立てる」という抽象的な意味を表すのです。

「結構」は組み立てのことですが、家屋《かおく》でも文章でも、ともかく構造物ならなんでもよいのです。いちいち「きへん」を他《た》のへんに替《か》えることはありません。

購と講

「購入」か「講入」か

「購買《こうばい》」を「講買」に間違《まちが》えるという方もいました。

「購読《こうどく》」と「講読」は両方あることばですが、「講入」と「講買」はありません。もちろん「購読」と「講読」は意味が違います。

「購」は経済行為《こうい》と関係があるから「かいへん」です。貝は古代では貨幣《かへい》として利用されたので、財貨、財産などを表す限定符《げんていふ》号《ごう》に使われます。

「冓《こう》」は前項《ぜんこう》で述べたように、「バランスよく組み立てる」ことを示す記号です。購入や購買で何がバランスよく組み立てられているのでしょうか。商品と価格のバランスです。これが釣《つ》り合って初めて経済行為が成り立つのです。「購」は「あがなう」、つまり代金を払って商品を買うという意味です。

「講」については第三章（二九一ページ）で詳《くわ》しく述べます。

衡と衝

音を覚えるのが先決

音《おん》を覚えるのが先決です。

「衡《こう》」はかまえ（外側の部分）の「行《こう》」が

音符《おんぷ》になっています。だからコウです。「衡」は中の「重」が音符です。ジュウとショウ《しょう》は何となく似ています。音符は類似《るいじ》の音を暗示させる場合もあるのです。

次に「衡」の字源《じげん》を説明します。「衡」の中は「角」の省略形と「大」の組み合わせです。大きな角《つの》は牛の角を暗示していますす。「行」は十字路の図形で、まっすぐ進むことを表しますが、「まっすぐ」というイメージだけを取ります。これらの符号《ふごう》を合わせて、牛の角にとりつけたまっすぐな横木《よこぎ》を「衡」で表しました。この横木は「はかり」(天秤《てんびん》のはかり)と似ています。だから度量衡《どりょうこう》の衡(はかり)という意味に使われるのです。「平衡《へいこう》、均衡《きんこう》」の意味にもなることはおわかりでしょう。

「衡」のイメージは「行」にありましたが、「衡」のイメージは「重」にあります。「重」は「上から下に力任せにとんと突《つ》き通す」というイメージです。垂直のイメージを平面のイメージに変えてもかまいません。左右上下に突き通る道が「衝」です。「行」は十字路を示す符号として用いられています。このように交通の要所を「衝」(「要衝《ようしょう》」の「衝」)というのです。

穀と殼

「脱穀」か「脱殼」か

京都に枳殼邸《きこくてい》(東本願寺《ひがしほんがんじ》の飛地《とびち》境内《けいだい》にある渉成園《しょうせいえん》の別名)という庭園があります。「枳殼」は訓読《くんよ》みでは「からたち」ですが、音読《おんよ》みはキコクです。「殼」は普通《ふつう》は「地《ち》殻《かく》」のようにカクの音ですが、コクもあります。コクは漢音《かんおん》よりも古い呉音《ごおん》の読み方です。こういう音の問題もあって、「脱穀《だっこく》」を「脱殻」に間違《まちが》いやすいのかもしれません。

しかし最も紛《まぎ》らわせる原因は字形《じけい》でしょう。また意味も絡《から》んでいそうです。殻《から》を脱《だつ》するから「脱殻」でよさそうなものですが、そうはなりません。穀粒《こくりゅう》を穂《ほ》から脱するから「脱穀」なのです。脱穀した後に出るのが殻なのです。

ところで「殻《かく》」は本来は貝殻《かいがら》のことでした。貝殻は中が空《から》っぽです。そこで「殻」は「中空《ちゅうくう》の堅《かた》いから」というイメージがあります。「几」を「禾」（「のぎへん」、稲《いね》）に替《か》えて、堅いからをかぶった稲の籾《もみ》を暗示させる「穀《こく》」が生まれました。もちろん稲だけでなく、穀類一般《いっぱん》も「穀」というのです。

栽と裁

「栽培」か「裁培」か

「栽《さい》」と「裁《さい》」の違《ちが》いは限定符号《げんていふごう》に着目すればよいのです。その前に字源《じげん》を調べましょう。

「𢦏」の上の「十」は実は「才《さい》」の変形です。「栽・裁」の音《おん》がサイである理由もここにあります。「才」と「戈」を合わせたのが「𢦏《さい》」です。「才」は川の水をせき止めたもの、つまり「堰《せき》」の図形です（下図）。川を途中《とちゅう》で断《た》ち切るよう

なかっこうなので、「才」は「断ち切る」ことを示す記号になります。「戈」は武器、刃物《はもの》です。したがって、刃物で断ち切るありさまを示すのが「𢦏」です。

植物を栽培《さいばい》する作業を思い浮かべてください。育ちすぎた枝を切ることもあります。間伐《かんばつ》することもあります。だから「𢦏」に「木」を添《そ》えた「栽」が生まれたのです。

衣服を作る場合はどうでしょう。やはり素材をカットしますね。だから「𢦏」に「衣」を添えて、「裁縫《さいほう》」の「裁」が生まれたのです。これを「裁判」の「裁」に使うわけは、白か黒か二つに分ける行為《こうい》が「断ち切る」ことと似ているからです。

第三章の「栽《さい》・裁《さい》」の項《こう》（二九六ページ）も参照してください。

載と戴　「のせる」と「いただく」の違い

形が非常に似ています。雑誌などでときどき「戴冠式《たいかんしき》」が「載冠式」になっていたりしているのを見かけます。意味も「物の上にのせる」という点が似ています。だから「戴せる」という誤記も起こるのでしょう。しかし音《おん》が違《ちが》います。「載」はサイ、「戴」はタイです。

「載」の字源《じげん》は前項《ぜんこう》の「栽」と共通です。「𢦏」は途中で断《た》ち切る、せき止めるというイメージを示す記号です。車に荷物《にもつ》をのせる際、板で仕切って止めるありさまを暗示させるのが「載」です。だから「のせる」という意味を表すのです。

「戴」は「異《い》」のほうにイメージの重点があります。「異」は頭の大きな人が両手を上にあげている図形です。「𢦏」は「載」の一部を利用したものです。したがって、両手で何かを頭にのせるありさまを暗示させるのが「戴」（いただく）という字です。「車」に荷を「のせる」のは「載」、「異《こと》」なった二つの手で頭に「いただく」のは「戴」と区別すれば誤記は解決すると思います。

剤と済

切ってそろえるから「剤」

二字熟語《じゅくご》では同じへんにしたがる傾向《けいこう》があります。「洗済」の誤表記もこの例です。水と縁《えん》があるという潜在《せんざい》意識も手伝ったのかもしれません。

「剤《ざい》」は薬品のことです。ではなぜ「刂」（りっとう）。刀や切ることに関係する限《げん》定符号《ていふごう》）がつくかの説明をしましょう。

「剤」は中国医学（日本では漢方《かんぽう》）の用語でした。中国医学では生薬《しょうやく》（天然のものを原料とする薬材）を使います。これをさまざまな形に処理します。例えば、煎《せん》じるもの、服用するもの、塗《ぬ》るものなどです。用《よう》途《と》に応じて形をそろえないといけません。形をそろえるためには「刀」（ナイフなど）がいるのです。「斉」は「きちんとそろえる」ことを示す記号です（三二八ページ参照）。だから「斉＋刀」で、薬材を切って形をそろえた薬品を表すようになったのです。

ちなみに、昔、医者のことを「刀圭家《とうけいか》」といいました。刀圭は粉薬《こなぐすり》を量るスプーンに似た道具です。これも等量にそろえる役目をしています。

刺と剌

印刷が悪かった?

印刷が悪いと「刺《し》」と「剌《らつ》」の区別がつきません。この混乱を書いて送ってくださった方はみなさん六〇代の年配者ばかりでした。昔の印刷が禍《わざわい》した誤記でしょうか。「刺《し》」を構成する「朿《し》」は「木+冂」になっています（下図）。「冂」は木のとげを表した「↔」の形が変わったものです。「とげ」で刺《さ》すように「刀」

で刺すのが「刺」という字の意味です。有《ゆう》刺鉄線《してっせん》ということばがあるとおり、「とげ」の意味にも使います。

「策」でも似た誤字が発生していますので、そちらも参照してください（三〇二ページ）。

次に「剌《らつ》」を説明しましょう。「剌」の左側は「束《そく》」です。これは「木」に「〇」（丸の印）を入れて、丸く木を束《たば》ねるありさまを暗示させます（下図）。「束+刀」は束《たば》を切るさまですが、束を切るとばらばらとはずれますから、「跳《は》ね返《かえ》る」ことを示す記号として「剌」を利用するのです。「溌剌《はつらつ》」（勢いよく跳《は》ねるさま）の「剌」はこれです。中国語で舌がひりひりして辛《から》い味を「辣《ラー》」とい

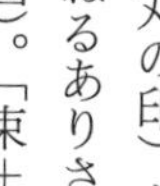

います。「辣油《ラーユ》」の「辣」です。唐辛子《とうがらし》の味です。舌が跳ね返るような感じがしませんか。

「刺」と「剌」の違《ちが》いは「とげ」か「まる」の違いに帰着します。

姿と婆

「すがた」と書くつもりが「ばばあ」

違《ちが》いははっきりしているのに妙《みょう》に書き間《ま》違《ちが》いやすい字です。

まず音《おん》の違いは明らかです。「次」のジ（「次第《しだい》」ではシの音）と「姿」のシは似ています。「波」のハと「婆」のバは似ています。

次は形の違いです。字源《じげん》・語源《ごげん》から考えます。

「次」は「二（並ぶことを示す符号《ふごう》）＋欠」の組み合わせです。「欠」は大きく口を開けた人の形です。あくびも大口を開けるので「欠伸《あくび》」と書きます。旅や行軍《こうぐん》の途中《とちゅう》、並びながら一休みするありさまを暗示させるのが「次」という図形です。「そろって並ぶ」というイメージがあります。女性が髪《かみ》や服装などをきちんとそろえて整える様子を念頭に置いて作られたのが「姿」です。だからこれを「すがた」と読むのです。

「婆」は波のようなしわのある女？　これは俗説ですが、覚えるには便利です。本当は「波」は「上からかぶさってくる」「斜《なな》めに傾《かたむ》く」というイメージです。これは「皮」のイメージを利用したのです。衣類などの毛皮をかぶるありさまを図形化したのが「皮」で、「被《ひ》」（かぶる）にこのイメージが残っています。

さて「婆」のイメージは何でしょうか。たぶん上体や腰《こし》が斜めに傾くから「波」を用いたと思います。どうもイメージが悪いようです。

「爺《や》」（じじい）にもふれないと公平ではありません。「耶《や》」は「邪《じゃ》」の変形です。「邪」にも「ななめ」という意味がありま す。これでおあいこです。もっとも「爺」はウラル・アルタイ語系の tie（父の意）から変わった ie の音訳字《おんやくじ》といわれていま す。音訳字といっても、図形化する際、イメージをこめるのが中国人の漢字の作り方です。

紫と柴

ちぐはぐにまじわる色

地名や人名で、よく「紫《し》」が「柴《さい》」に間《ま》違《ちが》われるという報告もありました。

「紫」は色の名です。色という抽象的《ちゅうしょう》なものを表すために具体的なものから発想することはよくあります。赤、青、黄、白、黒、みなそうです。染料《せんりょう》から名をつける場合もあります。この場合はたいてい「いとへん」がつきます。例えば、「紅《こう》・緑《りょく》・紺《こん》・緋《ひ》（ひいろ）・縹《ひょう》（はなだいろ）・絳《こう》（深い赤色）」などがあります。

このように「紫」の「いとへん」は糸を染《そ》めることからきているわけですが、「此《し》」は何なのかを説明しましょう。「此」は

「止（足）＋匕（不安定に傾《かたむ》く人）」の組み合わせで、足がちぐはぐに絡《から》んで、つんのめる様子の図形（下図）です。それで「ちぐはぐにまじわる」ことを示す記号になります。赤と青を混ぜ合わせた中間色を「紫《し》」と書いたのです。

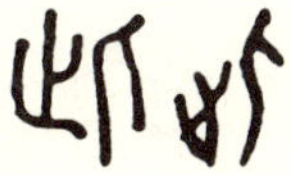

　ムラサキは草の名でもあります（漢語では紫《し》草《そう》）。この草の根から紫色《むらさきいろ》の染料を採《と》ります。まず色の名があって、後で植物の名ができたわけです。そうすると、「紫」という色は具体からの発想ではなかったことになります。

「紫」に対しては、古代の人たちは特殊《とくしゅ》な感情を抱《いだ》いたようです。まぜこぜの色というので、尊《たっと》ばれませんでした。孔子《こうし》は「紫の朱《しゅ》を奪《うば》うを悪《にく》む」といっています。まじりけのある紫（不純な人のたとえ）が正しい色の朱（純潔な人のたとえ）をのけものにしているのが嫌《きら》いだ、といった意味です。ところが道教《どうきょう》では逆転させて、紫を最高の色にしてしまいました。古代の日本でもその影響を受けて、紫は高貴の色とされました。

「柴」は「しば」のことです。雑木《ぞうき》などの枝を刈《か》り取って薪《たきぎ》にするものです。まずきちんとそろえて束《たば》ねることはありません。全体に不ぞろいです。だから「ちぐはぐにまじわる」というイメージをもつ「此」と「木」の組み合わせで「しば」を表したのです。

侍と待

「侍史」か「待史」か

「侍史《じし》」は手紙の脇付《わきづけ》に使うことばです。うろ覚えで「待史」と書いては、せっかくのゆかしいことばが台無しです。

「侍史」は貴人《きじん》に仕える書記のことです。これは漢語ですが、日本でも使います。目上の人に手紙を出すとき、直接渡《わた》しては畏《おそ》れ多いから、書記を通して差し上げますといった意味合いです。もし書記その人に出す手紙だったら変なことになります。必ず目上の人でないと使えません。

「侍《じ》」は貴人の側《そば》に仕えること、仕える人という意味です。だから「にんべん」です。「彳」(「ぎょうにんべん」)は「行く」ことや「行う」ことを示す限定符号《げんていふごう》ですから、「にんべん」と区別できると思います。

なお、脇付は手紙の宛名《あてな》の左下に書きます。「侍史」のほかに、「机下《きか》、玉案下《ぎょくあんか》、貴《き》下《か》、尊下《そんか》、座下《ざか》」などがあります。

洒と酒

「洒落」か「酒落」か

「洒落《しゃれ》」を「酒落」と書いて気がつかない人も多いと思います。初めて知って「何でえー」と不審《ふしん》がる人もいるでしょう。

シャレと酒は何の関係もありません。「洒《しゃ》」と「酒《しゅ》」の形《けい》と音《おん》の類似《るいじ》に惑《まど》わされているだけです。

「洒落」は漢語のシャラクと、日本語の「しゃれ」が結びついた表記です。つまり日本の中身（意味）に外国の装い《よそお》（文字）をかぶせたわけです。

まず「しゃれ」の語源《ごげん》を訪ねます。「しゃれこうべ」や「野ざらし」の「しゃれ」や「さらし」と関係があります。日光や風雨にさらすことです。さらされると汚《よご》れはきれいさっぱり落ちます。これが転用されて、くどさや野暮《やぼ》が抜《ぬ》け落ちて、洗練されたありさまを「しゃれ」というのです。

次になぜ漢語の「洒落《しゃらく》」と結びついたかです。「洒」は「すすぐ」「あらう」という意味があり、したがって「洒落」は汚れを洗い落とすという意味でした。ここから「心がさっぱりしてこだわりがない」意に転義したのです。「しゃれ」の意味とその転義に実によく似ています。

「しゃれ」を初めて「洒落」と書いた人は、お洒落な言語感覚をもっていたといわざるを得ません。

萩と荻

七草はどっち？

老いも若きも、実に多くの方を悩《なや》ませる漢字のようです。人名や地名でよく使われ、またよく間違《まちが》われます。

「萩《しゅう》」は訓《くん》で「はぎ」、「荻《てき》」は訓で「おぎ」と読みますが、音《おん》で使う場合はほとんどありません。だから意味と形を結びつける覚え方をするしかありません。

秋の七草《ななくさ》という言い方があります。全部知らなくても、ハギも入っていることはご存じでしょう。ハギが秋を代表するということで、「くさかんむり」に「秋」と書いてハギなのです。これを押《お》さえておけば、区別の仕方はなかば解決でしょう。

では「荻」はなぜオギか。これがよくわかりません。「萩」をハギとするのは日本流（つまり国訓《こっくん》）ですが、「荻」をオギとするのは中国流（本来の意味）です。古代の中国でオギに「荻」という漢字を考案した理由がはっきりしないのです。

准と淮か

「准看護師」か「淮看護師」か

「准《じゅん》」は「準《じゅん》」の上部と似ています。だから「さんずい」と間違《まち》ったのでしょう。

「准」は「にすい」が正しいのです。「にすい」は氷《こおり》を示す限定符号《げんていふごう》です。なぜ「准」が氷と関係があるのでしょうか。実は無関係です。

「准」は由緒《ゆいしょ》正しい字とはいえません。「準」の俗字《ぞくじ》の「凖」の上だけを切り取った字です。「準」の意味のうち、少し変わった意味を表すために、「准」が作られたのです。

「準」は法則、手本、ならうべきモデルという意味でした（字源《じげん》については三一五ページを見てください）。それから、手本やモデルに似せるという意味に転じたのです。「準優勝」の「準」はこれです。トップになれないが、それらしい待遇《たいぐう》を受けるという意味合いです。

それからさらに、ずばりトップではないこと、地位や身分が二番目を表そうとしたときに、「さんずい」から一画《いっかく》落とした「にすい」の「准」が生まれたのです。平安時代、親王《しんのう》や摂政《せっしょう》などに与えられた称号を「准三后《じゅさんごう》」といいました。三后（太皇太《たいこうたい》后《ごう》・皇太后・皇后）に準《じゅん》じた待遇を受ける人たちです。「准」の用法は非常に古いのです。また、軍隊で少尉《しょうい》の下の階級を「准《じゅん》尉《い》」といいます。こういう使い方が「准看護師」にも残っているのです。准看護師制度についてはいろいろ議論があるようですが、ちょっと差別くさいことばです（二〇〇二年から、看護婦は看護士とあわせて「看護師」という名称に統一されました）。

ちなみに常用《じょうよう》漢字表にも入っていて、「批准《ひじゅん》」（条約を承認《しょうにん》する）の使い方もあります。この場合の「准」は「許す」という特殊《とくしゅ》な意味です。

「淮《わい》」にもふれておきます。これは中国にある川の名前です。「淮水《わいすい》」とか「淮河《わいが》」といいます。中国の古典に『淮南子』という書物がありますが、この場合はエナンジと読んでいます。

純と鈍

「純な人」か「鈍な人」か

「純《じゅん》な人」と「鈍《どん》な人」では大違《おおちが》いですね。そう書かれた人は目をむくでしょう。

つくり（右側の要素）が同じなのにへんが違うと意味がまるっきり違うという例はないではありません。例えば「羊」は「養《よう》・祥《しょう》」などではいいイメージで用いられますが、「痒《よう》（かゆい）・恙《よう》（つつが、やまい)」では悪いイメージになっています。「純」と「鈍」に共通なのは「屯《とん》」という記号です。「屯」は草の芽が出る前、地下に根が蓄《たくわ》えられている図形（下図）です。「ずっしりと重く垂《た》れる」というイメージを示す記号になります。「純」は蚕《かいこ》が吐《は》き出して、ずっしりと垂れたまま、まだ染《そ》められていない生糸《きいと》をイメージ化したものです。だから「まじりけがない」、つまり純粋《じゅんすい》なという意味を表すのです。

「鈍《どん》」は「鋭《えい》」と反対で、刃物《はもの》の切れ味が悪いことです。「鋭」は刃物で切ると切《き》っ先《さき》が抜《ぬ》け出るさまを表した字です。「鋭利《えいり》」の「鋭」です。それに対して「鈍」は、刃物が重く滞《とどこお》って切っ先が通りにくいさまを表しています。つまり「にぶい」ことです。これを人間の場合に置き換《か》えると、頭の切れ味が悪い、つまり愚鈍《ぐどん》ということになります。

このように意味は違っても根底にあるイメージは共通のものがありました。それは置いて、まじりけがないのは糸、にぶいのは金属と覚えれば違いがはっきりするでしょう。

暑と署

「一点に集める」という共通項

限定符《げんていふ》号《ごう》に着目します。あつさ・寒さの「あつい」は天候や気象に関係があります。だから「ひへん」（日）です。「暑《しょ》」の上はひらべったい形ですが、「日」と同じです。

「署《しょ》」の上は「罒」（あみ）の変化した形で、「あみがしら」といいます。「部《ぶ》署《しょ》、税《ぜい》務《む》署《しょ》」などの「署」は配置されたポストや役所のことですが、なぜ「あみがしら」がついているのでしょうか。

　実は、直接網《あみ》と関係があるのではなく、比《ひ》喩《ゆ》的に利用したものです。網は糸を絡《から》ませて四方につなげてあります。一点を引っ張ると全体をたぐり寄せることもできます。有機的なつながりがあります。網状の組織をネットワークといいますが、漢字を作った人も網をこのような比喩に用いたのです。中央から指令を出して仕事をさせるために、網のように配置したポストを「罒（あみ）＋者《しゃ》」で表したのです。

　それでは「者」とは？

「者」はこんろに薪《たきぎ》を集めて燃やしている図形です（下図）。物を煮《に》る場面を設定したもので、「煮《しゃ》」に原初的イメージが残っています。これによって、「者」を「一点に集める」「一所《ひとところ》にくっつける」というイメージを示す記号とします。「暑」は太陽の熱が一点に集まるというイメージです。「署」は一つの点（ポスト）に人員を集めてはりつけるというイメージです。

緒と諸

「一緒」か「一諸」か

「諸《しょ》」は「諸君《しょくん》」の「諸」で、もろもろ、たくさんの意味ですから、「一諸」が正しいようにも見えますが、間違《まち》いです。では

「一緒《いっしょ》」が正しいかというと、これにも少し問題がありました。

　日本語の語源《ごげん》から見ると、本来は「一《いっ》所《しょ》」だったのです。いくつかのものが同じ所にいるさまが「一所」です。しかしだんだん「所」の語源意識が薄《うす》れ、「ひとまとまりで、ともに」という使い方をするようになったため、「一緒」が生まれました。

　複数のものが一つになるわけですから、「一諸」でもよかったと思いますが、「一諸」にならないで「一緒」になったのは理由があります。実は漢語に「一緒」ということばがあり、これとドッキングしたからです。

　漢語の「一緒」は一本の糸すじ、また、一本にまとまっていることという意味です。日本語の「いっしょ」と意味が近いため、「一所」の代わりに「一緒」と書くようになったのです。

　語源に少しふれておきます。前項《ぜんこう》で述べたように「者《しゃ》」は「一点に集める」というイメージがあります。いろいろなものがたくさん集まるありさまが「諸」、蚕《かいこ》の原糸《げんし》を寄せ集めて糸にするときの先端《せんたん》（いとぐち）が「緒」です。

徐と除

「徐行」か「除行」か

「除行」と書いた道路標識を見たという報告もありました。もちろん「徐行《じょこう》」でないといけません。誤記に気を取られて事故でも起こしたらたいへんです。罪な標識です。

「徐《じょ》」と「除《じょ》」は限定符号《げんていふごう》（部首《ぶしゅ》）で区別します。「彳」（「ぎょうにんべん」）は「行」の左半分をとった形で、「道」や「行く」ことを限定する符号です。「徐」は道をゆるゆると行くありさまを図形化したものですが、具体を捨象《しゃしょう》してただ「ゆるゆる」という副詞を表すようにしたのです。

他方、へん（左側の要素）になる「阝」は「こざとへん」で、盛り土《もど》、段々、丘《おか》、山など、盛り上げた土を限定する符号です。目の前に立ちはだかる邪魔《じゃま》ものを押《お》しのけるありさまを図形化したのが「除」です。したがって「のぞく」という動詞を表しました。

「彳」は道で、ゆったり徐行できますが、「阝」は盛り土で、邪魔になるから排除《はいじょ》しないと行けません。このように「徐」と「除」の違《ちが》いを覚えたらいかがでしょう。

小と少

「縮小」か「縮少」か

「小《しょう》」と「少《しょう》」はやさしいようでけっこう使い分けにまごつきます。

字源《じげん》を見てみましょう。「小」は点々を三つ打っただけの抽象的《ちゅうしょう》な符号《ふごう》です（下図の右と中央）。全体的に見ると、小粒《こつぶ》のものがばらばらになったありさま、個別的に見ると、形がちいさいことを暗示させます。「大《だい》」（形が大きい）と対応します。

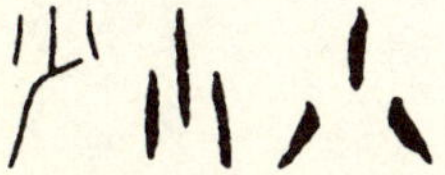

「少」は「小」（ちいさくばらば

らな形）の下に「丿」（斜《なな》めにそぎ取ることを示す符号）をつけた図形（前ページの図左）です。そぎ取って減らすありさま、数量が足りないことを暗示させます。これは「多《た》」（数量がおおい）と対応します。

以上のように、「小」は形が小さいイメージ、「少」は数量がそぎとられて減っているイメージ、この違《ちが》いがあるのです。「縮小」は形が縮《ちぢ》んで小さくなる、「減少」は数量が足りなくなることです（「縮少」や「減小」という言い方はありません）。なお「少年」の「少」は年齢《ねんれい》がすくない、つまり「わかい」という意味です。

紹と招

「紹介」か「招介」か

招《まね》いて仲介《ちゅうかい》するから「招介」、いかにもありそうですが、間《ま》違《ちが》いです。「紹介《しょうかい》」の「紹」がなぜ「いとへん」かの説明をしましょう。

人名で「紹」を「つぐ」とか「つぎ」と読むことがあります。もともと「紹」は「引《ひ》き継《つ》ぐ」という意味だったのです。この意味は抽象《ちゅうしょう》的ですから、視覚記号（文字）として再現させるためには、何か具体的なものを借りて表そうとします。そこで、裁縫《さいほう》の糸をもってきたのです。糸が短くなったとき、前の糸の端《はし》に後《あと》の糸の端を継《つ》ぎます。そういう情景を想像して、「紹」が生まれました。これには「召《しょう》」のイメージが絡《から》んでいます。こちらへ招きよせるのが「召」（めす）なんです。そうするとやはり「招く」も関係ないわけではありません。

「つぐ」や「つなぐ」を表す漢字には、「継《けい》・維《い》・繋《けい》・紲《せつ》・絆《はん》」など、「いとへん」が少なくありません。

「継ぐ」意の「紹」がなぜ紹介という意味になったのでしょうか。二人を引き合わせて縁《えん》を結ぶありさまが、二つの糸をつなぐのにそっくりだからです。

象と像

「印象」か「印像」か

常用《じょうよう》漢字表では「象」にはショウとゾウの二音がありますが、「像」はゾウだけです。これは大きな違《ちが》いです。「印像」だとインゾウになってしまいます。そんなことばはありません。

しかしもともと「象」と「像」はまったくの同音で、呉音《ごおん》がゾウ、漢音《かんおん》がショウでした。

意味は「象」は獣《けもの》のゾウのほかに、「かたち」という意味があります。「像」は「かたち、かたどる」で、「象」と紛《まぎ》らわしいくらい似ています。しかし現象《げんしょう》―現像《げんぞう》、形象《けいしょう》―形像《けいぞう》という使い分けがあるから、「象」と「像」は何か違うはずです。辞典を見てもその違いがはっきりしませんが、私なりに考えてみます。

まず獣のゾウを描《えが》いた図形（下図）が「象」です。これでゾウを意味します。ところが目に映る物の姿や形も同じ「象」という記号

で書き表したのです。その理由はゾウが大きくて目立つ姿をしているという印象を受けたからでしょう。古代の中国のある時期は気候が温暖で、象が棲息《せいそく》していたのです。「象」の音《おん》は最初一つだったのですが、後に日本では、動物の意味ではゾウ、「かたち」の意味ではショウと読み、区別するようになりました。

さて、物の形を別の形に写したりすることがあります。「かたどる」わけです。人の姿をかたどったもの、これを「像」と書きました。

「象」と「像」ができたため、二つを区別する必要が生じました。「像」はいま述べたように、二つの物があって、一方が他方をかたどった形です。「仏像《ぶつぞう》、肖像《しょうぞう》」の「像」はこれです。写真の「現像」の「像」もこれに入るでしょう。

これに対して、「現象、印象、気象」などの象は二つの物の関係ではありません。そのものが本来的に備えている姿、形のことです。このように「象」と「像」を区別しました。

穣と壌

「豊穣」か「豊壌」か

限定符号《げんていふごう》に注目します。「豊穣《ほうじょう》」は穀物《こくもつ》が豊かに実ることです。「禾」（「のぎへん」）は稲《いね》、特に穀物に関することを限定する符号なので、「禾」をつけます。

字源《じげん》から見てみます。「穣《じょう》」のつくりの本来の形は「襄《じょう》」でした。これは「衣」の

「亠」と「𧘇」の間にいろいろな物を入れた図形です。これによって、「中にたくさん割《わ》り込《こ》ませる」というイメージを示す記号とします。穀類が実るのは穂《ほ》の中に種子がたくさんできることとです。こうして「穰」が生まれました。

土壌《どじょう》にはさまざまなもの、例えば有機物などが含《ふく》まれています。単なる土砂《どしゃ》ではありません。だからといって「豊壌」という語はありません。

殖と植

「増殖」か「増植」か

へん違《ちが》いですから、へんの働きから区別を考えます。

「植《しょく》」は「きへん」で、木を植える、これはだれにでもわかります。しかし「殖《しょく》」のへんは何？　なぜ「ふえる」と読む？

実はちょっと難問です。「歹」は「がつへん」と呼び、骨《ほね》や死亡と関係があることを示す限定符号《げんていふごう》です。例えば「死《し》・殉《じゅん》」などのへんになっています。もともと「歹」は切り取られた骨を表す符号です。

『説文解字《せつもんかいじ》』では「殖」について、動物の脂肪《しぼう》が時間がたって腐敗《ふはい》することだと説いていますが、こんな意味は古典に用例がありません。私は「植」から分化した字ではなかろうかと考えています。「植」の字源《じげん》は「直（まっすぐ）＋木」の組み合わせで、苗木《なえぎ》をまっすぐ立てる、つまり「うえる」ことを暗示させています。植物を植えると、当然繁殖《はんしょく》します。「うえる」から「ふえる」への転義は明白でしょう。派生義《はせいぎ》の「ふえる」を表すために考案された字が「殖」だったのです。

「きへん」を「がつへん」に変えた理由は、腐《くさ》った骨が肥料《ひりょう》になったからでしょう。この符号の効果は、植物などが盛《さか》んにふえるありさまをはっきり示すことができることです。

帥と師

「師」よりも偉い「帥」

「師《し》」から「一」を取ると「帥《すい》」になります。形《けい》も音《おん》も意味も似たところがありますが、使い方が違《ちが》います。字源《じげん》から説明しましょう。

「自」は二つの丸い土の塊《かたまり》の図形（下段の図）です。いろいろな字の構成要素になりますが、二つの形があります。

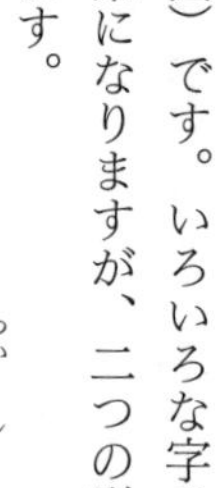

①「自」の形……追《つい》・師《し》・帥《すい》・帰《き》（「歸」の旧字体《きゅうじたい》）・阜《ふ》

②「㠯」の形……官《かん》・管《かん》・館《かん》・棺《かん》・遣《けん》

「自」は「いくつも重なり集まる」というイメージを示す符号《ふごう》になります。

「帥」の右側の「巾《きん》」は布を示しますが、旗と考えてけっこうです。したがって、旗印の下《もと》に集まった集団を率いるありさまを図形化しました。これで将軍や大将を表すのです。

「師」の右側は「帀《そう》」の異体字《いたいじ》で、「周《まわ》りをめぐる」という意味です。そこで、ぐるりと取り巻いた兵士の集団を「師」で表しました。軍隊用語で、師団《しだん》というと旅団《りょだん》よりも大きな単位です。

このように、「帥」は大将、「師」は兵隊で、一画《いっかく》少ない「帥」のほうが「師」よりも偉《えら》いのでした。

遂と逐

「遂げる」か「逐げる」か

「逐次《ちくじ》」(順を追って)や「逐条《ちくじょう》」(一条ごとに)の「逐《ちく》」を「遂《すい》」に間違《まち》えるという方もいました。「逐」と「遂」はたった二画の違いですが、雲泥《うんでい》の差があります。

まず「逐」の字源《じげん》からいきましょう。

「辶」(「しんにょう」)は「進む」ことを示す限定符号《げんていふごう》、「豕」はブタです(五一ページ参照)。そこで「逐」はブタを追いたてるありさまの図形、そう、ストレートに解釈《かいしゃく》していいのです。意味はもちろん具体を捨象《しゃしょう》して、単に「おう」ということです。

「遂」はちょっと厄介《やっかい》です。「豕」の上に左右に分けることを示す「八」の符号をつけたのが「㒸《すい》」(変化して「豕」)です。ブタが突進《とっしん》する場面を想像してください。右に左にかきわけてブタが突《つ》き進むというユーモラスな場面です。とことんまで押《お》し進めてやりとげるという意味を「遂」で表したのです。

いうまでもなく、人間の行為《こうい》をいいたいために、ブタを単にダシに使っただけにすぎません。

以上、「とげる」は「遂げる」が正解です。「逐」の訓《くん》は「おう」で、「とげる」でも「にげる」でもありません。

錐と錘

「円錐形」か「円錘形」か

これは悩《なや》ましい問題です。正解は「円錐《えんすい》形《けい》」です。「紡錘形《ぼうすいけい》」と混乱しそうです。「錐《すい》」と「錘《すい》」の違《ちが》いを考えます。「錐」は「きり」です。もみながら穴を開ける大工道具です。普通《ふつう》はめったにお目にかかりません。「きり」は先がとがった形をしています。底が円《まる》く先がとがった立体の形が円錐形です。「きり」に似ています。

「錘」は紡《つむ》いだ糸を巻き取る道具です。「つむ」といいます。これもなかなか見かけません。中央がふくらんで両端《りょうはし》が次第《しだい》に細くなっている形が紡錘形です。これは「つむ」に似ています。

実物を見ないとイメージが湧《わ》きませんが、「錐」は「きり」、「錘」は「つむ」と覚えてください。

瑞と端

「瑞々しい」か「端々しい」か

「瑞《ずい》」は人名用漢字です。これを「端《たん》」に間違《まちが》えてはいけません。めでたい字がどうでもいい半端《はんぱ》なことになってしまいます。

「端」の字源《じげん》は第一章の「端」の項《こう》（八四ページ）で説明しました。「立」（両足をそろえて立つ）と「耑《たん》」（木の根が左右にそろっている形）を合わせた図形で、左右がきちんとそろうありさま、また、左右の「はし」を暗示させます。

「瑞」のへんは「王《おう》」ではありません。これは「玉《たま》」がへんになるときの形です。だから「たまへん」と呼びます。きちんと整っている玉（宝石）というイメージを作り出し、「めでたい」ことを書き表すのが「瑞」です。訓《くん》は「みず」で、「瑞々《みずみず》しい」ということばがあります。

崇と祟

活版印刷時代の誤植の代表

「崇《すう》」と「祟《すい》」は細かい文字だと、虫眼鏡《むしめがね》がないと見分けがつきません。活版《かっぱん》印刷の時代には誤植《ごしょく》の代表的なものの一つでした。形《けい》と音《おん》は似ていますが、意味は天と地ほどの差があります。「崇」は「あがめる」、「祟」は「たたり」です。

「崇」は「山＋宗」と分析《ぶんせき》します。「宗《そう》」は「宀（いえ）＋示（祭壇《さいだん》）」の組み合わせで、共通の先祖を祭る家、つまり本家《ほんけ》のことです。それで、「中心となる」というイメージを示す記号とします。山の中心の高い線という具体的イメージでもって、「崇《すう》高《こう》、崇拝《すうはい》」のような抽象《ちゆうしよう》的な意味にたとえるのです。

「祟」は難しく考える必要はありません。「たたり」を神が出す報《むく》いと見なして、「出（だす）＋示（神）」の組み合わせとした字です。

睛と晴

「画竜点睛」か「画竜点晴」か

本や雑誌などでも「画竜点晴」という誤《ご》

植《しょく》をよく見かけます。試験問題でもおなじみではないでしょうか。ここではなぜ「睛《せい》」なのかの説明をしましょう。

「画竜点睛《がりょうてんせい》」は故事成語《こじせいご》です。お寺の坊《ぼう》さんが画家に壁面《へきめん》に竜《りゅう》の絵をかいてもらいました。画家は竜のひとみを入れないで帰ってしまいました。お坊さんがひとみを入れてほしいと頼《たの》むと、ひとみを入れると飛び立つから止《や》めたほうがよいとの返事。お坊さんが納得《なっとく》しなかったので、画家は仕方なくひとみを入れました。そうしたら本当に竜が壁面から抜《ぬ》けて飛んでいったといいます。中国にあるお話です。落語の『抜《ぬ》け雀《すずめ》』ともちょっと似ています。

この話から、最後の仕上げができていないことを「画竜点睛を欠く」といいます。

「睛」は「ひとみ」という意味です。目の中心にある黒い部分です。西洋人でもあるまいに、なぜ「ひとみ」が「めへん」に「青」(「靑」の旧字体《きゅうじたい》)なのか、不思議に思われるかもしれません。

「青」の字源《じげん》を分析《ぶんせき》してみましょう。形が変わっていますが、「青《せい》」は「生《せい》」と「丼《せい》」の組み合わせでした(下図)。「生」は地上に生え出た草の芽の形、「丼」は「井」の中に点を入れて、井戸水《いどみず》を示します。現在の井戸水は汚染《おせん》されて飲めないのもありますが、昔は清らかな飲料水だったことはいうまでもないでしょう。生え出たばかりの草も清《すが》清《すが》しいものです。したがって、「汚《よご》れがなく澄《す》んでいる」というイメージを表す記号

として「青」を用いるのです。目玉の中で「ひとみ」は濁《にご》りがなく澄んでいる部分です。

析と折

「分析」か「分折」か

「析《せき》」は物をばらばらに切り離《はな》す、つまり「さく」という意味です。いわれてみれば確かに手の動作です。手の動作なのに「きへん」とは？　こんな疑問が起こったのだと思います。

一般《いっぱん》に手の動作だからといって、絶対に「てへん」だとは限りません。同じ「さく」でも「裂《さ》く」と「割《さ》く」もあります。何が違《ちが》うかというと、細かくばらばらに切りさくのが「分析《ぶんせき》」の「析」です。それを「木＋斤（おの）」で表したのです。手の動作はおのをもつ行為《こうい》の中に自《おの》ずから含《ふく》まれているのです。

「折《せつ》」はぽっきりと二つに切り離すことです。古い字体《じたい》は「てへん」ではなく、「屮」（草）が縦《たて》に二つ並んだ形（下図）でした。つまり草を「斤《きん》」（おの）で二つに切り分けた図形だったのです。これなら「おる」の意味がはっきりするでしょう。しかしそんな字源《じげん》が忘れられ、「てへん」に「斤」で「折」となったわけです。

績と積

セイセキとメンセキ、どっちが「いとへん」？

「成績《せいせき》」、「面積《めんせき》」が正解です。アンケートでは「成績」を「成積」に間違《まちが》えるという人が圧倒《あっとう》的でした。「成果を積み上げるわけだから、成積のほうがぴったりでは」という意見もありました。なるほどそうかもしれません。しかし「いとへん」にするのは理由があるのです。

字源《じげん》から説明します。まず「責《せき》」です。これは「朿（「主」は変形）＋貝（お金）」の組み合わせです（下図）。「朿《し》」は「刺《し》と剌《らつ》」の項《こう》（一五六ページ）で説明したとおり、とげの図形で、「ぎざぎざ、不ぞろい」というイメージがあります。ぞんざいに積み上げられた借金、つまり負債《ふさい》が「責」なのです。だから「せめる」という意味も表します。「責」を記号として使うときは、「積み上げる」というイメージになります。このイメージを利用したのが「積《せき》」と「績《せき》」です。「積」は「責」に「禾」（「のぎへん」）を添《そ》えて「つむ」を表す字としました。稲《いな》束《たば》を積み上げる場面を想定したわけです。

次に機織《はたお》りの場面を想定して「績」が生まれました。機織りは糸を紡《つむ》ぐことから始まります。蚕《かいこ》の原糸《げんし》や麻《あさ》の繊維《せんい》などをより合わせて作ります。その糸を段々と積み上げて織っていきます。「紡績《ぼうせき》」の「績」はこれです。

糸を紡いで織っていく作業は手順を積み重ねていく仕事です。急には仕上がりません。ここから「段々とプロセスを積み上げて仕上げる仕事」という意味が派生《はせい》したのです。「功績《こうせき》、業績《ぎょうせき》」の「績」はこれです。

確かに積み上げるから「績」なのですが、稲束を積み上げるのとはわけが違います。糸を積み重ねて織物《おりもの》に仕上げていくというのは大仕事なのです。

籍と藉

「狼籍」か「狼藉」か

「籍《せき》」は「書籍《しょせき》、戸籍《こせき》」などに使われます。なぜ「たけかんむり」なのかの説明をしましょう。それには字源《じげん》をたどります。

まず「耤《せき》」を解剖《かいぼう》します。基本になるイメージは「昔《せき》」の部分です。下図を見てください。「日」の上に二つのぎざぎざの印《しるし》がついています。これは「重なる」ことを示す符《ふ》号《ごう》です。「むかし」という時間を、重なった日というイメージで表したのです。

このように「昔」という記号にも「重なる」というイメージがあります。これから「耤」が生まれました。「耒」は農具の「すき」です。畑を耕すとき、すきで土を掘《ほ》り起《お》こして、それを上に重ねておきます。それで「たがやす」を「耤」と書くのです（ただし古語）。

さて古代の中国で、書物や文書を dziak（ジャク）といいました。このことばを表すため「耤」のイメージを利用しました。なぜなら、昔の書物は竹の札《ふだ》に字を書いて、ひもで綴《と》じて、上に重ねておいたからです。土を重ねておく農耕の行為《こうい》と似ているのです。

「たけかんむり」の理由は右に述べたとお

りです。「書簡《しょかん》」の「簡」も「たけかんむり」です。文字を書いた札を「簡」といったのです。

次に「藉」（音《おん》はシャ、またはセキ）は「敷《し》く」という意味です。地面に何かを敷くと、上に重なった状態になります。草やむしろを敷くのを念頭に置いて「くさかんむり」にしました。

狼《おおかみ》が寝《ね》た跡《あと》は、下に敷いた草が乱雑になっているそうです。そこから「狼藉《ろうぜき》」（散乱する、乱暴する）ということばが生まれました。古代中国人の動物生態の観察からできたことばです。

餞と錢

「餞別」か「錢別」か

物の本でも「銭別」をよく見かけます。銭《ぜに》を贈《おく》るから「銭別」と書いたのでしょうか。本当にそう思ったら、「銭別」と書きそうなものです（「錢」は「銭」の旧字体《きゅうじたい》）。単なる誤植でしょう。「餞別《せんべつ》」の「餞」は「かねへん」（金）ではなくて「しょくへん」（食）なのです。

三月は送別会のシーズンです。古代中国にもありました。ただし季節はいろいろです。特に旅行する人を送る宴会《えんかい》を行う習慣がありました。これを「餞《せん》」というのです。「しょくへん」がついている理由はこれで明らかでしょう。

お別れの宴会をすることを「餞別」といったのです。これが「餞別」の本来の意味ですが、宴会をしないで、金や品物を贈る習慣も生まれました。これもまた「餞別」といいました。

操と繰

「操縦」か「繰縦」か

「操縦《そうじゅう》」はうっかり「繰縦」と書きそうになりますが、意味は自由自在にあやつることですから、「繰《そう》」ではなく「操《そう》」が正しいのです。手で「操《あやつ》る」、「糸」を「繰《く》る」と覚えればよいと思います。

「操」の字源《じげん》にふれておきます。「木」の上に「口」三つで、鳥が騒《さわ》がしいありさまを暗示させる図形です。「喧噪《けんそう》」の「噪」（さわがしい）にこのイメージが生きています。「さわがしい」は「急でせわしい、落ち着かない」というイメージにもつながります。これを利用したのが「操」です。手を忙《いそが》しく動かして働かせることです。「操縦」はまさにこの意味です。

ちなみに「躁鬱病《そううつびょう》」の「躁」もこのイメージです。せかせかして落ち着かず、騒がしいありさまを「躁」といいます。

蔵と臓

「腹蔵」か「腹臓」か

「冷蔵庫」を「冷臓庫」、コンピューターに「内蔵」することを「内臓」と書いてあった例もあります。「蔵《ぞう》」と「臓《ぞう》」の混乱は、「中にしまいこむ」というイメージの共通性のせいでしょうか。

「腹蔵《ふくぞう》」ということばがあります。なぜ「腹臓」ではないのかという質問もありました。人の体と関係があるから、「くら」ではなく「臓」がふさわしいということのようです。しかし「蔵」には「くら」のほかに「しまう」という意味があります。「腹蔵」は「腹にしまいこむ」という意味です。「腹蔵なく」は「隠《かく》さずに、ありのままに」ということです。

右の「冷蔵」は冷たい「くら」ではありません。「くら」は「庫」で表しています。だから「冷蔵」は冷やすためにしまいこむという意味です。あるいは、冷却《れいきゃく》して貯蔵すると考えてもよいでしょう。

粟と栗

「粟」が「栗」に化けた？

寺田《てらだ》寅彦《とらひこ》に「栗一粒秋三界《くりひとつぶあきさんがい》を蔵《ぞう》しけり」という俳句があります。この「栗」が原文では「粟《あわ》」だったそうです。印刷の過程で「粟」が「栗」に化《ば》けたのでしょうか。「栗」がいいのか、「粟」がいいのか判断できませんが、一粒といっているからには「粟」のような気もします。「一粒の麦」ということばもあるように、小さな穀類《こくるい》の一粒をいいたかったのかもしれません。

さて「粟《ぞく》」と「栗《りつ》」の違《ちが》いですが、「あわ」はイネ科の穀物《こくもつ》だから「こめへん」がついているのです。「くり」はもちろん「木」です。

率と卒

「引率」か「引卒」か

アンケートでは「引率《いんそつ》」のほかに、「軽《けい》

率《そつ》、率先《そっせん》、率直《そっちょく》」なども混乱する語にあがっています。「卒先、卒直」を出した辞書もありますが、本来は「率先、率直」が正しいのです。また「軽率」（軽はずみ）と「軽卒《けいそつ》」（下《した》っ端《ぱ》の兵士）は別の語です。「率《そつ》」と「卒《そつ》」の違《ちが》いを説明するのはちょっと厄介《やっかい》です。まず文字の解剖《かいぼう》からいきましょう。

「率」と「卒」が疑似形《ぎじけい》に見えるのは、「率」の上が「亠」（「なべぶた」）と思うせいもあるでしょう。「亠」ではなく実は「玄」なのです。「玄」の両脇《りょうわき》に「冫」を対《たい》称形《しょう》に打ちます。下は「十」です。

「玄」は糸またはひもを表しています。両脇の点々は散らばるものを示す符号《ふごう》です。「十」は基数（〇から九までの整数）のあとにくる数なので、「全体をまとめる」ことを示す符号に用います。以上三つの符号を合わせて、散らばるものをまとめて、ひもで引っ張るありさまを暗示させる図形が「率」です。これによって、全体をまとめてひきいるという意味を表すわけです。「引率、率先」の「率」はこれです。

他方、「卒」は「衣＋十」が変わったものです。同じ衣《ころも》を着た雑多なひとまとまりが「卒」、つまり身分の軽い人々です。「従《じゅう》卒《そつ》、兵卒《へいそつ》」の「卒」はこれです。

このように、「率」と「卒」はともに「まとまり」のイメージがありますが、まとまりの先頭に立つのが「率」、小さくまとまって自由意思のない集団が「卒」なのです。

「卒」には別の意味が生まれました。小さくまとまる→締《し》め括《くく》りをつけるという意味です。要するに「おわる」、「卒業」の「卒」です。また、死ぬことを婉曲《えんきょく》に「卒」といいました。ただし身分の低い人の死です。

堕と惰

「堕落」か「惰落」か

「堕落《だらく》」(これが正解です)は心と関係するので、「りっしんべん」の「惰《だ》」を書いてしまいそうですが、「つちへん」(下つきだから本当はへんではなくあし)です。なお「りっしんべん」は「立心偏」で、「心」が立ったような形です。

「堕《だ》」はもともと「おちる」という意味でした。「堕」(旧字体《きゅうじたい》は「墮」)の上部は「隋」(ダとズイの二音がある)です。これは「隓」と「月」(「にくづき」)を合わせたものです。「隓」の左側は「こざとへん」(盛《も》り土《ど》、丘《おか》を示す限定符号《げんていふごう》)、右側は「左」(ぎざぎざの形を示す符号)を二つ重ねた形(下図)です。以上の符号を合わせて、山の土砂崩《どしゃくず》れを暗示させます。そうすると「隋」は肉が腐《くさ》って形が崩れるありさまを暗示させるわけです。

ここまで説明すると「堕」はおわかりでしょう。土が形を崩して落ちるありさまを暗示させます。単に物体が落下するのではなく、正常のものが傷《いた》んだり悪くなったりして落ちるという意味に使うのです。「堕

落、堕胎《だたい》」の「堕」はこれです。

純粋《じゅんすい》に心の状態に限定したのが「怠惰《たいだ》」の「惰」です。この右側は「隋」を省略した形です。肉が腐って崩れると、ぐったりした感じですね。このイメージを利用して、心がぐったりとだらけた気持ちを「惰」と書くわけです。

「堕」と「惰」には字体《じたい》の問題もあります。第一章の「惰」の項《こう》（四八ページ）を参照してください。

太と大

「太西洋」か「大西洋」か

多くの方が「太平洋《たいへいよう》」と「大西洋《たいせいよう》」を混乱するようです。この違《ちが》いは語源《ごげん》から説明するしかありません。

太平洋はPacific Oceanの訳語です。マゼランが名付け親だといいます。マゼランが航海したときはよほどこの海が平穏《へいおん》だったようです。だから「太平」の「洋」なのです。「太平」の「太」は「はなはだ」という副詞でした。

一方、大西洋はAtlantic Oceanの訳語です。Atlanticはアトラスから来ています。これは古代ギリシアの神話に出てくる巨人《きょじん》の名です。またアトラス山という山の名でもあります。アトラス山から西の方角の海がAtlantic Oceanの語源です。これを日本人は巨人の西《にし》の洋《よう》と意を取って、「大西洋」と書いたのでした。

ということで、「太平洋」は太平（はなはだ平穏な）の海、「大西洋」は大いなる西の海と覚えれば間違いはありません。

替と賛

交互に出る足、並ぶ足

「替《たい》」と「賛《さん》」は音《おん》がまったく違《ちが》いますが、形は似ています。まず「夫」が二つ並ぶ形から説明しましょう。「賛」の旧字体《きゅうじたい》は「贊」です。上は「夫」ではなく「先」でした（下図右）。「替」の上部も「先」が二つ並んだ形でした（下図左）。「先」は「止（足の形）＋儿（人の形）」が変わったものです。人の足先を表しました。足は止まっていれば並ぶし、進めば交互《こうご》に出ます。「先」を二つ並べた図形は足のこのようなイメージを利用するのです。

交互に出る足のイメージから、「いれかわる」を表す「替」（「交替《こうたい》」の「替」）ができました。並ぶ足のイメージから、脇《わき》から力を合わせて助けることを表す「賛」（「賛助《さんじょ》」の「賛」）が生まれました。

「曰」（「ひらび」）は「日」ではなく、動作を示す符号《ふごう》です。「皆」や「習」の「白」と同じ働きをします。第三章の「皆・習」の項《こう》（二五三ページ）を参照してください。

「賛」に「貝」（かい、財貨を示す限定符《げんていふ》号《ごう》）がつく理由は、神様に礼物《れいもつ》を差し上げるとき、脇役《わきやく》が手を添《そ》えて助ける場面を念頭に置いたからです。

態と熊

「状態」か「状熊」か

「能《のう》」と「態《たい》」と「熊《ゆう》」の三つを混乱するという方も何人かいました。

字源《じげん》的には「能」が動物のクマ（熊）をイメージ化した図形（下図）と考えられます。「能」の右側の縦に二つ並んだ「ヒ」は足を表しています。

「鹿《しか》」には「ヒ」が横に並んでいます。「能」のように動物の体を両側に分けて描《えが》いた例に「龍《りゅう》」があります（三五ページを見てください）。

熊《くま》は力強さの代表とされて、「ねばり強い力がある、よくできる」、また「何かをなしうる力や働き」という意味をもつことばを書き表すようになりました。「能力」や「才能」の「能」です。

何かをしようとする力があると、自然に動作や表情に表れるものです。表面に表れたそぶりや身構えを「能＋心」の組み合わせで暗示させました。これが「態度」の「態」です。

「能」が右に述べた意味に使われると、クマを表す字が必要になりました。そこで考案されたのが「熊」です。「灬」（「れんが」）は「火」です。別にクマを火で焼くわけではありません。クマが火の精の動物と考えられたためといわれています。

以上で「態」と「熊」、および「能」の区別がはっきりしたでしょうか。

奪と奮

偶然に似てしまった形

「奪《だつ》」と「奮《ふん》」は音《おん》が違《ちが》いますが、音を示

す手がかりがありません。だから字源《じげん》から違いを探《さぐ》ります。

古代の中国で、「うばう」を意味するダツということばが先にありました。これをどう視覚記号（文字）に再現しようかと古代人は考えました。狩猟《しゅりょう》の場面を思い描《えが》きます。力のあるやつがだれかの獲物《えもの》を奪《うば》い取ることもあります。そこで「大（大きく立つ人）＋隹（とり）＋寸（手）」を組み合わせた図形を考案したのです。

別の人が「ふるう」を意味するフンということばを視覚記号にすることを思い立ちました。「ふるう」というのは力をふるって飛び立つことですから、この人は「大（おおきい）＋隹（とり）＋田（たんぼ）」の組み合わせとし、たんぼから鳥が大きくはばたいて飛び立つありさまを暗示させました。

このようにして「奪」と「奮」が生まれましたが、偶然《ぐうぜん》に形が似てしまったのでした。

坦と担

「平坦」か「平担」か

やさしく、しかもよく使う字なのに、常《じょう》用《よう》漢字表にない字に、「元旦《がんたん》」の「旦《たん》」があります。「平坦《へいたん》」の「坦《たん》」もそうです。ただし「旦」は人名には使えます。

「坦」は平らという意味です。起伏《きふく》がなくて平らなものは土地とは限りませんが、中国人は土地を念頭に置いて「つちへん」に したのです。山地が多い日本では発想されなかった字かもしれません。

「旦」もそうです。「一」は地平線を示しています。地平線から太陽が出るありさまをイメージ化した図形です。「元旦」の「旦」は「あさ」という意味です。もっとも日本では「一」を水平線と理解してもかまいません。

地平線は平らなイメージですから、「旦」に「土」をつけて「坦」ができました。ただしことばの面から見ると、「平ら」の「坦」と「あさ」の「旦」は語源《ごげん》的なつながりがありません。これは同音異義語《どうおんいぎご》です。

「平担」は誤表記です。「担」は「かつぐ、になう」という意味で、語源的には「旦」とも「坦」とも関係ありません。「担」の旧字体《きゅうじたい》は「擔」です。擔→胆になったのと同じケースです。

壇と檀

「仏檀」か「仏壇」か

「仏檀」という表記は見たことがありません。「檀《だん》」は「壇《だん》」の間違《まちが》いだと思います。たぶん「檀家《だんか》」の「檀」と紛《まぎ》れたのでしょう。

「壇」の字源《じげん》については第一章の「壇《だん》」の項《こう》（六四ページ）で説明しました。もともと土で作った台なので「つちへん」になっています。

「檀」は木の名前です。日本ではマユミですが、中国では青檀《せいだん》という木です（のちには白檀《びゃくだん》、黒檀《こくたん》、紫檀《したん》にも使います）。ただし「檀家」の「檀」は音訳字《おんやくじ》です。サンスクリット（梵語《ぼんご》）のdānaを「檀那《だんな》」と音訳しました。布施《ふせ》をする人のことです。ちなみに、主人という意味の「旦那《だんな》」ももとは「檀那」と同じです。

畜と蓄　「畜産」か「蓄産」か

「畜産《ちくさん》」が正解です。「畜《ちく》」は家畜《かちく》のことです。

字源《じげん》を考えます。「玄＋田」でなぜ動物を表すことができるのでしょうか。

ことばを視覚記号（文字）にするとき、図形的な意匠《いしょう》が舌足らずなこともありますし、情報過多なこともあります。漢字は音《おん》（専門的には音素《おんそ》）を写したものではなく、ことばの意味をイメージ化した図形で示しますので、完璧《かんぺき》に意味を表象《ひょうしょう》することは困難なのです。だから類推の手法が欠かせません。

家畜は普通《ふつう》の動物ではなく、人間が飼いならした動物です。繋《つな》ぎとめることや、囲うことが必要です。また、何かの用途《ようと》に使います。繋ぎとめるものとして「玄」、働かせる場所として「田」をもってきて、「畜」の図形を作ったのです。もちろん別の符号《ふごう》を利用することもできたでしょうが、「玄」と「田」がわかりやすいからこれらを使ったのでしょう。ところで「玄」は「弦《げん》」（弓のつる）や「絃《げん》」（楽器の糸）を構成するように、ひもを示す符号になります。

家畜は繋いだり囲ったりして養いますので、「たくわえる」という意味を派生《はせい》するのはわかりやすい道理でしょう。この派生義を表すために考案されたのが「蓄」です。今度は植物を限定符号《げんていふごう》（「くさかんむり」）にもってきました。野菜などが生活と密接にかかわるからです。

冑と胄

「甲冑」か「甲胄」か

「甲冑《かっちゅう》」が正しいのですが、正しく書かれた例はめったに見ません。たいてい「甲胄」と間違《まちが》って書かれます。下の二線が両《りょう》端《はし》につこうがつくまいが構わないじゃないか、あまりうるさくいうから漢字嫌《ぎら》いになるんだ、という人もいるかもしれません。

しかしそれは心得違《こころえちが》いです。「冑《ちゅう》」はかぶとです。かぶとは頭にかぶる武具です。「冃」の部分に注目してください。これは「冂（おおい）＋二（ある物を示す符号《ふごう》）」からできています。下のものを上からかぶせる様子を示す符号です。実は「冒《ぼう》・最《さい》・曼《まん》（漫《まん》・慢のつくり）」などの「曰」もこれでした。

「冒」は「帽子《ぼうし》」の「帽」に含《ふく》まれています。要するにかぶりものです。「冑」と似ています。「冒」では「冃」が「曰」に変わったからには、「冑」でも「月」に変えていいのではと疑問をもたれるかもしれません。しかしそうすると、「胄《ちゅう》」という別の字と衝突《しょうとつ》してしまうのです。

「胄」は「胄裔《ちゅうえい》」の「胄」で、子孫という

意味です。この字の「月」は「にくづき」(肉体と関係のあることを示す限定符号《げんていふごう》)でした。

衷と喪

「十」と書くか、「亠」と書くか

「衷《ちゅう》」と「喪《そう》」は疑似形《ぎじけい》ですが、筆順の間《ま》違《ちが》いも誤記と絡《から》んでいるかもしれません。「喪」は「十」から書き出しますが、「衷」の上は「亠」であって「十」ではありません。

字源《じげん》と正しい筆順については第三章の「衷」の項《こう》(三四八ページ)をご覧ください。「喪」についても第三章(三四〇ページ)で説明していますので、「衷」と「喪」の違いを確認してください。

帳と張

「几帳面」か「几張面」か

これはへん違《ちが》いの例です。語源《ごげん》から考えるとわかりやすいでしょう。

「几帳面《きちょうめん》」(これが正解です)は几—帳面ではなく、几帳—面です。几帳というのは家具の一種で、二本の柱に横木を載《の》せ、帳《とばり》を垂らしたものです。「几」の形をしているので「几帳」といいます。柱の角には刻《きざ》みを入れたそうです。これが几帳面です。きちんと整えて作った面なので、きちんとしたやり方や性格を几帳面というようになったのです。

「帳」と「張」の字源《じげん》的な違いは、「とばり」(カーテン)は布《ぬの》と関係があり、長く伸びているものなので、「長＋巾（「きんべん」または「はばへん」）」、「はる」（「拡《かく》張《ちょう》」の「張」）は弓に弦《げん》を長く伸ばしてはる情景を設定して、「長＋弓（「ゆみへん」）」の図形で書き表したのです。ことばとしては、長—帳—張は同源です。

釣と鈞

「釣り」か「鈞り」か

「釣」の音《おん》はチョウですが、用例はあまり多くありません。「釣果《ちょうか》」（釣《つ》りの成果）、「釣魚《ちょうぎょ》」ぐらいです。「鈞」の音はキンです。これも「千鈞《せんきん》の重《おも》み」（非常に重いこと）ぐらいしか用例がありません。しかも「鈞」は表外字《ひょうがいじ》（常用《じょうよう》漢字表にない字）です。

「釣」のつくり（右側の要素）の「勺」は柄杓《ひしゃく》の図形です。液体を酌《く》み上げるので、「高く上げる」ということを示す記号に用います。竿《さお》を高く上げて、金属のつりばりでつるから「金＋勺」で「つる」を表すのです。

第一章の「均《きん》」の項《こう》（四九ページ）も参照してください。

迭と送

「更迭」か「更送」か

「更迭《こうてつ》」をコウソウと読み間《ま》違《ちが》える方も多いようです。

「左《さ》遷《せん》、更迭、罷《ひ》免《めん》……」、勤め人にはいやなことばです。「迭」は「更迭」以外にほとんど使われない漢字です。それなのに常用《じょうよう》漢字表に入っているのは、そういう事態がしばしばあり、別のことばでは言い表せないからでしょう。

「失《しつ》」は「手」に「乀」の符号を添《そ》えた図形です。手から横にずれていくありさまを暗示させます。これに「しんにょう」（進行を示す限定符号《げんていふごう》）をつけたのが「迭」で、そのポストにある人を横にずらして去らせることを暗示させます。この記号だけでは、他《た》の人を代わりに入れるという意味までは含《ふく》まれていません。しかしことばの意味としては、他と入れ替《か》わることです。「迭《てつ》」の音は「鉄《てつ》」から類推すればよろしいのです。ただし「鉄」はもとは「鐵」の略字で、「鉄」のほうが逆に「迭」を下敷《したじ》きにしてできたものでしょう。

徹と撤

「徹底」か「撤底」か

「徹《てつ》」と「撤《てつ》」の違《ちが》いは限定符号《げんていふごう》で区別します。まず字源《じげん》から見てみましょう。

どちらも「育《いく》」を含《ふく》んでいます。これがイメージの基本になる部分です。

「育」の上は「子」が逆《さか》さになった形です。ひっくり返った子は生まれ出る赤ちゃんです。それに「月」（「にくづき」）を添《そ》えて、赤ちゃんが生まれてそだつありさまを図形化しました。赤ちゃんが生まれるのは産道を通って出てくるから、「通り抜《ぬ》けて出る」というイメージを示す記号として「育」を用います。

ある範囲《はんい》を突《つ》き抜けて通るという意味を

もつテツということばがありました。これを視覚記号に再現するために考案したのが「徹」でした。「育」のイメージを利用したのです。「通る」ことだから「彳」（「ぎょうにんべん」）。行くことを示す限定符号を添え、さらに「攵」（「ぼくづくり」）。動作を示す符号）をつけたのです。「徹底《てってい》」とは底まで通っていくさま、つまりこれ以上は行けないところまで行きつくありさまです。

「徹」が成立してから「撤」が生まれました。ある場所にあるものを余所《よそ》にどかすこともテツといいましたが、これを視覚記号化するために「徹」を利用したのです。どかすのは、その場所を通って移動させるわけだから「通る」というイメージがあるからです。そこで「ぎょうにんべん」を「てへん」に替《か》えて、「撤」としたのです。撤《てっ》去《きょ》の「撤」はこれです。

「徹」と「撤」を混乱するという方がたくさんいましたが、「徹」と「撤」のイメージが似ていたからなんですね。通っていくのは「徹」、手でどかすのは「撤」と覚えてはいかがでしょう。

到と倒

「殺到」か「殺倒」か

アンケートの回答には、「殺到《さっとう》」のほかに「到底《とうてい》」や「倒立《とうりつ》」の誤記例もありました。「殺倒」「倒底」「到立」は間違《まちが》いです。

特に「殺到」は、「倒れる」のが正しいのではと錯覚《さっかく》しやすいのでしょう。「殺到」

はどっと攻《せ》め寄せるというのが本来の意味ですから、「到《いた》る」でないといけません。

違いを字源《じげん》から説明します。「至《し》」が「いたる」であることは問題ないでしょう。「至」は矢《や》が地面に届く様子の図形です。「いたる」にもいろいろないたり方があります。矢はまっすぐのイメージですから「至」のイメージも同じです。しかし、場合によっては紆余曲折《うよきょくせつ》を経ることもありましょう。紆余曲折の結果、目的地にいたることを表すため、「刀《とう》」という記号を利用します。というのは刀《かたな》（中国の青竜刀《せいりゅうとう》のようなものを思い浮かべてください）は曲がるというイメージがあるからです。「至」に「刂」（＝「刀」の変形で、「りっとう」）をつけて、いろいろな経緯《けいい》を経てやっと目的のところへいたりつくさまを表したのです。「到着《とうちゃく》」の「到」はこれです。

地面にいたることの一つに「たおれる」もあります。人が地面にたおれる姿を想像してください。矢のようにまっすぐではなく、刀のように曲線をなしてたおれるのが普通《ふつう》です。ここで「刀」のイメージをもつ「到」を利用します。「到」に「にんべん」を添《そ》えて、「たおれる」を表したのは以上の理由によるのです。

第三章の「倒」の項《こう》（三五四ページ）も参照してください。

搭と塔

「搭乗」か「塔乗」か

飛行機に乗るのは「搭乗《とうじょう》」です。足の動

作なのになぜ「てへん」かという疑問もあると思います。

昔、「こたえる」ことを「答《とう》」とも「荅《とう》」とも書きました。「合《ごう》」は器《うつわ》に蓋《ふた》がぴったりかぶさって合うありさまを図形化したものです。「こたえ」は「問い」があって、それにぴったりかぶさって合うものだから、この「合」という記号を利用し、「たけかんむり」や「くさかんむり」をつけました。竹や草はかぶせる蓋のイメージをはっきりさせるための符号《ふごう》と思われます。

さて、「荅」の「かぶさる」というイメージだけを利用して別の記号が生まれました。物を何かの上にのせることを tap（タフ）といいました。これを表すために「荅」に「てへん」を添《そ》えた字を作ったのです。「搭載《とうさい》」の「搭」です。物が上にのると、当然かぶさる形になります。また、手を使う動作だから「てへん」なのです。これを足の動作に使うのは転用です。

「塔《とう》」は仏教が伝わってから生まれた音訳《おんやく》字《じ》です。仏骨《ぶっこつ》を収める建造物を意味する stūpa を「卒塔婆」（そとうば）と訳したのです。これが独立して単に「塔」となりました。なぜわざわざ「塔」を作ったのでしょうか。それは「荅」の「かぶさる」イメージを利用したからです。土や石などを上にかぶせてのせた建造物なのです。

籐と藤

「籐細工」か「藤細工」か

「籐細工《とうざいく》、籐椅子《とういす》」は「たけかんむり」の

「籐《とう》」です。「籐」も「藤《とう》」も植物の名です。「籐」はつる性のヤシの一種、「藤」はフジですが、どちらも木に近いと思います。それなのに「たけかんむり」と「くさかんむり」ですから、限定符号《げんていふごう》による区別のしようがありません。

他《た》の例をあげますと、木なのに「薔薇《ばら》」と書いたり、草なのに「桔梗《ききょう》」と書いたりします。

中国ではフジもトウも区別せず、すべて「藤」です。では「籐」は何かというと、竹で編んだ器《うつわ》だそうです。「たけかんむり」がついている理由はこれだったわけです。しかし日本では「籐」（トウというヤシ）を「藤」（フジ）と区別して使い分けるようにしたのです。

ということで、「藤」と「籐」は文字からは区別する手がかりがないので、棒暗記するしか手がありません。

謄と騰

「謄本」か「騰本」か

「謄《とう》」と「騰《とう》」は限定符号《げんていふごう》で区別します。限定符号を除いた部分は「勝《しょう》」と共通です。この部分に「上にあがる」というイメージがあることは、第三章の「勝」（三一八ページ）の項《こう》でも指摘《してき》していますので、そちらも参照してください。

「言」はことばのほかに文字を示すこともあります。原本《げんぽん》の文字を別の紙の上にうつし出すさまを図形化したのが「謄」です。「謄写《とうしゃ》、謄本《とうほん》」の「謄」です。

他方、馬が高くおどりあがるありさまが「騰」です。ただし意味としては、馬を捨《しゃ》象《しょう》して単に「高くあがる」だけをとります。「騰貴《とうき》、沸騰《ふっとう》」の「騰」はこれです。「謄本」はことばと関係があるから「ごんべん」、「騰貴」はおどりあがることだから「うまへん」と覚えてください。

洞と胴

「空洞化」か「空胴化」か

「空胴化」もありそうですが、へん違《ちが》いです。「洞《どう》」と「胴《どう》」のイメージが似ているので錯覚《さっかく》したのでしょう。

「同」という図形をよく睨《にら》んでみてください。「筒型《つつがた》」のイメージが浮かんできませんか。筒型の穴を突《つ》き通した形を「同」という記号で表すのです。

「ほらあな」ももちろん突き通った穴です。これを「洞」と書いたのですが、ではなぜ「さんずい」？　だいたい洞穴《ほらあな》は水が浸食《しんしょく》してできたものが多いからでしょう。

人間の体の場合でも筒型を呈《てい》する部分があります。これが「胴」です。「月」（＝にくづき）は肉体と関係があることを示す限定符号《げんていふごう》です。ただし胴体は突き通っている穴ではありません。中に臓器などが詰《つ》め込《こ》まれています。しかし表面から見ると筒型であることは確かです。

「空洞《くうどう》」は内部が空っぽでないといけません。だから「空胴」はふさわしくないのです。

貪と貧

閉じるか開くかで大違い

「貪《どん》」は表外字《ひょうがいじ》です。だから新聞などでは「どん欲」と書かれています。これではイメージが湧《わ》きません。「貪」は「むさぼる」という意味です。むさぼって欲《ほっ》するのが「貪欲《どんよく》」です。

「貪」と「貧《ひん》」は形が似ていますが、いちばん上の屋根の部分の違《ちが》いに注目してください。「貪」は閉じていますが、「貧」は開いています。物を取り入れて出さないのが「貪」、物がしょっちゅう出てたまらないのが「貧」なのです。これは便宜《べんぎ》的な覚え方ですが、もう少しまともな字源《じげん》的な解釈《かいしゃく》をします。

「今《こん》」は蓋《ふた》で下の物をかぶせて押《お》さえ込《こ》む形です。「貝《かい》」はお金や財物です。したがって財貨を押さえ込んで自分の物にしてしまうありさまが「貪」です。

一方、「分《ぶん》」は分散するというイメージがあります。お金が分散して乏《とぼ》しくなるありさまが「貧」です。このように、先に述べた便宜的な覚え方もまんざらでたらめではありません。

なお第一章の「分」の項《こう》と「介」の項(六二、六三ページ)も参照してください。「貧」の音《おん》は「分《ふん》」から類推がききますが、「貪」は「含《がん》・吟《ぎん》・琴《きん》・念《ねん》」など、どれからも類推できません。これが難点です。字形《じけい》から覚えるしかありません。

弐と武

「弐萬円」か「武萬円」か

「弐《に》」は「二」の大字《だいじ》（書類用の字）です。証書などで金額を記《しる》すとき以外は使われません。それほど特殊《とくしゅ》な字です。それなのに常用《じょうよう》漢字表に入っています。ちなみに「二」の大字は「壱」です。「壱」と「弐」以外の三から十までの大字は他《た》の漢字を代用し、参（三）、肆（四）、伍（五）、陸（六）、柒（七）、捌（八）、玖（九）、拾（十）と書きます。

「弐」の旧字体《きゅうじたい》は「貳」で、これを簡略化して「弐」ができました。しかし字体が少し変です。左上の点は何なのかよくわかりません。こんな字体に化けたため「武」と紛《まぎ》らわしくなりました。棒暗記するしか手がありません。第三章の「弐《に》」の項《こう》（三六〇ページ）と「武《ぶ》」の項（三七九ページ）も参照してください。

匂と勾

「匂い」か「勾い」か

「匂」（におう）は国字《こくじ》（日本で漢字をまねて作った字）です。

一つの感覚を表すことばを、別の感覚の意味に使う場合、二つの間の関係を共感覚《きょうかんかく》メタファーといいます。例えば、「聞く」というのは聴覚《ちょうかく》のことばですが、これを「においを嗅《か》ぐ」という嗅覚《きゅうかく》のことばに使うことがあります。また、「きき酒」という場合は味覚の意味に使っています。この場合は表記まで「唎《き》く」に変えることがあります。

「におう」の語源《ごげん》は「丹秀《にほ》ふ」で、赤色が美しく映《は》えることだといいます。そうすると本来は視覚のことばです。これを嗅覚のことばに転用したわけです。

「におい」に対して「匂」という表記を作り出した心理を探《さぐ》ってみましょう。「匂」は「匀」を少し変えた字といわれていま す。「匀」は「韵《いん》」(「韻《いん》」の異体字《いたいじ》)の右側と同じです。「匀」だけで「韻」と同じに使うこともあります。日本人はなぜこれを変えて「におい」と読んだのでしょうか。いいにおいは後に残ります。これを余《よ》韻《いん》に見立てることができます。余韻は音《おと》の後に残るものです。このように聴覚的な比《ひ》喩《ゆ》をとらえて、「匂」という字が成立したわけです。

「匂」という字がいいにおいに限るというのもこれで理解できるでしょう。悪いにおい(または一般のにおい)は「臭《しゅう》」(におい、におう)を使うのです。

なお「勾《こう》」は「かぎ」「まがる」という意味で、「勾配《こうばい》」に使われます。

斑と班

「斑点」か「班点」か

正しくは「斑点《はんてん》」ですが、世間では「班点」と書く人もいます。

朝日新聞ではひところ「班点」と書いていました。しかしある時期に「斑点」に戻《もど》すと発表しています。戦後、国語政策の一《いっ》環《かん》として同音書《どうおんか》き換《か》えという方法がとられました。当用漢字表《とうようかんじひょう》（常用漢字表《じょうようかんじひょう》の前身）にない漢字で、よく使われるものについては、同音の文字で置き換えるというもので、いくつか発表されました。例えば「醱《はっ》酵《こう》」は「発酵」、「庖丁《ほうちょう》」は「包丁」といったぐあいです。「斑点」はこの中にありませんが、新聞社などは独自の規準を設けて「班点」に書き換えたのもあります。

このような経緯《けいい》があるため、「斑点」と「班点」が混乱しているわけです。

「斑」は「まだら」、「班」はクラスという意味です。「班点」では意味をなしません。字源《じげん》から解剖《かいぼう》します。

「王」は玉です。これを二つ並べて「分かれる、分ける」ことを示します。「文」はあや、文様《もんよう》です。だから、分かれて散らばった模様を「斑」で書き表しました。「まだら」とはそんな模様なのでした。

他方、「リ」は「刀」の変形（「りっとう」）です。刀で二つに分けるありさまを図形化したのが「班」です（教科書体の「班」がわかりやすい）。意味としては「刀」を捨象《しゃしょう》して、「分ける、分けたもの」を表します。昔、日本史で、班田収授《はんでんしゅうじゅ》の法というのがありましたが、班田は田を分けることです。

徴と徴

「顕微鏡」か「顕徴鏡」か

「微《び》」を「徴《ちょう》」に間違《まちが》えるという方が圧倒《あっとう》的でしたが、中には「特徴《とくちょう》」や「徴収《ちょうしゅう》」の

「徴」を「微」に間違えるという方もいました。

「微」と「徴」は本当に紛《まぎ》らわしい形をしています。二つを区別する指標《しひょう》はないでしょうか。「π」（パイ）はビで、「王」さんはチョウ、これでは何が何だかわかりません。

字源《じげん》を解剖《かいぼう》してみましょう。「微」の真ん中は、細くて見えにくい髪《かみ》の生えた人を表す形で、「見えにくい」というイメージを示す符号《ふごう》になります。それに「彳」（「ぎょうにんべん」、行くことを表す）と「攵」（「ぼくづくり」、動作の符号）を添《そ》えて、人に見られないようにこっそり行くありさまを図形化したのが「微」でした。「行く」を捨象《しゃしょう》して、ただ「こっそりと、かすかなさま」を意味させたのです。

「徴」の真ん中は、三つの部分に分けて、「山」はやまではなく三本の髪の毛、「一」は頭や胴体《どうたい》の部分、「儿」は二本の足と見ればわかりやすいでしょう。第三章の「微」の項《こう》（三七二ページ）も参照してください。

「徴」の字源も調べておきましょう。「王」を除いた部分は「微」の省略形です。だから基本的には「微＋王」からできています。「微」と「徴」が似すぎているのは当たりまえだったのです。

「王」は王様の王ではなく、「壬《てい》」（まっすぐ背伸《せの》びして立つ人）の変形です。「呈《てい》」や「聖《せい》」や「望《ぼう》」にも含《ふく》まれています（ただし「壬」が「王」に変わる）。「まっすぐ伸びる」というイメージは「目立って現れる」というイメージにつながります。隠《かく》れて見えない者を表に出して取り立てる、つまり召《め》し出すことを「徴」で書き表しました。「徴用《ちょうよう》、徴発《ちょうはつ》」の「徴」はこれです。

氷と永

「氷」と「川」の違い

簡単な覚え方は「氷《ひょう》」が直接「水」と関係があるということです。だから「水」に点を打てばよいのです（ただし筆順はちょっと違《ちが》います）。

では「丶」は何かという疑問にお答えします。これは氷《こおり》がぴんと張ったときの筋《すじ》を表しているのです。もとは「仌」という形でした（下図）。これが

「冫」（「にすい」）に変わりました。「氷」の本字は「冰」でしたが、この「冫」が「丶」だけになり、「水」の左肩に乗っかった字体《じたい》になったのです。

ついでにいいますと、「冫」は氷を示す限定符号《げんていふごう》になり、「凍」（こおる）や「凝」（こる）の構成要素になっています。

「永」の字源《じげん》にもふれておきましょう。川の流れがいくつかに分かれている図形（下図）です。「永」と「𠂢《は》」（派・脈のつくり）は左右反対で、鏡文字《かがみもじ》になっています（三九七ページの図参照）。

「永」の上の点と下の縦線は本流、左はそれから分かれた支流、右もまた分かれた支流です。ただし枝分かれに力点があるのではなく、水流が切れずにどこまでも流れて

いくありさまを強調しているのです。それで、「どこまでも長く続く」というイメージを表します。

「永」も水と縁《えん》はありますが、直接「水」という字を含《ふく》んでいるわけではありません。

復と複と腹

「往復」か「往複」か「往腹」か

いずれも同音で似た形なので、使い方に迷いが生じるのだと思います。

これらの字は限定符号《げんていふごう》さえしっかり押《お》さえておけば楽に区別できます。

まず共通の部分から説明します。「复《ふく》」は「ふくれる」と「かさなる」の二つのイメージを示す記号です。字体《じたい》の詳《くわ》しい分析《ぶんせき》は第三章の「腹《ふく》」の項《こう》（三八一ページ）をご覧ください。

共通のイメージ記号にへんをつけて、そのイメージがどの意味領域にあるかを限定します。道を行く場合、ゆきとかえりがあります。かえりは同じルートをたどります。これは「かさなる」のイメージです。そこで「彳」（「ぎょうにんべん」）、道を行くことを示す限定符号）をつけた「復《ふく》」で「かえる」を表すことになりました。「往《おう》復《ふく》」の「復」です。

また文字どおり「かさなる」を表したい場合に着目したのが、衣服を重ね着する場面です。そこで「衤」（「ころもへん」）を添《そ》えた「複《ふく》」で「かさなる」を表しました。最初は衣服に限定したのですが、これは具体から抽象《ちゅうしょう》を求める操作《そうさ》と考えてよいでしょう。衣服だけでなく、さまざまなケースに「複」は当てはまります。「複眼《ふくがん》、複線《ふくせん》、複写《ふくしゃ》、複文《ふくぶん》」など、いろいろな対象に使えます。「はら」は内臓がかさなり、また、ふくれた姿を呈《てい》しています。だから「月（にくづき）＋复」で「腹《ふく》」と書きます。

中国の簡体字《かんたいじ》では「復・複・腹」の三つを「复」にしています。これで誤記は減ったかもしれませんが、意味を取るのに苦労します。簡略化すれば意味のつかみどころがなく、複雑だと誤字・誤記が発生する——これが漢字の泣きどころです。要はそのバランスを考慮《こうりょ》して合理的な漢字システムを確立することだと思います。

紛と粉　扮と紛

「紛失」か「粉失」か、「扮装」か「紛装」か

アンケートではほかに、「粉飾《ふんしょく》」を「紛飾」に、「紛争《ふんそう》」を「粉争」に迷うなどがありました。要するに「紛《ふん》・粉《ふん》・扮《ふん》」の三字の区別があやふやなんですね。

三字の区別はいうまでもなく限定符号《げんていふごう》にあります。共通項《こう》の「分《ふん》」は「二つにわけ離《はな》す、ばらばらになる」というイメージを示しています。

いちばんわかりやすいのは「こな」のイメージでしょう。米粒《こめつぶ》をばらばらに分けたものが「粉」（こな）です。「粉飾」の粉は、白粉《おしろい》を比喩《ひゆ》にした用法です。

「ごたごたして入り乱れる」という状態を表す場合は、裁縫《さいほう》のときの糸をもってきました。裁縫をしていて、糸がもつれることほど厄介《やっかい》なことはありません。だから「紛《ふん》」で「入り乱れる、まぎれる」を表しました。「紛失《ふんしつ》」の紛はこれです。

その人が別の役柄《やくがら》に身なりを変えるのが「扮装《ふんそう》」です。人格がまるで二つに分かれたようです。だから「てへん」(手の動作を示す限定符号)に「分」と書くのです。

陛と階

贅沢な漢字

贅沢《ぜいたく》な漢字をご存じですか。そのことば以外に使いようがない漢字です。「朕《ちん》」(天皇が自分をさしていう語)はほかに使いようがありません。「陛《へい》」は「陛下《へいか》」だけです。

「陛」と「階《かい》」は音《おん》が違《ちが》いますが、形と意味が似ています。天子《てんし》の宮殿《きゅうでん》に登る階段が「陛」の意味です。「陛」の右側は「比(ならぶ)+土」の組み合わせです。「阝」(「こざとへん」)は段々になったところ、盛《も》り土《ど》、丘《おか》などを示す限定符号《げんていふごう》です。これで「陛」の構造は明らかでしょう。一段一段と並んだ土の階段です。天子の宮殿の階段なのに意外に質素な階段でした。漢字では特別扱《あつか》いせず、一般に階段を表しただけです。

「階」も同様の構造です。ただ「白」は色とは関係ありません。「白」は動作を示す符号で、みんながそろうことを「皆《かい》」と書いたのです。間隔《かんかく》や幅《はば》がきちんとそろっている階段を「階」というのです。これも普《ふ》通《つう》の階段です。

しかしことばとしては「陛」に特別の意味を与えたのです。「陛」の下という場所でもって、天子を表しました。臣下《しんか》が天子を尊《たっと》んでいうことばです。「閣下《かっか》」や「殿《でん》下《か》」も似た発想でできました。

弊と幣

「弊社」か「幣社」か

「貨幣《かへい》」や「紙幣《しへい》」の「幣《へい》」を「弊《へい》」に間《ま》違《ちが》えるという方もたくさんいました。要するに限定符号《げんていふごう》が識別に役立っていないことが判明しました。

「敝《へい》」は音《おん》（ことばの読み）とイメージを暗示する記号で、これは共通です。残りの「廾」（「こまぬき」）と「巾」（「きんべん」「はばへん」）が限定符号です。限定符号はその字の意味がどんな領域に属しているかを限定する符号です。

「廾」は両手の形で、両手の動作に限定します。「戒《かい》」や「算《さん》」にも含《ふく》まれています。「巾」ははばではなく、「布巾《ふきん》、雑巾《ぞうきん》」の「巾《きん》」で、布切《ぬのき》れを表しています。だから布などに関係があることを示す限定符号になります。「帆《はん》・帯《たい》・帳《ちょう》」などに含まれています。

まず共通項《こう》の「敝《へい》」のイメージをとらえます。「八」（左右に分ける）の印《しるし》が二つと、「巾」と「攵」（「ぼくづくり」、動作の符号）に分析できます。ここにも「巾」が使われていました。ただし限定符号ではありません。布を両側に引き裂《さ》くありさまを図形化したのが「敝」でした（下図）。それで「引き裂く」というイメージを示す符号になるのです。

「敝」に「廾」を添《そ》えたのが「弊」です。両手で布を引き裂くとぼろぼろになります。そんな場面をとらえて、「破《やぶ》れて駄目《だめ》になる」ことを表しました。昔、よれよれの衣類をわざと身につけた学生気質《きしつ》がありましたが、これを表すことばが「弊衣破《へいいは》帽《ぼう》」です。また、体や組織体がぼろぼろになること（「疲弊《ひへい》」の「弊」）、さらに、「ぼろっちい我《わ》が～」というふうに謙遜《けんそん》に用いる使い方もできました。これが「弊社《へいしゃ》」の「弊」です。

日光《にっこう》に通じる例幣使《れいへいし》街道《かいどう》というのがありました。毎年、朝廷《ちょうてい》から東照宮《とうしょうぐう》へ贈《おく》り物《もの》を運んだ使者が例幣使です。「幣」のもとの意味は神に供《そな》える布のことです。布などを細かく裂いて木に挟《はさ》んだ祭具《さいぐ》を「敝＋巾」で書き表したのです。日本では「幣」を「ぬさ」と読みました。「御幣《ごへい》を担《かつ》ぐ」（縁《えん》起《ぎ》を気にすること）の「幣」はこれです。

麻《あさ》の布が絹《きぬ》の布になり、供え物がだんだん豪華《ごうか》になりました。それで「お宝」という意味が生まれたのです。これが「貨幣」の「幣」です。紙であろうと金属であろうとお宝ですから「幣」を使います。

手で裂いてぼろぼろになるのが「弊」、布のお宝が「幣」と覚えてはいかがでしょう。

璧と壁

「完璧」か「完壁」か

「完璧《かんぺき》」を「完壁」と思い込んでいたという方が多数いました。

建物を築造した際、塀《へい》の壁《かべ》を完成させたことから、「完壁」ということばが生まれたという由来《ゆらい》がもしあるとすれば、「完壁」でよかったわけです。しかしそんな由来はありません。「璧《へき》」（玉の一種）を完全に保つことができたという由来はあります。だから「完璧」なのです。昔の話から生まれたことばを故事成語《こじせいご》といいます。例えば「矛盾《むじゅん》」がそうです。

「璧」は中に丸い穴の開いたドーナツ型《がた》の宝石です。自然界からこんな宝石が現れるといいます。中国で世にも珍《めずら》しいとされたのが「和氏《かし》の璧《へき》」です。戦国時代の末期、秦《しん》という強国が趙《ちょう》という弱国《じゃっこく》にその璧を一五の城と交換《こうかん》したいと申し入れてきました。藺相如《りんしょうじょ》が使者として秦に赴《おもむ》きましたが、だまされたことに気づき、策略をめぐらして璧を無事に持ち帰ることができました。これは『史記《しき》』にも出ている有名な話です。

「完」は欠けたところがないという意味ですが、「まっとうする」という動詞にもなります。だから「完璧」の文字通りの意味は璧を無傷なままに保つことです。現在の使い方は「どこにも欠けたところがないさま」です。

「双璧《そうへき》」ということばがあります。二つの

すぐれたものという意味です。これを「双璧」では全然すぐれていません。「璧」はすぐれ物なのです。「完璧」もこれと関連づければ覚える助けになるかもしれません。

簿と薄

「帳簿」か「帳薄」か

限定符号《げんていふごう》から区別を考えます。「たけかんむり」は「籍《せき》と藉《しゃ》」の項《こう》（一七九ページ）でも述べたとおり、書物を示す限定符号になることがあります。「簡《かん》」（手紙）や「篇《へん》」（書物）の「たけかんむり」はこれです。

　昔、竹を薄《うす》く削《けず》って文字を書きつけました。それをいくつか綴《と》じたものが「簿《ぼ》」です。現在のノートに当たります。「帳簿《ちょうぼ》」の「簿」はこれです。

　一方、草がびっしり生えるとくっつきます。これを表す漢字が「薄《はく》」です。「肉薄《にくはく》」の「薄」は「くっつくほどせまる」という意味です。しかし普通《ふつう》の使い方は「うすい」という意味です。間隔《かんかく》がくっつくと、すきまがなくなります。すきまがないことは「うすい」ことにつながります。なお「薄」の字体《じたい》と語源《ごげん》の解説は第三章（三六五ページ）をご覧ください。

　びっしり生える草はいろいろありますが、ススキもその一つです。野原でススキが群生《ぐんせい》しているのを見かけた方もいると思います。ススキを「薄」と書く理由がわかるような気がします。

妨と防

「妨害」か「防害」か

「妨げ」「防げ」となると送り仮名《がな》まで同じなので、本当に迷います。「妨」は「さまたげる」、「防」は「ふせぐ」です。限定《げんてい》符号《ふごう》から違《ちが》いを説明しましょう。

　まず共通のイメージ記号から分《ぶん》析《せき》します。「方《ほう》」は農具の「すき」の図形（下図）ですが、柄《え》が両方に張り出しています。「両方に張り出す」というイメージを強調するのが「方」という符号です。

「さまたげる、邪魔《じゃま》をする」という意味をもつことばがありました。これをどう視覚記号（文字）に表そうかと古代人は考えました。思いついたのがまず「方」のイメージです。人が両手を張り出せば邪魔するイメージになる。それに「女」を添《そ》える。これで女の前に立ちはだかって邪魔するありさまがぴったりだ。このような思考を経て「妨《ぼう》」が生まれました。「妨害」の「妨」です。いまの世ではセクハラもいいところですが、古代の話ですから目くじらを立ててもしようがありません。

　次に「防《ぼう》」の由来《ゆらい》です。もとは堤防《ていぼう》のことでした。川の水があふれないように川の両側に張り出した盛《も》り土《ど》です。だから「方」（「両方に張り出す」のイメージ）に「阝」（「こざとへん」）を加えたのです。堤防は水をふせぐものですから、「ふせぐ」も「防」で表すことができるのです。

昴と昂

「すばる」はどっち？

「昴《ぼう》」と「昂《こう》」はともに人名用漢字です。「昴」は「すばる」という星の名、「昂」は「意気軒昂《いきけんこう》」の「昂」で、「高くあがる」という意味です。「すばる」は国産車の名にも用いられ、外来語と思っている人もいるようですが、純日本語です。

「昴」と「昂」の違《ちが》いについては、第一章（一〇二ページ）でふれていますので、そちらをご覧ください。

なお「昴」と書く方もいますが、「昴」の俗字《ぞくじ》ですから、注意してください。人名としては役所で受けつけてもらえないでしょう。

妹と妺と姝

上下の長さを間違える

「未」と「末」の違《ちが》いは上下の横棒の長短だけです。この違いが天地の差なのです。つまりまったく違うことばを表すということです。

「未」は「木」の上に小さな「一」の印《しるし》をつけ、まだ十分に伸《の》び切らない枝を暗示するのです（下図右）。まだ成長していないというイメージです。これを利用して「まだ……しない」という意味をもつことばを書き表すのです。「未婚《みこん》、未知」の「未」です。

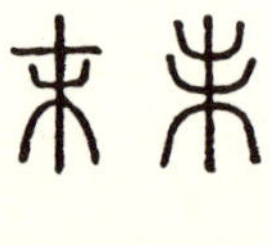

「いもうと」は姉に比べてまだ成長していない女なので、「おんなへん」に「未」で

書き表しました。末っ子だから「末」と書くのではありません。

「末」は「本」とペアになる形です。「木」の下に「一」をつけると「ねもと」ですが、「木」の上に「一」をつけると「こずえ」を暗示するのです（前ページの図左）。「こずえ」はいうまでもなく末端《まったん》にあるものです。だから「末」で「すえ」を表すのです。

「妹《まい》」の「未」を「末」に間違えた字は実は存在する字です。音《おん》はバツで、女性の名前です。夏《か》という伝説的な国家の最後の王であった桀《けつ》の妻の名前（妺喜《ばっき》）です。漢字一字が固有名詞で、他《た》の人には使いません。「妲《だつ》」も殷《いん》の最後の王だった紂王《ちゅうおう》の妻の名前（妲己《だっき》）です。一人の名前にしか使われない贅沢《ぜいたく》な漢字があったのです。

「姝《しゅ》」も存在する字です。「朱」は赤という意味で、「はで、はなやか」というイメージがあります。それで、女性が美しいさまを「姝」というのです。ただし中国の古典にしか出てこない字です。

昧と味

「読書三昧」か「読書三味」か

「昧《まい》」と「味《み》」（あじ）はへん違《ちが》いです。限定符号《げんていふごう》から判断します。

「昧」は「くらい」「はっきり見えない」という意味です。だから「曖昧《あいまい》」（はっきりしない）という使い方もできます。「くらい」を表すために具体的なイメージを借りてきました。それが「ひへん」です。

「末」は前項《ぜんこう》で述べたとおり、まだ伸《の》び切っていない木の枝でした。「まだ成長していない」というイメージは「小さくて見えにくい」というイメージにつながります。日の光が小さくて見えにくいありさまを想定して、「くらい」を導いたわけです。

「三昧《さんまい》」は「くらい」こととは何の関係もありません。仏教用語の samādhi を音訳《おんやく》しただけです。精神を集中させることが本来の「三昧」ですが、「読書三昧《どくしょざんまい》」などの場合は、熱中するぐらいの意味で使っています。

漫と慢

「漫性」か「慢性」か

「漫然《まんぜん》」か「慢然」か、「放漫《ほうまん》」か「放慢」か(いずれも上が正)、という質問もありました。イメージが似ているために迷いやすいのだと思います。

「漫《まん》」と「慢《まん》」の区別は限定符号《げんていふごう》しかありませんが、この限定符号が厄介《やっかい》なのです。つまり意味を暗示させるかどうかです。

「曼《まん》」の字源《じげん》については第一章(八一ページ)で説明しました。「曼」はベールで顔を覆《おお》って目の前に垂《た》らしている図形で、「だらだらと長く垂れる」というイメージを示す記号になります。

「気分がだらける、おこたる」ということを表すのが「慢」です。「怠慢《たいまん》」の「慢」です。「りっしんべん」が心の意味領域に限定します。「慢性」は心の領域ではありませんが、だらだらと長びくイメージです。

「漫々《まんまん》」というと水の形容語で、水面がだだっ広《ぴろ》いさまです。だから「漫」はまず水の領域から出発しました。水がだらだらとどこまでも延び広がるありさまの図形化だったのです。これが「物事に締《し》まりがない、とりとめがない」という意味に転じたのです。つまり「放漫、漫然」の「漫」です。

基本的には、心がだらだらとだらけるのが「慢」(怠慢、慢性)、水がだだっ広くて締まりのないのが「漫」(放漫、漫然)ということです。

蜜と密

「蜜月」か「密月」か

音《おん》が同じで、形も共通部分があります。こんな場合は限定符号《げんていふごう》が意味領域を識別《しきべつ》するかぎになります。「山」と「虫」では意味領域がだいぶ違《ちが》います。

字源《じげん》から分析《ぶんせき》してみましょう。共通部分の「宓」は「宀(おおい)+必」から成ります。「必」がイメージを示す重要な部分です。「必《ひつ》」の中には「弋《よく》」が含《ふく》まれています。「弋」を右斜《みぎなな》めに見ればわかると思います。「弋」は先がふたまたになった棒の形です。これに「八」(両側からはさむ符号)を合わせたのが「必」です(下図)。棒の両側をぴったりはさみつけている図形でもって、「ぴったり締《し》めつける」というイメージを示す記号とします。したがって「宓《みつ》」

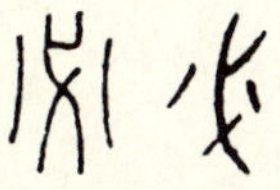

はびっしりすきまなく覆《おお》って閉《と》ざすさまを暗示させます。

以上の分析を経て、まず「密《みつ》」が何を暗示するかを見ます。山が樹木に覆われてびっしり閉ざされているありさまがイメージ化されたといえます。「密林《みつりん》」の「密」はこれです。「秘密《ひみつ》」も内部が閉ざされて外部に知られないことです。

次に「蜜《みつ》」はどんなイメージでしょうか。蜂《はち》が巣《す》の中にびっしり閉《と》じ込《こ》めたものというイメージです。しかし漢字の図形には甘《あま》い液体というイメージが含《ふく》まれておりません。味覚まではとらえきれなかったようです。

「蜜月《みつげつ》」は新婚生活のことです。これは甘いというイメージが濃厚《のうこう》なことばです。二人だけの閉ざされた生活ではありません。実は honey moon の訳語なのです。

矛と予

戦いか、機織りか

「務《む》・霧《む》・矜《きょう》・茅《ぼう》」や「預《よ》・野《や》・序《じょ》・抒《じょ》」など、漢字の構成要素になるとき、「矛」と「予」をよく混乱します。「矛《む》」と「予《よ》」は何が違《ちが》うかを説明しましょう。

「矛」は「ほこ」という武器を描《えが》いた図形です。下図を見てください。上は両刃《りょうば》のほこさき、その下は長い柄《え》です。左右に枝がついています。「丿」は枝を表していたわけです。

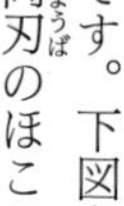

「予」は「ひ」という機織《はたお》りの道具を描きました。下図を見てくだ

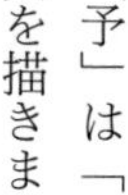

さい。二つの丸い輪の下に糸が出ています。

さてこれを漢字の記号に使うときは、両者はまったくイメージが違います。「矛」は敵を突《つ》く武器ですから、「突き進む」「無理に冒《おか》す」というイメージを表します。例えば「務」は無理に力を尽《つ》くすということを暗示させます。これが「つとめる」ということです。

「予」は縦糸《たていと》の間を移動して横糸を通していく道具だから、「横に伸《の》びる」というイメージを表します。例えば「野」は里《さと》(村や町)から郊外《こうがい》へ伸び出た場所、つまり野原を暗示させます。

「矛」と「予」の違いは音《おん》も絡《から》んでいます。「矛—務—霧」はムの音で共通です(ただし「柔《じゅう》」は例外)。「予《よ》—預《よ》—野《や》」はヨとヤで似ています。「序《じょ》」は違いますが、zyo(ジョ)の中にヨは入っているから関連はあります。

冥と宴

暗いのか、楽しいのか

「冥《めい》」を「うかんむり」に書く人もいます。これは異体字《いたいじ》として辞書に出ていますから誤字ではありません。ただし俗字《ぞくじ》くさいですから書かないほうがよいでしょう。

「冥」は暗いという意味です。これを「冖(おおい)+日+六(丘《おか》の形)」で表しました。いかにも感じが出ています。「冥福《めいふく》」や「冥土《めいど》」の「冥」は「あの世」という意味ですが、暗いことからの派生義《はせいぎ》です。

次に「宴《えん》」の字《じ》源《げん》を述べます。「妟《えん》」は「日＋女」で、休み楽しむさまを暗示させる図形です。「日」は暖かさ、親しみの象《しょう》徴《ちょう》、「女」は男にとっての楽しみの象徴として使われています。それに「宀」（家）を添《そ》えた「宴」は、家の中でくつろぐ場面をイメージ化しました。「落ち着いて楽しむ」というのが本来の意味で、「宴会」は派生義です。宴会も楽しいものだから、そういう意味になったのです。

門と問

「専門」か「専問」か

「専門」の迷いをあげた方はたいへん多くの数に上ります。「専門」と一緒《いっしょ》に「訪問」をあげた方もいます。二つを混乱するようです。学問を専《もっぱ》らにするから「専問」、門を訪ねるから「訪門」ではないかと考えたくなります。しかし「専門」「訪問」が正解なのです。

「専門」がなぜ「門」かを考えてみましょう。「門」にはいろいろの意味があります。学者や宗教家などが門を構え、生徒や弟子《でし》がそこへ集まってくることがあります。このような人たちの集まりを「門」といいます。「門人、同門」の「門」です。

学者や宗教家が教える内容には当然流派、宗派があります。この先生の門では何流、あの宗教家の門では何宗と、それぞれ違《ちが》います。このような教えの系統も「門」といいます。これが「専門」の由来です。「専」は「もっぱらにする」、つまりそれだけ一筋《ひとすじ》にやるという意味です。

ついでに「訪問」は「訪《おとず》れて問う」ことです。「訪《ほう》」は「たずねる」とも読みますが、「尋《たず》ねる」(質問する)とは違います。また、何を問うのかというと、安否《あんぴ》を問うのです。

最後に漢語のシンタックス(語と語を結ぶ法則)からとらえます。「専門」は「門」(部門)を「専《もっぱ》」らにするということで、動詞の後に補足語を付ける構造です。「訪問」は「訪れて、問う」ということで、動詞が二つ並列《へいれつ》された構造です。

冶と治

「陶冶」か「陶治」か

「陶治」と書くのは間違《まちが》いで、正しくは「陶冶《とうや》」です。「鍛冶《かじ》」を「鍛治」と書く誤記もよく目にします。ただし人名や地名には「鍛治」と書いて「かじ」と読ませるのがあるようです。これは自然発生的な誤記なのか、それとも「じ」の音《おん》を発音どおりにするため「治」に変えたのか、よくわかりません。後の場合、「鍛」はなぜ「か」なのかという疑問が起こります。

「かじ」は純日本語です。語源《ごげん》は、かなうち(金打ち)→かぬち→かぢとなったものです。では漢字表記の「鍛冶」は何でしょうか。純粋《じゅんすい》の漢語ではなさそうです。平安時代の人が「鍛鉄《たんてつ》」と「冶金《やきん》」から「鍛冶」を作り、「かじ」と読ませたのではないかと思います。

さて「陶冶」は純漢語です。「陶」は陶

器を焼くこと、「冶《や》」は「冶金」の「冶」で、金属を溶《と》かすことです。陶器と鋳物《いもの》を作ることを比喩《ひゆ》に用いて、人格を練り上げるという意味にしたのが「陶冶」です。

稜と陵 凌と淩

「稜線」か「陵線」か、「凌駕」か「淩駕」か

　山の尾根《おね》を「稜線《りょうせん》」といいます。「陵《りょう》」も丘陵《きゅうりょう》、つまり「おか」という意味があるから、うっかり「陵線」と書きそうですが、間違《まちが》いです。「稜《りょう》」と「陵」の違《ちが》いはどこにあるのでしょうか。

　共通記号の「夌《りょう》」から説明します。上部は「陸《りく》」の右上と同じです。大きく盛《も》り上がった土、つまり山や丘《おか》を示す記号です（下図右）。これと「夊」（「すいにょう」、足をひきずる形）を合わせて、山の背筋を踏《ふ》み越《こ》えるありさまを図形化しました（下図左）。

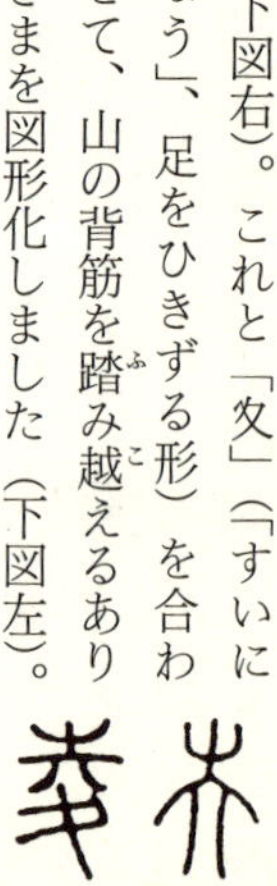

　踏み越えられる山ですからそんなに大きくはありません。「夌」に「阝」（「こざとへん」）をつけたのが丘陵の「陵」（おか）です。また、陵墓《りょうぼ》の「陵」（みささぎ）は、丘のように土を盛り上げた墓です。

　他方、山の背筋は二つの面の頂点ですから、「筋《すじ》をなす」「かどだつ」というイメージがあります。これを「夌」で表します。穀物《こくもつ》の穂《ほ》はとがった形をしているので、「禾」（「のぎへん」、稲《いね》や穀類《こくるい》を示す限定符《げんていふ》号《ごう》）を用い、「とがった角《かど》」を「稜」で表しました。これをまた山の背筋のイメージ

に戻《もど》したことばが「稜線」なのです。ちなみに函館《はこだて》の五稜郭《ごりょうかく》は五つのとがった角（五つ星）のある城郭《じょうかく》でした。

　さて「陵」は「おか」という意味ですが、踏み越えるというイメージがあるため、別の意味が派生《はせい》しました。力ずくで踏み越える、踏みにじるという意味です。「陵駕《りょうが》、陵辱《りょうじょく》」の「陵」はこれです。しかし普通《ふつう》は「凌駕《りょうが》、凌辱《りょうじょく》」を使っています。「凌《りょう》」は氷の筋が張る、筋が張った氷という意味でしたが、現在ではこの意味では使われず、もっぱら「凌駕、凌辱」という使い方をします。「凌」の訓《くん》は「しのぐ」（乗《の》り越《こ》える、上に出る）です。なお、「淩《りょう》」は「（激流が岸に）乗り上げる」という意味で、めったに使うことはありません。

寮と僚と療

「寮母」か「僚母」か、「治寮」か「治療」か

「寮《りょう》」と「僚《りょう》」と「療《りょう》」の三字が混乱するようです。限定符号《げんていふごう》で区別するしかありません。

「尞《りょう》」の字源《じげん》は難しいですが、焚《た》き火《び》の図形（下図）です。火の粉《こ》が空中に次々に飛び散るので、「散らばる」「次々に連なる」というイメージを示す記号に用います。

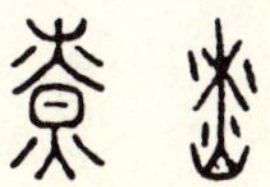

昔、図書寮《ずしょりょう》とか大学寮《だいがくりょう》などという役所がありました。役所というものは役人がたくさんいて、部屋が連なっている建物です。だから「尞」に「宀」（「うかんむり」）、家を示す限定符号）を添《そ》えて、役所を表しま

した。学生の寄宿舎も部屋が連なっている建物ですから、やはり「寮」というわけです。寮生の世話をする小母《おば》さんが「寮母《りょうぼ》」です。

役所に限らず、職場でたくさんの仲間が働いています。同列に連なっている仲間を「僚」で表すのです。「同僚《どうりょう》」の「僚」です。「にんべん」はいうまでもないでしょう。もし会社の仲間たちを世話する小母さんがいるなら「僚母」でしょうが、こんなことばはありません。

病気と関係がある場合は「疒」（「やまいだれ」）という限定符号を用います。病気にはいろいろな在《あ》り方が予想されます。しこりや痛みを散らすことが「治療《ちりょう》」になることもあるでしょう。そこで「尞」の「散らばる」というイメージを利用します。こうして「療」（病気をいやす、治す）が生まれたのです。

第三章の「療《りょう》」の項《こう》（四一六ページ）も参照してください。

緑と録と縁

植物、糸、金属との縁

「緑《りょく》」と「縁《えん》」は非常に紛《まぎ》らわしい形です。字源《じげん》から違《ちが》いを探《さぐ》ります。

「緑」のつくり（右側の要素）は「剥《はく》」（はぐ）の左側と同じで、植物と縁《えん》があります。木の皮を剥《は》いで屑《くず》がぽろぽろと落ちる図形（下図）です。「表面を剥ぎ取る」というイメージを示す記号に用います。

前に色の名は具体的なものを通して表すことが多いと述べました。「みどり」は植物系に多い色です。そこで、木や竹の剥いだ皮をもってきたのです。「いとへん」は糸を染《そ》めることと関係がある場合につける限定符号《げんていふごう》です（一五八ページの「紫《し》と柴《さい》」の項《こう》を参照してください）。

次に「録《ろく》」を説明します。古代中国では、文字を書く材料としていろいろなものが使われました。亀《かめ》の甲羅《こうら》や牛の骨がありました。ここに書かれた漢字は「甲骨文字《こうこつもじ》」と呼ばれます。ついで青銅器が現れました。ここに書いた文字は「金文《きんぶん》」あるいは「金石文字《きんせきもじ》」と呼ばれます。金属の表面を剥いだり削《けず》ったりして文字を彫《ほ》り込《こ》んだのです。「録」はこういう時代に生まれた漢字です。後世は、材料に関係なく、書き記すことを「録」といったのです。

さて「縁《えん》」のつくりは動物と縁があります。「縁」のつくりの以前の字体《じたい》は「彖」でした。下に「豕」（ブタ）が含《ふく》まれているのにご注意ください。

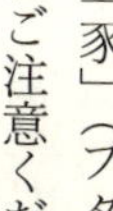

上の「彑」は頭を強調しています。それで、ずっしりと太ったブタを暗示しています。イメージとしては「垂《た》れ下がる」というイメージです。これに「糸」を添《そ》えて、衣服のへりに垂れ下がる飾《かざ》り（フリル）を表しました。ただし意味としては、衣服という具体は捨象《しゃしょう》して、単に「へり」や「ふち」です。

冷と泠

氷か水か

「冷《つめ》たい」は水と縁《えん》があります。しかしもちろん水だけとは限りません。漢字を作った人はいちばん冷たいものは氷だと考えて「冫」（「にすい」）を選んだのです。「冫」は氷と関係があることを示す限定符号《げんていふごう》です。

「令」は「令名《れいめい》」や「令嬢《れいじょう》」の「令」にも見られるように、「清らかで澄《す》み切っている」というイメージがあります。このイメージを玉《たま》や金属と関係のある領域に限定したのが「玲《れい》」（玉の澄んだ音《おと》）、「鈴《れい》」（澄んだ音色《ねいろ》を出す金属、つまり「すず」）です。水の領域に限定したのが「泠《れい》」（清らか）ですが、めったに使われません。

さて氷の領域に限定すると「冷《れい》」（つめたい）ですが、これらのイメージと切れた感じがします。しかしよく考えてみると切れたわけではありません。人の心理では、清らかで澄み切っているというイメージは「つめたい」というイメージにつながります。清らかな音色が涼《すず》しい感じを与えるのと似ています。

歴と暦

「履歴書」か「履暦書」か

「歴《れき》」と「暦《れき》」の違《ちが》いは限定符号《げんていふごう》に着目します。

「暦」の下部は平たい「曰」ですが、「日」（「ひへん」）と同じです。問題は「止」です。「とめへん」と呼んでいますが、「とめる」とは何の関係もありません。「止」は足を表す形で、限定符号としては「足」や「歩行」と関係があることを示します。

以上は基礎《きそ》知識です。次にイメージ記号（正確にいうと、音とイメージを示す記号）に移ります。共通項《こう》の字はもとは「厤《れき》」と書きました。「厂」（屋根《やね》）と二つの「禾」（稲《いね》）に分析《ぶんせき》できます。屋根の下で稲束《いなたば》を並べる場面を想定した図形です（下図）。これによって、「順序よく並べる」ことを示す記号とします。

次は意味です。まず「歴」は足の動作です。ある地点へ行く際、Aのポイント、Bのポイント、Cのポイントというぐあいに、きちんと順をおっていくことを表すのが「歴」です。この行き方を人生にたとえると、何年何月に入学、卒業、就職といったぐあいに人生のコースを順にたどることを「経歴《けいれき》、履歴《りれき》」というのです。

次に「暦」はどうでしょうか。「ひへん」は日時と関係があることを示す限定符号です。一日、二日、三日……というぐあいに順序よく進行する日付《ひづけ》を並べたもの、つまりカレンダーが「暦」です。

このように空間（足）と関係あるのが「歴」、時間（日）と関係あるのが「暦」という違いがはっきりしました。「履歴書《りれきしょ》」の「歴」も「歴史《れきし》」の「歴」も、年月に関係があるから「暦」ではないかと錯覚《さっかく》しそうですが、どちらも経歴するものだから

「歴」が正しいのです。

烈と裂

「激烈」か「激裂」か

「裂帛《れっぱく》の気合《きあい》」ということばがあります。激しい掛《か》け声《ごえ》ですから、つい「烈帛」と書きたくなります。反対に、地震《じしん》の「烈震《れっしん》」は地面が裂《さ》けますから「裂震」と書きたくなりますが、間違《まちが》いです。「烈《れつ》」と「裂《れつ》」は似たイメージがあるようです。しかし意味は「烈」が「はげしい」、「裂」が「さける」で、判然と違《ちが》います。「激烈、烈震」は前者の使い方、「裂帛」は後者の使い方です。

　字源《じげん》から違いを説明しましょう。「列《れつ》」の左側は切り取った骨です（下段の図右）。「死《し》」や「残《ざん》」などに含《ふく》まれています。右側は「りっとう」で「刀」の変形です。この二つの符号《ふごう》を合わせて、骨をばらばらにするありさまを暗示させます（図左）。ばらばら殺人ではありません。動物などの解体の場面を図形化したものです。

　漢字の構成要素に利用するときは、「列」は「ばらばらに分かれる」というイメージを示す記号とします。このイメージを「火」の領域に限定したのが「烈」です。「灬」は「れんが（連火）」、または「れっか（列火）」といい、火と関係があることを示す限定符号《げんていふごう》です。火花がばらばらに飛び散る情景が浮《う》かびます。「烈」でもって「勢いが強く、はげしい」ことを表すのです。

次は「衣《ころも》」に限定します。そうすると、衣をばらばらに引《ひ》き裂《さ》く情景が浮かびます。「引き裂く」という意味を「裂」で表しました。

限定符号は意味を表象《ひょうしょう》するために具体的な場面を設定したものですが、意味に含まれるとは限りません。しかし字体《じたい》を想起するには、具体的な場面にもう一度戻すのが有効です。ということで、火が激しく飛び散るのが「烈」、衣を引き裂くのが「裂」と覚えれば、へん違いが直ると思います。

隈と隅

「界隈」か「界隅」か

「くま」と「すみ」、意味と字形《じけい》が似ているから混乱しそうです。「界隈《かいわい》」と書くところを間違《まちが》って「界隅」と書いた誤記も見かけます。しかし音《おん》はワイとグウでまったく違《ちが》います。

「隈《わい》」は山や丘《おか》の周辺に川が入り込《こ》んでへこんだところです。字源《じげん》については第三章の「隈」の項《こう》（四二三ページ）をご覧ください。

「隅《ぐう》」のつくりである「禺《ぐう》」は「偶と遇《ぐう》」の項（一三八ページ）で述べたとおり、「二つのものが並ぶ」というイメージを示す記号です。「阝」（「こざとへん」）は盛《も》り土《ど》、段々、丘、山などを示す限定符号《げんていふごう》です。二つの山が出会って「へ」の形になったところを「隅」で表します。

「隈」は「くま」、「隅」は「すみ」ですが、違いは微妙《びみょう》です。

第三章　どこか変だと思いつつ、間違《まちが》えてしまう漢字

漢字は字体《じたい》の観念が大切であるということを繰《く》り返《かえ》し述べてきました。字体の観念というのは頭の中にあるものです。つまり、「犬《けん》」は「大《だい》」の右肩《みぎかた》に点を打つ形といったものです。これは学習によって頭の中にインプットされています。あやふやなら辞書などと照合し、正しい字体に修正したり、また再構築したりします。

前にも述べましたが、最近、字体の観念に危機が訪《おとず》れています。

一つの原因は、パソコンあるいはワープロの普及《ふきゅう》です。私もワープロを使っていますが、漢字の度忘れがひどくなってきました。手で書こうとすると、出てこないのです。頭の中にインプットされるべき情報を、ワープロに肩代《かたが》わりさせているせいかもしれません。機械文明にちょっと不吉《ふきつ》なものを感じます。

もう一つは世間における字体の混乱です。一つの原因は国の国語政策です。現在の漢字の字体をどうするか、将来はどうするかという大政策がありません。現在の字体というと常用《じょうよう》漢字や人名用漢字などですが、不統一なところがあります。「保《ほ》」と「褒《ほう》」を見てください。「保」では「木」、「褒」では「ホ」になっています。これは字体の問題ではなく、許容の字形かもしれませんが、わざわざ違《ちが》った形を定めたのが不思議です。些細《ささい》なことに目くじらを立てるようですが、小さな不統一でも字体の混乱を招くのです。これが字体の観念に悪影響を及《およ》ぼすのはいうまでもありません。

国に将来を見通した大政策がないため、字体の混乱に拍車《はくしゃ》をかける事態が起こっています。JIS漢字の登場です。これはコンピューター用に民間で定めた漢字の字体です。問題は表外字《ひょうがいじ》（常用漢字表にない字）の字体です。常用漢字の字体にならって改めてしまいました。例《たと》えば「鷗」を「鴎」に、「葛」を「葛」にしています。要するに常用漢字の垣根《かきね》を取り払《はら》ったわけです。JIS漢字制定者が国の政策を代行しようとする意図がわからないではありません。しかし完全な字体の統一があるかというと、それがないのです。例えば「嘔」や「謳」はそのままです。全体的に字体が不統一の感は否《いな》めません。

常用漢字の垣根を取り払った結果、ますます字体の混乱を助長《じょちょう》しているといわざるをえません。国が将来の国語政策を早く打ち出す必要がありそうです。

字体の観念の混乱は個人に責任があることはいうまでもありません。しかし右の二つの要因もそれに影響《えいきょう》を与えていると思います。本文にあげた誤字を見ると、そういうところに根源をもつものが、実際いくつもあるのです。

常用漢字表の悪口をいいましたが、現代日本の最終的な字体のよりどころは常用漢字表であることはいうまでもありません。常用漢字が正字《せいじ》なのです。しかし先にもいいましたように、これが誤字を生み出す要因にもなるのです。誤字の判定は難しいのですが、中国の『康熙字典《こうきじてん》』などをよりどころにしました。字体の確定には字源《じげん》的な解剖《かいぼう》が欠かせません。その際は篆書《てんしょ》にさかのぼります。必要に応じてさらに古い字体にさかのぼります。

字源・語源《ごげん》というと従来はお遊びの感がありました。漢和辞典の付録のようなものです。しかし字体が混乱し、字体の観念が怪《あや》しくなると、どうしても歴史をたどらざるをえません。意図はもちろん字体の由来を突《つ》き止めることで、古い字体の復活をもくろむものではありません。実用的な目的としては誤字を正すことですが、将来の字体の統一のための資料にするという意味もあります。

第三章ではなるべく数多くの誤字をとりあげました。

哀か哀か

「衣」の中に「口」を入れる

この誤字（上の字）は何かと混乱していますね。次を見てください。

懐（旧字体《きゅうじたい》）→懐（新字体）
壊（旧字体）→壊（新字体）

この二字のつくり（右側の要素）は「衣」の「亠」と「𧘇」の間に符号《ふごう》が入る形でしたが、常用漢字《じょうよう》の新字体では「衣」が下部に移動しています。しかしほかにこんな例はありません。「哀」は「衣」の中に「口」を入れた形です。

「口」の中に横棒を引いてしまうという方もいましたが、これは「衰《すい》」（おとろえる）という別の字になります。第二章の「哀と衰」の項《こう》（二一五ページ）を参照してください。

愛か愛か愛か

ふらふらと、あてどなくぶらつくありさま

「愛《あい》」が正解です。

「愛」の下部を「又」と書くのは「受」との混乱ですね。「又」ではなくて「夂」です。古い時代には「夊」だったのですが、楷書《かいしょ》の段階ですでに「夂」とこんがらがってしまいました。

「夊」は足をひきずる形です。愛することが足と何の関係があるのかと不審《ふしん》に思われるかもしれません。古代漢語のaiは「切《せつ》ない気持ち」という意味をもつことばです。切なくて胸《むね》がいっぱいになり、ふらふ

らと、あてどなくぶらつくありさまを図形化したのが「愛」という字です。人を愛するときの気分はまさにこんなものではないでしょうか。

　話が前後しますが、「心」と「夂」を除いた上の部分を説明しておきましょう。これは「旡《き》」が変わった形です。「既《き》」の右側にもあります。あまりの変貌《へんぼう》になかなか気がつきません。しかし「旡」は重要な記号です。「既」は食べ物の前でお腹《なか》がいっぱいになり、げっぷをしている図形（下図）です。「いっぱいになる」というイメージを表すのが「旡」という記号でした。右で「胸がいっぱいになる」と説明したのはこの記号があるためです。それにしても食事

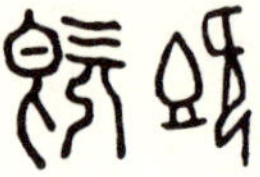

の場面から「愛」を表象《ひょうしょう》する記号を連想するとは中国人らしいと思いませんか。

　三字目の「愛」は「心」と「必」を混同した誤字です。

庵か庵か 俺か俺か

点々をつけるかつけないか、突き出るか出ないか

「庵《あん》」（いおり）と「俺《えん》」（おれ）には同じような質問が寄せられています。まとめると、問題は二つです。

①「大」の両脇《りょうわき》に点々をつけるかどうか。

②「电」の上部が突《つ》き出るかどうか。

　①は「療《りょう》」などとの混乱でしょう。②は「電《でん》」や「竜《りゅう》」の下部と紛《まぎ》れるのでしょう。以上から、「庵」と「俺」は誤字です。

字源《じげん》から説明します。「奄《えん》」の「电」は実は「申《しん》」と同じです。だから上が突き出るのです。「大（覆《おお》いの形）＋申（伸《の》びる意）」を合わせ、伸びようとするものに蓋《ふた》をかぶせて覆う様子を示す図形が「奄」です。そこから、「覆いかぶせる」というイメージを表す記号とします。だから「庵」というのは、わらなどをかぶせた小屋という意味になります。ただし「俺」の場合は単に音《おん》を示すだけで、そんなイメージとは関係ありません。

医か医か

病に関係するのは「矢」か「失」か

病気を表す漢字で「矢《や》」と関係のあるものがあります。例えば「疾《しっ》」はそうです。「矢」によって病気を象徴《しょうちょう》しています。また「傷《しょう》」（きず）という字のつくりの「𠂉」は「矢」の省略形です。

ヨーロッパには「キューピッドの矢」というのがあります。これに当たると恋の病を発するといわれています。またギリシアでは矢は病気の象徴になると聞いています。病気と矢に関して、西欧人《せいおうじん》の発想も、漢字を作った中国人の発想も、共通点があるようです。

「医」の中に含《ふく》まれる符号《ふごう》も「矢」です。ただし直接的に矢と関係があるわけではありません。字源《じげん》を見てみましょう。

「医」の旧字体《きゅうじたい》は「醫」です。上部の「殹」は「医＋殳」の組み合わせです。「医」は「匚」（はこ）＋矢」で、矢をしまう箱を示す図形です。動作を表す符号の「殳」（「ほこづくり」「るまた」）をつけた「殹」は、覆《おお》いをかぶせて隠《かく》すという動作を示す記号です。だから「矢」の意味は消えてしまいました。「陰翳《いんえい》」の「翳」（おおう、かげ）という字を見れば、「覆いをかぶせる」というイメージがあるのがよくわかります。

「覆いをかぶせる」というイメージが医療《いりょう》の「医」とどんな関係があるかといいますと、「醫」はもともと薬用酒のことだったのです。生薬《しょうやく》を長い間酒壺《さかつぼ》の中にひたしておいたものです。ここで「覆いをかぶせる」というイメージがあるのがおわかりでしょう。

『黄帝内経素問《こうていだいけいそもん》』という中国医学の古典に最初の薬として酒が出ています。ここから、医療の「医」、さらに医者の「医」の意味が派生《はせい》したのです。

伊か伊か

「ヨ」と「⺕」の法則

「伊《い》」が正解です。

「ヨ」になるか「⺕」になるかの法則があります。第一章の「帰《き》」の項《こう》（五六ページ）をご覧ください。

「伊尹《いいん》」は中国の賢人《けんじん》の名前で、「伊」は現在は主として固有名詞に使われます。

「尹」は「君《くん》」（二七七ページ）の基本的イメージをなす記号です。

陰か陰か

ほかにはない唯一のつくり

二字目の「陰《いん》」が正解です。「陰」は横棒が一本足りません。

「陰」の構造をしっかりとらえてください。「陰」のつくりと同じ形をもつ字はほかにありません。この字独特の要素です。どういう構造かといいますと、「今＋云」の組み合わせです。「今《きん》」は「吟《ぎん》・含《がん》・念《ねん》・金《きん》・琴《きん》」などいろんな漢字の構成要素になります。下のものに蓋《ふた》をかぶせる図形で、「中に閉《と》じ込《こ》める」というイメージを表す記号として使われます。「云《うん》」は「雲《うん》」の下部と同じで、雲《くも》の象形文字《しょうけいもじ》です（下図）。「今」と「云」を合わせて、雲がかぶさって光を閉じ込めることを表します。

山の北側が日当たりが悪いのはどこでも同じです。だから「阝」（「こざとへん」）、山や丘《おか》を限定する符号《ふごう》）をつけた「陰」は山の北側を意味するのです。ちなみに山の南側は「陽」です。漢字を見ておわかりのように、「陽」には「日」があります。これに対し、「陰」には「云」（雲）があると覚えておけば誤字は防げます。

亐か亏か

書道で見られる字形

「于《う》」は漢字の構成要素になりますが、字によっていろんな形をとります。

①「于」……宇《う》・芋《う》・迂《う》・紆《う》
②「亐」……汚《お》
③「亏」……夸《こ》・誇《こ》・胯《こ》・袴《こ》

「亏」は「一＋丂（つかえて曲がる）」の

組み合わせで、『冖』型または『冖』型に曲がる」ということを表す記号です。「宇宙」の「宇」はまさに「冖」の形をした大空のことです。

字源《じげん》的に見ると③がいちばん古いわけです。だから「宇」の書き方が由緒《ゆいしょ》正しいということになります。

書道では「宇」の字形《じけい》も見られるようです。しかし現在は「宇」を正字《せいじ》としますので、それに従うべきであることはいうまでもありません。

鬱か鬱か　俗字は覚える必要なし

この字は難物《なんぶつ》中の難物ですね。あまり使わない字は難物ならほうっておけばいいのですが、「鬱《うつ》」（これが正解です）はよく使うのでほうっておけない字です。しかし書くのは一苦労《ひとくろう》です。

アンケートでは、「なまじ俗字《ぞくじ》の欝も覚えたため、欝と書いたり、鬱と書いたりする」という回答もありました。後の二つもたぶん俗字でしょう。

辞書に出ているのは「鬱」ですが、異体《いたい》字《じ》がたくさんあります。三つの部分に分解すると、次の要素が見出されます。

①上部……「𣡕」「𣡕」「𦥑」
②中部……「冖」「皿」
③下部……「𩰪」「肘」「尌」

これらの組み合わせが異体字ですが、すべてが異体字であるはずはありません。しかしどれが誤字か判別するのはお手上げです。

「凵」の中は「㐅」でも「必」でもありません。ましてや「米」でも「※」（米印《こめじるし》）でもありません。「鬯《ちょう》」という部首《ぶしゅ》があります。「鹵《ろ》」（「石鹼《せっけん》」の「鹼」や「塩」の旧《きゅう》字体《じたい》の「鹽」に含《ふく》まれる）の内部とも似ています。筆順は「メ」を書いて四つの点を左、上、下、右の順に打ちます。

　俗字を覚える必要はありません。正字《せいじ》をマスターしてください。字の構造はこうです。上は「林」の間に「缶」（ほとぎ、土器）があります。中は「冖」（おおい）です。下は「鬯」（においざけ。香草《こうそう》をひたした酒）と「彡」（気体が漂《ただよ》うさま）です。全体を組み立てると、森の中のかめの中に酒気《しゅき》の香《かお》りがたちこめるありさまです。こんな具体的な場面を設定して、「いっぱいにこもる」という抽象的《ちゅうしょう》な意味を表すのです。「鬱陶《うっとう》しい」も「憂鬱《ゆううつ》」も「鬱血《うっけつ》」も「鬱病《うつびょう》」も何かが中にこもる状態です。

　酒の香りはいいものですが、憂鬱、鬱病などはあまりいいイメージではありません。実体はどうでもよく、「こもる」という作用が重要なのです。

栄か栄か

丸く輪をなして取り巻く

「栄《えい》」が正解です。「ツ」と「⺍」の違いについては、第一章（八八ページ）をご覧ください。

「栄」は「さかえる」という意味です。旧字《きゅうじ》「ツ」の形では字源《じげん》がわかりません。

体《たい》の「榮」に戻《もど》してみましょう。「𤇾」は火が取り巻いた形です。松明《たいまつ》をかかげて丸く取り巻く情景を図形化したものです。これによって「丸く輪をなして取り巻く」というイメージを示す符号《ふごう》とします。「螢《ほたる》」（「蛍」の旧字体）には「火の輪をなして丸く取り巻く」というイメージが生きています。

「榮」には「はな」という意味もありました。花にもいろいろありますが「榮」は一《いち》輪《りん》で咲く花ではなく、木の周り全体を取り巻いて咲く花です。サクラなどのような花です。「さかえる」のイメージにぴったりです。

越か越か越か

「はね返る」がポイント

「戊《ぼ》・戉《えつ》・戍《じゅ》・戌《じゅつ》」は何とも紛《まぎ》らわしい字です。これに「成《せい》」を加えてもよいでしょう。

「戊」と「成」のほかは象形文字《しょうけいもじ》です。すべて武器の図形です。微妙《びみょう》な違《ちが》いは何なんでしょう。「戉《えつ》」は左下をはねています。刃《は》が大きくそり返ったまさかり（鉞《えつ》）の図形（下図）なのです。

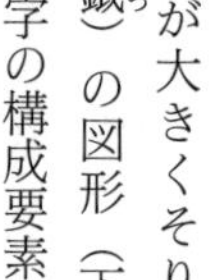

漢字の構成要素になるときは実体はどうでもよくて、「はね返る」というイメージだけが重要になります。正解は「越《えつ》」で、弾力をつけてはね返って、物の

上を跳《と》びこえることを表すのです。

「戉」の中に点をつけてしまうのは（一字目）、「戍」の影響でしょうか。

誤字の中には「成」との混乱もあります（三字目）。「そうにょう」（走）に「戉」を書くという人もいました。

「戉」の中に「人」を書くという奇《き》抜《ばつ》な誤字もありました（四字目）。

「越」の覚え方は「戉」の左下が鉞《まさかり》のように「はね返る」形ということです。

遠か遠か

下ははねか否か

字源《じげん》から見ると「袁《えん》」には「衣」の一部が含《ふく》まれていました。飾《かざ》りのついた衣の形の中に「〇」の印を入れた図形です。だから「袁」の下部は「衣」の下部と同じようにはねるのが正形《せいけい》でした。しかし「遠《えん》」と「園《えん》」は昔からはねない形が通行しています。これは『康熙字典《こうきじてん》』でも同じです。当《とう》用《よう》漢字（常用《じょうよう》漢字の前身）もこの字体《じたい》を採用しています。

ところが常用漢字表で「猿《えん》」が新《あら》たに入りました。この字（次項《じこう》）のつくりを見てください。下ははねの「袁」になっています。実は『康熙字典』でもそうです。しかし字体が不統一なのは混乱のもとです。「環《かん》」と「還《かん》」についても同様の事情があります。これらの字のつくりは字源的に「袁」を下部に含んでいます。しかし常用漢字表では「遠・園」と同様に下はねではありません。ところが奇妙《きみょう》なことに『康熙字典』では「環」は下はね、「還」は下はねでないというぐあいに、ばらばらです。これを考慮《こうりょ》したのか、「環」については、常用漢字表の序文の許容《きょよう》字体として、下はねの字体が出ています。

しかし「遠」や「園」については下をはねてよいという指示はありません。したがって下はねの「遠」は誤字ということになります。

猿か猿か

二本足か一本足か

「けものへん」は「犬」の字の変形です。「犬」がへん（左側の要素）になるとき、「犭」の形をとります。隷書《れいしょ》や楷書《かいしょ》で、書きやすいように崩《くず》したわけです。しかし崩しすぎた感じはしますね。

「犭」に書いてしまう誤字は、「豕」（「いのこへん」）や「豸」（「むじなへん」）と紛《まぎ》れたのでしょう。第一章の「懇《こん》」の項《こう》（五〇ページ）で「豕」と「豸」の区別の仕方を述べました。「豕」は足が四本、「豸」は足が二本ということでした。「犬」は古代文字では二本の足になっていますが、「犭」では一本足になってしまいました。

押か抻か

すきまなく覆いかぶせる図形

まず「甲《こう》」と「申《しん》」は音《おん》が違《ちが》います。「押」は「押収《おうしゅう》、押印《おういん》」など「オウ」ですから、「甲」と類似《るいじ》の音なのです。「甲」の古い音は kap（カプ→カフ→コウ）でした。語頭子音《しいん》が落ちると「押」の音 ap（アフ→オウ）になります。

字源《じげん》を見てみましょう。「甲」は中の物を周囲からすきまなく覆《おお》いかぶせる図形（下図）です。亀《かめ》などの甲羅《こうら》にしろ、装甲車《そうこうしゃ》にしろ、覆い状のものがすきまなくかぶさっています。「よろい」もそうなので、「甲」はよろいという意味にも使います（「かぶと」と読むのは国訓《こっくん》です）。他《た》の字の構成要素になるときは、「表面にかぶせる」というイメージを表す記号とします。「甲」に「てへん」をつけた「押《おう》」が正解で、手でかぶせておしつけることです。

以上からもおわかりのように、「甲」は「口」の形からできていて、縦棒が上に突《つ》き出ないのです。

一方、「申」はいなずまの象形文字《しょうけいもじ》ですが、「伸《の》びる」ことを表す記号です。伸びるわけだから、中の棒は上下に突き出ます。

桜か桜か

赤ちゃんとの関係

「桜《おう》」が正解です。「ツ」の由来《ゆらい》は前にも述べました（八八ページ）。同じ形が二つ並んでいる複雑なかたまりを「ツ」に略したのです。「桜」の旧字体《きゅうじたい》は「櫻」です。「貝」が二つ並んでいます。それを「ツ」に簡略化してしまいました。「貝」が二つ並んでいる形はほかに「嬰《えい》・瓔《よう》・纓《えい》・罌《おう》・嚶《おう》・鸚《おう》」などがありますが、常用漢字《じょうようかんじ》ではありません。常用漢字では「桜」だけです。

次に「⺥」の由来ですが、三通りあります。

①「爪」の変形……受《じゅ》・授《じゅ》・妥《だ》・爵《しゃく》・採《さい》・菜《さい》・彩《さい》・援《えん》・緩《かん》・媛《えん》・渓《けい》・鶏《けい》・浮《ふ》・乳《にゅう》・隠《いん》・穏《おん》・瞬《しゅん》・稲《とう》
②「夕」の略形……揺《よう》・謡《よう》・将《しょう》
③その他……愛《あい》

二字目の誤字は、「妥《だ》」の影響でしょう。「妥」は①の場合で、「爪（下向きの手）＋女」の組み合わせです。女をおさえて落ち着かせる図形でもって、「じっと落ち着く」というイメージを表します。「妥《だ》結《けつ》、妥協《だきょう》」の「妥」です。

さて「桜」のもとの意味はサクランボ（シナミザクラ）でした。実が赤ちゃんの唇《くちびる》のように赤くて可愛《かわい》いので「嬰」（嬰児《えいじ》、赤ちゃん）の記号を利用するです。二つ並ぶ「貝」が「ツ」となりました。

奥か奧か奥か

間違いとは言い切れない

「奥《おう》」が正解です。篆書《てんしょ》から楷書《かいしょ》になるとき、字形《じけい》が大きく変わることがあります。「奥」もその一つです。「冂」は実は「宀」（「うかんむり」）と同じなのです。「うかんむり」の字は楷書で「宀」と浅く書きますが、「奥」は深く書くのです。奥深《おくふか》いという意味だからでしょうか。

「米」は「釆」（米をまく形）を略したものです。

問題は「大」です。これは両手の形ですが、両手の形が「大」になるのは「換《かん》」や「遷《せん》」などの例があります。しかし普通《ふつう》は「廾」と書き、「共《きょう》・興《こう》・具《ぐ》」などの下部はその変形です。

このように「奥」は「宀（屋根）＋釆＋廾（両手）」を組み合わせた図形（下図）だったのです。そうすると、「奧」（奧）も間違《まちが》いとは言い切れません。

実際、昔の書道の字形を見るとたいていそれになっています。

しかし『康熙字典《こうきじてん》』などは「大」を正式としています。そして「奥」を「大」の部《ぶ》首《しゅ》に配列しました。常用《じょうよう》漢字の字体《じたい》ももちろん「奥」です。これを基準とすればほかは誤字となります。

果か果か

つけるのか離すのか

「果《か》」が正解です。

「果」の下部は「木」です。「木」の書き方に二つの問題点があります。①中の縦棒の下端《かたん》をはねてもよいのか、②「八」のように離《はな》してもよいのか。結論だけをいいますと、①だけが許容《きょよう》されています。

「木」を含《ふく》む字で、書道では②のように書くのもあるにはあります。実は「果」もそうです。「保《ほ》」もそれが普通《ふつう》です。常用《じょうよう》漢字の序文にも「保」の右下を離す形が許容字体《じたい》としてあげられています。

ここで、「保」の場合だけ②が許容されている理由を考えてみます。「保」の右下は「木」ではありませんでした。「呆《ほう》」の字源《じげん》は赤ちゃんにおむつを当てている図形で（下図）、「子＋八」に分析《ぶんせき》できます。だから昔は「保」の右下を離して書くのが普通だったという事情があります。

しかし、「𠆢」は根《ね》の形ですから、「木」はやはりつけて書くのが本当なんです。

華か華か
誤字から正字に

正しくは「華《か》」です。この字は複雑な構造をしています。これは三つの要素からできています。旧字体《きゅうじたい》は「華」でした。それ以前は下図のような形でした。

上は「くさかんむり」です。中は「𠂹」で、これは「垂《すい》」という字に含《ふく》まれています。前にも説明しましたが、「垂」はこれに「土」がついた形です（三六ページ）。そういえば「華」と「垂」は似たところがあります。

下部は「亏」です。これは「于《う》」と同じです（二三九ページの「宇《う》」の項《こう》を見てください）。ところが隷書《れいしょ》と楷書《かいしょ》では「于」の下をはねなかったのです。「于」を「干」とするのはよくある誤字です。そうすると「華」も誤字から生まれたことになります。それから千年たって、だれも気づかないいま、堂々たる正字《せいじ》になっています。

暇か暇か暇か
もとがへんてこだから間違える

「暇《か》」のつくりはへんてこな形ですが、これが正解です（二字目）。「仮《か》」の旧字体《きゅうじたい》「假」にも含《ふく》まれていました。当用《とうよう》漢字（常用《じょうよう》漢字の前身）で「假」を「仮」に簡略化しましたが、「暇」はそのままだったのです。この不統一のために子孫たちが泣かされています。

字源《じげん》から説明しましょう。「叚《か》」の左側は「厂（垂れた布の形）＋二（並べる印《しるし》）」の組み合わせです。右側は「ヨ（コは変形）＋又」で、二つの手です。要するに、両手で仮面をかぶる場面を図形化したのが「叚」（下図）です。そこで、「かぶる」とか、「隠《かく》して見せない」というイメージを表す記号とします。

身を隠して仕事に行かない時間というのが「休暇《きゅうか》」の「暇」なのです。まるで不登校ならぬ出社拒否《きょひ》のような話から生まれた漢字です。

これで「ひへん」（日や時と関係があることを示す限定符号《げんていふごう》）がつく理由もおわかりでしょう。「めへん」ではありません。

ちなみに、かすみがかかると物が隠れて見えなくなります。それで、「雨（気象を示す限定符号）＋叚（「隠して見せない」のイメージ）」で、「霞《か》」（かすみ）と書くのです。

寡《か》寡《か》寡《か》

専門家もてこずる字

この字は私もてこずります。書くのが嫌《きら》いな字の一つです。というのは字源《じげん》とぴったりしない書き方をするからです。

下の篆書《てんしょ》を見ると、字源は「宀＋頁＋分」なんですね。楷書《かいしょ》では、「頁」の「八」が「一」に変わって、「目」の下にくっついて、長い一線になっています。これと似た例に「憂《ゆう》」があります（この場合は「一」ではなく「冖」になっていますが）。

ここまでは我慢《がまん》するとして、「分」が変です。「八」が上の一線にくっついて、「刀」が分離《ぶんり》されたような感じです。「寡」の下部《かぶ》が「分」だとは気づかない人が多いのではないでしょうか。「分」の上は「人」ではないのです（第一章の六二ページを参照してください）。また、「力」は間違《まちが》いで、「刀」が正解です。「分」と関連づければ間違いは防げます。ということで、正解は「寡《か》」（二字目）です。

さて、字源上「分」でなければならない理由ですが、「分」は分散する、ばらばらになるというイメージがあります。「衆寡《しゅうか》敵《てき》せず」（人数に差があり勝ち目がないこと）の「寡」は「数が少ない」という意味です。では「頁」は何かというと、頭です。頭がばらばらになる？　殺人事件ではありません。頭数《あたまかず》が少なくなるということです。

戒か戒か戒か

「ノ」がつくかつかないか

「弋《よく》」と「戈《か》」は間違《まちが》いやすい形です。「弋」は先がふたまたになった道具の図形

（左図右より一、二番目）です。「いぐるみ」という狩猟《しゅりょう》用具です。ふたまたの右側の部分が楷書《かいしょ》では点になって残りました。

「戈」は両刃《りょうば》の身に長い柄《え》のついた「ほこ」の図形（下図三、四番目）です。両刃の右側の刃が点になり、柄が「ノ」になりました。

「警戒《けいかい》」の「戒」は武器を取って用心することです。「廾」は両手の形。取るものは？「いぐるみ」ではなく、もちろん武器です。だから「戈＋廾」の組み合わせとなり（下図五番目）、この項《こう》の正解は「戒《かい》」（二字目）です。

「戒」は「廾」の代わりに「开」と書いています。これは「開《かい》」に含《ふく》まれる形です。

「开」は「一（横棒）＋廾（両手）」で、両手で門のかんぬきを開ける様子の図形が「開」です。「戒」の場合にはかんぬきは必要ありません。

拐か拐か

問題をはらんだ字

正解は「拐」ですが、この字は以前の当《とう》用《よう》漢字にはなく、常用《じょうよう》漢字表に新たに入った字です。この表を制定したとき、字体《じたい》については慎重《しんちょう》に検討したはずですが、「拐」は問題をはらんでいます。本章の二四三ページで「遠《えん》」と「猿《えん》」が不統一だという話をしましたが、「拐」と「別《べつ》」も不統一です。そうです。「拐」の右と「別」の左は本来同じだったのです。

ついでに「別」についてもここで説明しましょう。篆書《てんしょ》（下図）から字形《じけい》を解剖《かいぼう》します。

「別」の左側は「冎」という形が変化したものです。これは「過《か》・禍《か》」などを構成する「咼《か》」の上部です。また、「骨《こつ》」の上部にも含《ふく》まれています。関節の骨《ほね》は二つの骨がはまりこんだ形をしていますが、他方が抜《ぬ》けてしまった一部だけの骨が「冎」です。したがって「冎」は「ばらばらになっている」というイメージと、「はまりこむ穴」というイメージを表す符号《ふごう》とします。「冎」に「刂」（「りっとう」、刀）を添《そ》えたのが「別」です。「別」が別々に分かれるという意味であることは以上で納得《なっとく》されるでしょう。では「拐」とは？　罠《わな》もはまりこむ穴です。だから「罠にはめて人をだます」ということを暗示させる字が「拐《かい》」（かどわかす）なのです。

さて字体の問題ですが、『康熙字典《こうきじてん》』では「別」になっています。歴史的に見ると、書道などで、左下を「刀」や「力」に書く字形もあったようです。「別」を俗字《ぞくじ》（異体字《いたいじ》の一種）とする辞書もあります。

一方、「拐」は『康熙字典』でもこのとおりです。中国でも不統一だったわけです。しかし現在の中国での字体は「別」も「拐」も「力」で統一しています。つまり俗字を正字《せいじ》にしたわけです。日本は事情が違《ちが》います。「別」を正字に採用しました。そうすると「拐」もこれに統一すべきだったのです。しかし統一しなかったため負担と迷いを生み出しました。

皆か皆か 習か習か ── 日なのか白なのか

まず「皆《かい》」からです。下部を「曰」にするのは間違《まちが》いです。なぜかというのは、字《じ》源《げん》から判断するしかありませんが、これが難物《なんぶつ》です。

「比」ははっきりしています。人が二人並ぶ形です。だから「みんな」を暗示させるということはわかります。では下は何なのでしょうか。

篆書《てんしょ》（下図）はどう見ても「皆」の形に翻訳《ほんやく》するしかありません。

ところが隷書《れいしょ》、また書道などでは「比＋曰」の形になっています。篆書よりも古い金文《きんぶん》を見ると、やはり同じです。どうも「白」と「曰」の二つの字体《じたい》があったようです。

なぜ「白」なのか。『説文解字《せつもんかいじ》』では、「白」は色の白ではなく、「自《じ》」の異体字《いたいじ》で、独立した部首《ぶしゅ》になっています。「自」は鼻の象形文字《しょうけいもじ》ですが、これを変形させた「白」を人の様子や動作を示す記号としたのです。自分がといいたいとき鼻を指しますが、こんなところから由来《ゆらい》するのでしょうか。

一方、「曰」は「口」の中に印《しるし》を入れて、ことばや話すことを示す記号になります。そうすると「白」も「曰」も人にかかわる行為《こうい》を代表させていると見てよいわけです。「皆」の記号としてこれらが使われたのは、「人をみんなそろえる」という動作を暗示させるためだったと考えられます。

以上から考えると、歴史的には「皆」は誤字ではなかったわけです。しかしこの字体は淘汰《とうた》されて「皆」だけが生き残ったと判断されます。書道ではまだ生きているぞといわれても、それは過去の遺物《いぶつ》にすぎないでしょう。

「皆」に似た字に「習」があります。次に「習」について説明します。

「習」と「皆」は事情がそっくりです。形も似ています。上は鳥のはねが二枚並んでいます。下は「皆」の下部とまったく同じで、動作を示す記号に用いられています。同じことを何度も繰《く》り返《かえ》すことが習慣や学習の「習」です。鳥が飛ぶときの羽《は》ばたきの動作に着目して、同じ行為を何度も繰り返すというイメージを示す記号に用いたのです。

「羽＋曰」の形は書道ではよく見かけますが、やはり誤字とします。

「羽」はほかのイメージに使うこともあります。羽《はね》は同じものが二つ並んでいますので、「もう一つ別にあるもの」というイメージを示す記号に用いられるのです。それをもとにしたのが翌日の「翌《よく》」です。その日と並んでいる次の日ということです。

解か解か解か

ばらばらにする場面を図形化

二字目の「解《かい》」が正解で、字源《じげん》は「角＋

刀＋牛」です。「解剖《かいぼう》、分解《ぶんかい》」の「解」が最初の意味で、ばらばらにすることです。たぶん、牛を解体する場面を図形化したのが「解」という字になったのでしょう。だから「角」「刀」「牛」を連鎖的《れんさてき》に思い出せば誤字は解決します。

「解」は形が似ているために起こった錯《さっ》覚《かく》でしょう。「㐄」は足の形ですが、「違《い》・舞《ぶ》・降《こう》」など、足の動作と関係のある字に現れます。

余談ですが、『荘子《そうし》』に「庖丁解牛《ほうていかいぎゅう》」の話が出ています。庖丁《ほうてい》さんは料理人で、一九年間刃《は》こぼれ一つせず牛を解体した技の持ち主だったそうです。もちろん、この話より以前に「解」の字は生まれていたに違いありません。

懐か懐か

新旧ごちゃごちゃ

「懐《かい》」と「壊《かい》」の右側はけっこう間違《まちが》いやすい形ですね。間違いの根源は当用《とうよう》漢字（常用漢字《じょうようかんじ》の前身）で次のように字体《じたい》を変えたことにあります。

懷（旧字体）→懐（新字体）

壞（旧字体）→壊（新字体）

新字体ではつくり（右側の要素）の上が「十」になり、中はそのまま、下が「衣」になっています。

「懐」は上が旧字体の「亠」を残し、下が新字体を書くという、新旧ごちゃごちゃの誤字です。

字源《じげん》的には旧字体のほうがすっきりして

いました。つまり「衣」の「亠」と「𧘇」の間に「眔」（涙《なみだ》が垂れる形）を入れた図形（下図）で、衣の中に涙を隠《かく》す様子を示すものでした。「懐中《かいちゅう》」の「懐」が「ふところ」、「懐抱《かいほう》」の「懐」が「いだく」という意味であるのは、何かを中につつみ隠すというイメージと関係があるからです。「懷」を「懐」に変えたため、このような意味の類推は犠牲《ぎせい》にされました。

「懐・壊」を覚える唯一《ゆいいつ》の手がかりは、つくりの上部が「徳《とく》・聴《ちょう》」のつくりの上部と共通だということです。

隔か隔か

つくりは三本足の蒸し器

この字のつくりは「商《しょう》」や「橘《きつ》」のつくりと何となく似ていますね。「融《ゆう》」の左側も同じ記号です。

「鬲《れき》」は古代の中国で製造された「かなえ」という器《うつわ》の象形文字《しょうけいもじ》です（下図）。かなえは三本足の蒸《む》し器《き》です。「鬲」の左右の縦棒と中の下方の縦棒が三本足を表しています。

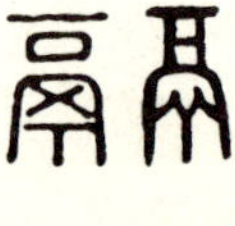

「鼎《てい》」も三本足のかなえですが、「鬲」は上下に分かれた構造になっているところが違《ちが》います。

中の「丅」は「丁」ではありません。したがって、「隔《かく》」が正解です。

漢字に「丅」という字や符号《ふごう》があるのかというと、実はあります。「下」の古文《こぶん》（戦国時代の書体《しょたい》）が同じ形です。しかしほかの字には含《ふく》まれておらず、「鬲」独特の符号です。

さて、「隔」の字源《じげん》ですが、上下に分かれた蒸し器である「鬲」を利用して、「へだてる」を表象《ひょうしょう》します。

鶴か鶴か

枠を示す符号

「鶴《かく》」の左側を「宀」と書いた上の字は間《ま》違《ちが》いです。

「確《かく》」（たしか）も「鶴《かく》」（つる）と共通の記号があります。音《おん》も同じ「カク」です。

「隺《かく》」は「冖」と「隹」をドッキングさせた形です。「宀＋隹」ではありません。「冖」は「沈《ちん》」のつくりにも含《ふく》まれていますが、枠《わく》を示す符号《ふごう》です。鳥が高いところへ飛び立つ様子を暗示させるのが「隺」という図形です（下図）。つるはこんなイメージでとらえられたのです。

なお書道では「鶴」の左側を「宀＋隹」とする書き方もあったようですが、特殊《とくしゅ》な字形《じけい》（個人的な書きぐせ）としておくのが無難《ぶなん》でしょう。
単独で「隺」の形をとる字は実は存在します。国字《こくじ》（日本製の漢字）で「つる」と読みます。ほかに「つる」と読む字に「靏・霍」があります。

渇か渇か　褐か褐か

こんがらがる字

学校では常用《じょうよう》漢字の字体《じたい》しか教えません。

「渇《かつ》」（一字目）は常用漢字の字体で、「渇」

は旧字体《きゅうじたい》です。この字についての質問者は年配の方なので、「曷」が出てきたのでしょう。あるいは「葛《かっ》」とこんがらがったのかもしれません。「葛」については第一章（二〇五ページ）で詳《くわ》しく解説してあります。

次の字では、正しいのは「褐《かっ》」（上の字）です。

「褐色《かっしょく》」の「褐」がなぜ「ころもへん」かといいますと、葛（クズ）などの繊維《せんい》で織《お》った粗末《そまつ》な衣服が「褐」だったからです。その衣服の色が褐色というわけです。

冠か冠か

「宀」と「冖」の混乱

「宀」（「うかんむり」）と「冖」（「わかんむり」）はよく混乱します。次を見てください（上が正字《せいじ》）。

富《ふ》―冨（異体字《いたいじ》）
寇《こう》―冦（異体字）
冤《えん》―寃（異体字）
冥《めい》―㝠（異体字）

さすがに「冠《かん》」には「宀」と書く異体字はありません。この誤字は「寇」との混同かもしれません。

「冠」は「冖（覆《おお》いの形）＋元（頭《あたま》）＋寸（手）」の組み合わせです。頭にかんむりをかぶるありさまを図形化しました。「宀」（屋根）も確かに覆いの一種ですが、規模が違《ちが》います。

換か換か

ヒップを後ろから見た形

「換」と書くのは間違《まちが》いです。「奥《おう》」の項《こう》(二四六ページ)でもこれと似た誤字がありました。

字源《じげん》を見てみましょう。「換《かん》」の右側は「奐《かん》」です。上の「ク」はしゃがんだ人の形ですが、女性と見てよいでしょう。「四」は左右に分かれているヒップです。ヒップを後ろから見た形です。「大」は「廾」が変形したもので、両手の形です。しゃがんでいる女性のヒップの下に両手を差し入れて、胎児《たいじ》を取り出す図形(下図)と考えられます。中の物を抜《ぬ》き取ることを表す記号が「奐」です。

誤字はヒップの所の下が閉じられて四角の形になっています。ヒップの下は谷間ですから開いているのが正しい形です。

寒か寒か寒か

正しい向きと本数は?

「寒《かん》」(これが正解です)について、下部が「ミ」か「〃」か迷うという質問が多かったのは意外です。

右下がりの点々は「尽《じん》・斗《と》・於《お》・冬《とう》」などの例がありますが、左下がりの点々は「衆《しゅう》」しか思い当たりません。このうち「冬」は「冫」の変化したもの、「尽」は「盡」の簡略化で生まれたものです。

「寒」の字源《じげん》はちょっと複雑です。

上の「宀」は屋根《やね》、中は「茻」(たくさんの草)と「人」を合わせた形が変わったもの、下は「冫」(こおり)です。屋根の下で草をかぶって打《う》ち震《ふる》えている図形

は、寒さをよく表象《ひょうしょう》しています。「冫」は氷の筋を表す形で、氷に関する限定符号《げんていふごう》(冫にすい)になりますが、部首《ぶしゅ》のほかは「寒・冬」のように「⺀」に変えたのが常《じょう》用《よう》漢字の字体《じたい》です。

漢か漢か漢か

「さんずい」か「くさかんむり」か

「くさかんむり」の「漢」ではなく、「さんずい」の「漢《かん》」が正しいのです。なぜかというと、本来の意味が天の川《あまがわ》だったからです。天の川は、川は川でも水のない川です。だから「乾《かわ》く、水分がない」というイメージを示す「𦰩《かん》」(常用漢字《じょうようかんじ》では「𦰩」)を利用して「漢」と書くのです。天の川になぞらえて陝西省《せんせいしょう》から出て長江《ちょうこう》(揚子江《ようすこう》)に注ぐ川を「漢」と名づけました。ここから国の名(陝西省の長安《ちょうあん》を都《みやこ》にした国)、民族の名へ発展したのです。中国を「漢」というのもこれに由来《ゆらい》します。無頼漢《ぶらいかん》の漢(おとこ)という意味も派生《はせい》しています。天の川から無頼漢や門外漢《もんがいかん》まで、意味の変化は面白《おもしろ》いものです。

三字目は横棒が余計に多い誤字です。

第一章の「勤《きん》」の項《こう》(九五ページ)をご覧ください。

監か監か

誤字かどうかは微妙

「監」が間違《まちが》いかどうかは微妙《びみょう》なところです。書道では「監」と書いたものも見かけます。古字書《こじしょ》を調べてみました。明《みん》代の

『字彙《じい》』では「監《かん》」でしたが、それ以後の『正字通《せいじつう》』や『康熙字典《こうきじてん》』では「監」でした。

現在はどうやら日本は「監」の系統、中国では「監」の系統を受《う》け継《つ》いでいるようです。歴史的に見ると誤字ではないけれど、現在の日本では、前にも述べた基準（常用漢字《じょうようかんじ》の字体《じたい》）に照らして誤字に扱《あつか》っていいでしょう。

ところで字源《じげん》ですが、「臣（目玉の形）＋人＋一（水を示す符号《ふごう》）＋皿」を組み合わせて、皿《さら》の上に張った水を人が見ている図形（下図）です。つまり水鏡《みずかがみ》で自分の姿を映して見る様子を暗示させる図形ですから、「鑑《かん》」（かがみ）という字にそのイメージがよく表されています。

字源から見ても「ケ」ではなく「𠂉＋二」のほうがよさそうです。

勧か勸　歓か歡
奇妙な形に簡略化

これらの左側の部分は「雚」を簡略化したものです。「𠂉」と「隹」がドッキングした奇妙《きみょう》な形になっています。本来は「雚」の全形がコウノトリ（鸛《かん》）を描いた象形文字《しょうけいもじ》だったのです。「雚（雈）」にしたがう字としてほかに「観《かん》・権《けん》」があります。

「勧」は旧字体《きゅうじたい》（「勸」）の影響《えいきょう》を受けています。常用漢字《じょうよう》世代にはまねのできない誤字です。早く頭を切り換《か》える必要があります。

「歓」の場合は横棒が足りません。「雈」の下部は「隹《すい》」です。部首《ぶしゅ》としての呼び方は「ふるとり」と言っています。「舊」（「旧」の旧字体、ふるい意）という字に含《ふく》まれるから「ふるとり」で、別に古くなった鳥ではありません。

「隹」は尾《お》が短くずんぐりした小鳥を描《えが》いた象形文字です。「鳥《ちょう》」は尾の長い鳥の象形文字ですが、「隹」は「鳥」と比べると、尾がなく、足もなく、頭が小さく、胴体《どうたい》のところだけ四本の横線で羽《はね》を描いてあります。ずんぐりした感じが出ていませんか。

第二章の「歓《かん》と勧《かん》」の項《こう》（一三一ページ）も参照してください。

環か環か環か環か

目を丸く回すことを示す

「環《かん》」（二字目）が正解です。

字源《じげん》を見てみましょう。「環」のつくり（右側の要素）はもともと「罒（「目」と同じ）＋袁《えん》」の組み合わせですが、他の漢字の構成要素になるときは、「土」の部分が「二」に変わってしまいます。目を丸く回すことを示す符号《ふごう》が「睘」です。それに「王」（「たまへん」、玉と関係があることを示す限定符号）を添《そ》えた「環」はドーナツ型の宝石という意味です。また、「還《かん》」はぐるっと回ってもとに戻《もど》ることです。

覚えてしまうと何も考えず書いてしまい

ますが、よく考えてみると「環」のつくりはややこしい形をしています。字源を解明しても役立つかは疑問ですが、少なくとも「罒」(目)と「衣」の下を含《ふく》む程度の理解は得られるでしょう。

「環」のつくりの下部の縦棒をはねるかどうかで混乱している人も多いようです。これについては「遠《えん》」の項《こう》(二四三ページ)を見てください。

願か願か願か　真ん中の縦線か、斜め線か、左端の斜め線か

「願《がん》」の左側の「日」の上は真ん中の縦線か、真ん中の斜《なな》め線か、左端《ひだりはし》の斜め線か?

　実際にアンケートで寄せられた質問ですが、私はこれまでまったく意識したことがありませんでした。常用《じょうよう》漢字表や、日本の漢和辞典、中国の字典類を調べました。すべて「日」の上は「真ん中の斜め線」でした。この字体《じたい》を厳格に守るならば、一字目と三字目は二つとも誤字になります。

「願」は「原」からできています。「原」の字源《じげん》は「厂(がけ)+泉」の組み合わせで、水源を表します。「日」の上の棒がまっすぐか斜めかは「泉」の形で決まるのでした。

　ところで、いま「この字体を厳格に守るならば」といいました。条件つきでしかいえません。というのは教科書体という書体《しょたい》があり、これの「原」や「願」を見ると、どうも「真ん中の縦線」に限りなく近いのです。だからこれを誤字とは言い切れなく

なります。

また「原」や「泉」は書道では「左端の斜め線」が普通のようですね。だからこれを誤字と断定すると、その方面から反論されそうです。

誤字の判定は何とも難しい話です。最終のよりどころは現代日本では常用漢字の字体というしかありません。

祈か祈か

「ネ」と「衤」の働きを知って解消

「ネ」（「しめすへん」）と「衤」（「ころもへん」）は間違《まちが》いやすいへんです。へんの名称と働きさえ知っていれば誤字は解消できます。この場合は「祈《き》」が正解です。詳《くわ》しいことは第一章の「裕《ゆう》・祝《しゅく》」の項《こう》（九一ページ）をご覧ください。

鬼か鬼か鬼か

頭の大きな人の形

「鬼《き》」が正解です。「鬼」は頭の大きな人の形です。古い字体《じたい》（甲骨文字《こうこつもじ》や金文《きんぶん》）は「ノ」も「厶」もなかったのですが、やがて上に「ノ」、下に「厶」を添《そ》えて、人でない異様な怪物であることを示すようになりました。「ノ」は頭のとんがりの部分が変化したもの、「厶」はしっぽの形と考えられます。第一章の「魅《み》」の項《こう》（五三ページ）をご覧ください。

死者の亡霊《ぼうれい》を「鬼《き》」といいます。「おに」ではありません。「おに」の観念は仏教が伝わってから生まれたものです。「鬼」という字は仏教が伝わるはるか以前に生まれました。

書道では、「鬼」（一字目）のように上に点のない字形《じけい》もあったようです。しかし現在では正字《せいじ》とはいえません。三字目は「亀《き》」（かめ）との混同でしょう。

[夫＋貝]か規か

円を描いて人に見せる

この字の右側は「貝」ではなく「見」が正解です。

耳に三半規管《さんはんきかん》という器官があります。半《はん》規《き》というのは半円のことです。三つの半円からできているので三半規管といいます。「規《き》」の意味は本来は円を描《えが》く道具だったのです。昔のことばでは「ぶんまわし」といいました。いまのコンパスです。

古代に完璧《かんぺき》な円を描くというのは難しかったと思います。だから「規」がやがて物事の基準、法則、手本といった意味（「規則、法規」の「規」）になったのが納得《なっとく》できるでしょう。

字源《じげん》から考えると、円という形を描いて人々に見せるから「見」がついているわけです。では「夫《ふ》」は？ これが難物《なんぶつ》です。「夫」は「丈夫《じょうふ》」の「夫」、一人前《いちにんまえ》の男という意味がありました。昔の文字学者は丈夫が法則を立てるから「夫」がついていると考えましたが、ちょっと考えすぎです。「規《き》」の異体字《いたいじ》に「矢＋見」という形がありました。『正字通《せいじつう》』はこれを本字としています。「矢」はまっすぐな形をしています。ゆがんでいては的《まと》に当たりません。だから直線の象徴《しょうちょう》なのです。二つのまっすぐな棒を使うと円が描けるから、「矢＋見」でコンパスを表象《ひょうしょう》したと考えられます。

喜か喜か

「䒑」か「艹」か

私もときどきこんな書き方（二番目の字）を見かけます。「喜《き》」（こちらが正解です）を私の名前に使っているという理由もあって、この誤字はあまりいい感じはしません。

ひどいのになると「七」を三つ書いた「㐂」も見かけます。料亭《りょうてい》の屋号などに使う向きが多いようです。これは「喜」の草《そう》書体《しょたい》を楷書《かいしょ》化したものです。ただし中国にはなく、国字《こくじ》（和製の擬似《ぎじ》漢字）です。

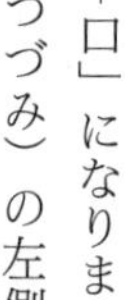

さて「喜」を字源《じげん》的に分析《ぶんせき》すると、「壴＋口」になります。「壴」は「鼓《こ》」（つづみ）の左側と同じで、太鼓《たいこ》を立てた図形です。だから「䒑」は「艹」（「くさかんむり」に似た形）ではありません。「䒑」は上の「口」につくのが本来の書き方です。しかし、ついているか離《はな》れているかは辞書によってまちまちです。常用《じょうよう》漢字表を見てもはっきりしません。教科書体は「喜」で、明らかに離しています。

「壴」は「喜」においては「にぎやかで楽しい」というイメージです。「立てる」というイメージもあります。「樹《じゅ》」（立ち木、また、「樹立《じゅりつ》」の「樹」）にも含《ふく》まれているのを確認《かくにん》してください。

棄か棄か

捨て子の場面の図形化

この字の下部がどうなっているのか、なかなかわかりにくい。いったい三つの部分からできているのか、それとも二つなのでしょうか。

漢和辞典では「きへん」の九画に入っています。しかし、常用《じょうよう》漢字表の字体《じたい》を見た限りでは、「木」の心棒《しんぼう》が上に延びていて、どこで切れているのかさっぱりわかりません。辞典に出ている筆順を見て、「𠫓」と「世」と「木」の三つに切れていることがやっと判明します。

字源《じげん》を示すとまた混乱させるだけかもしれませんが、意味をつかむ上で役に立ちますので、述べてみましょう。

「棄《き》」は「𠫓」（「子」の逆転文字で、頭を逆《さか》さにして生まれる赤ちゃん）と「丗」（ちりとりの形）と「𠬞」（両手）の三つの要素の結合です（下図）。「無用のものとして捨てる」という意味を、捨て子の場面の図形化によって表したものです。

下部を「枼」と書く（二字目）のは間違《まちが》いで、「葉《よう》」や「蝶《ちょう》」との混同です。「世」の俗字《ぞくじ》に「丗」があります。だからこういう混乱が起こるのでしょう。

幾か幾か 機か機か

点を打つか打たないか、どこに打つか、線をどこまで延ばすか

「幾《き》」の下部は「戍」ですが、ちょっと字《じ》

体《たい》が違《ちが》うことに注意してください。「丆」の横棒が左端《ひだりはし》にはみ出ています。これには理由があります。「戍《じゅ》」の左側は「人」なのです。「以」の右側と同じです。「人」と「戈《か》」を合わせ、上に「幺《よう》」二つを添《そ》えたのが「幾」という字です。「戈」は両刃《りょうば》の身をもつ柄付《えつ》きの「ほこ」です。両刃の右の刃が「、」に、柄が「ノ」になりました。したがって、点がついているほう（二字目）が正解です。

点の打ち方は右肩《みぎかた》の脇《わき》のところではなく、肩の上です。あまりそれていると変ですが、多少ずれていても構わないでしょう。だから「機」（四字目）は点の位置が横にずれていますが、誤字というより単なる書きぐせでしょう。ただし右斜《みぎなな》めの線が「幺」と「幺」の間を割って上まで延びていないといけません。

毅か毅か毅か

イノシシが怒ってたてがみを立てるありさま

正解の「毅《き》」は人名用漢字です。普通《ふつう》「つよし」、あるいは「たけし」と読みます。これは「毅」に「強い」という意味があるからです。

字源《じげん》を考えてみましょう。「毅」の左側は「辛」（先がとがった刃物《はもの》）と「豕」（イノシシ）がドッキングした形です。イノシシが怒《おこ》ってたてがみを立てるありさまを示します。だから「毅」は「強い、たけだけしい」という意味になるのです。

「豸」（「むじなへん」）と混同した誤字もありますね。「豸」と「豕」の違《ちが》いについては第一章の「懇《こん》」の項《こう》（五〇ページ）をご覧ください。

こんなに「毅」の誤字があるとは思いもよりませんでした。「豪《ごう》」と混乱しているような誤字もありました。

この字は「辛」と「豕」のドッキングがネックになっています。「辛」と「木」がドッキングした「新《しん》」の左側や、「辛」と「女」がドッキングした「妾《しょう》」（「接《せつ》」のつくり）を参考にしてはいかがでしょう。

逆か逆か

文字通りの逆転

この誤字（二字目）は文字どおり逆転です。

逆転した字があるかというと、いくつかあります。「子《し》」をひっくり返すと「𠫓」（二六七ページに出した「棄《き》」の上部）になります。ただし二つは別字です。「首《しゅ》」と「県《けん》」もその例です。

「凹《おう》」を「[illegible]」と書いてきた人がいましたが、後者は別字としてなら存在します（ただし、よほど大きな字典にしかありません）。

実は「屰《ぎゃく》」も逆転文字だったのです。楷《かい》書《しょ》でははっきりわかりませんが、古い形にさかのぼると、「大《だい》」（人の形）をひっくり返した字になっています（下図）。だから「さかさ」という意味になるのです。

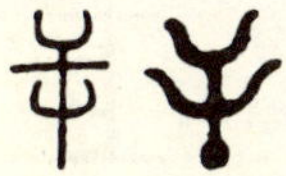

「并」の下をもう一度ひっくり返したら——これはまったくの誤字です。

拒か⿰扌臣か 距か⿰⻊臣か

やっぱり発音で区別

正解は「拒《きょ》」と「距《きょ》」です。

「巨《きょ》」と「臣《しん》」は形が紛《まぎ》らわしいですが、昔は「巨」は「巨」（旧字体《きゅうじたい》）と書いていたのでそれほどでもなかったと思います。

区別は発音でするしかありません。「拒」や「距」のつくりを「臣」と書きそうになったら、キョと発音してみてください。「臣」ではまずいとわかるでしょう。

「拒」や「距」が「巨」を音符《おんぷ》とする理由も一応把握《はあく》したほうがよいかもしれません。「巨」は「さしがね」という大工道具を描《えが》いた図形（下図）です。「上下の幅《はば》が隔《へだ》たっている」というイメージを示す記号になります。二人の間に隔てを置くことが拒絶《きょぜつ》の「拒」、空間的な隔たりが距離《きょり》の「距」です。

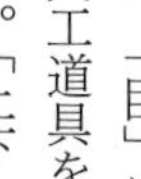

許か⿰言牛か

「午」なのか「牛」なのか

「午」の上が出ると「牛」という別の字になります。しかし「ごんべん」がついている場合は完全に誤字です。

植物の「牛蒡《ごぼう》」を「午蒡」にする間違《まちが》いはよくありますね。この場合は形が似ているだけでなく、発音が同じという理由もあるでしょう。

「許」の音《おん》はキョですが、昔の音（呉音《ごおん》）はコでした。人名や地名などに残っています。キョ・コは「午」のゴとは近いということが目安になります。

ついでに言いますと、「御《ぎょ》」も真ん中に「午」を含《ふく》んでいます。ギョ・ゴの音と関係があります。

恭か恭か

「心」なのか「水」なのか

漢和辞典で「⺗」は「心」の部、「氺」は「水」の部になっています。要するに「⺗」は「心」の変形、「氺」は「水」の変形です。「⺗」と「氺」は字の下につく場合の形ですので、それぞれ「したごころ」「したみず」と呼んでいます。

「恭《きょう》」（これが正解です）の場合は「したごころ」です。「恭賀《きょうが》、恭悦《きょうえつ》」の「恭」（うやうやしい、うやうやしくする）は精神の働きなので、心と関係があるわけです。

字の下につくと必ず「⺗」となるかというと、そうでもありません。常用《じょうよう》漢字では「恭・慕《ぼ》・添《てん》」の三つだけです。これらの共通点は「八」の形の下に「⺗」があることです。

郷か鄕か鄉か

「向き合う村」と覚える

「郷」は「即《そく》」との混同でしょうか。あるいは「鄉《きょう》」（これが正解です）と似た字に「卿《けい》」（正字《せいじ》は「卿《けい》」）がありますので、それとの混同かもしれません。

字源《じげん》を見てみましょう。「卿」から説明したほうがわかりやすいので、まず「卿」からいきます（下図）。

「卩」（「ふしづくり」）はひざまずいた人の形です。「㔾」はちょうどそれの反対向きです。だから「卯」は二人の人が向き合った姿なのです（「柳《りゅう》・昴《ぼう》」などの「卯《ぼう》」とは別）。真ん中の「皀」は器《うつわ》の上に食べ物を盛《も》りつけた図形で、「食」や「飲」の一部に含《ふく》まれています。「即」の左側と同じです。「食」については本章の三二二ページを参照してください。

それで、「卿」は人が向き合って会食する場面を図形化したものといえます。つまり「饗宴《きょうえん》」の「饗」です。

この字を基礎《きそ》にして、「郷」が発想されました。「卯」を「𨛜」に替《か》えたのです。「阝」は部首《ぶしゅ》名を「おおざと」と呼びます。「邑」（むら）の変形です。これが向き合った形が「𨛜」です。人が向き合って会食しているのと同じように、向き合って人々が行き来する村というイメージを表したわけです（下図）。

「郷」を間違《まちが》わないようにするには、向き合う村（「阝」が村を表す「おおざと」）と覚えてください。

暁か暁か

俗字、奇字、廃字

「暁《ぎょう》」が正解です。

辞書を調べてみたら、なんと「めへん」の字がありました。ただしつくりは「尭」

ではなく「堯」です。音《おん》はコウで、意味は「目がくぼむ」だそうです。

こんな字はないだろうと思って古字書《こじしょ》や大きな字典を引くとあったりします。ただし非常に特殊《とくしゅ》なもの（俗字《ぞくじ》、奇字《きじ》、廃字《はいじ》など）が多いようです。厳密にいうと誤字ではないのですが、無視してよい場合もあります。

この例の場合は「あかつき」という意味ではないので、「暁」の代わりに使うと誤字（誤用）です。つくりの字体《じたい》も違うので、この点でも誤字としてよいでしょう。「暁《あかつき》」は当然「日」（「ひへん」）の字です。「ひへん」と「めへん」を間違《まちが》える例は「暇《か》」の項《こう》（二四八ページ）でもありました。

凝か凝か

「にすい」なのか「さんずい」なのか

へんの中で「冫」（「にすい」）と「氵」（「さんずい」）も似ていて混乱しそうですね。実際、昔から混乱しているのです。次を見てください。

沖《ちゅう》—冲
決《けつ》—决
況《きょう》—况
涼《りょう》—凉

上は正字《せいじ》、下は俗字《ぞくじ》です。「状況」の「況」を「况」と書くという方も多数いましたが、誤字と断じるわけにはいきません（中国語では「冲・决・况・凉」が正字です）。

また、「批准《ひじゅん》」（他国との条約を承認《しょうにん》すること）の「准」も「にすい」と「さんずい」との混乱から生まれました。「準《じゅん》」の俗字「準」の上から来ています。

「凝《ぎょう》」を「さんずい」にするのは誤字です。こんな字はありません。本来「冫」（氷と関係があることを示す限定符号《げんていふごう》）に属すべき字が「氵」（水に限定する符号）に書かれるケースはきわめて少ないのです。

「疑」という記号は「ためらう、ぐずぐずする」というイメージがあります。このイメージが「動きが止まる」というイメージにつながります。凍《こお》って固まり、動かなくなることを「凝《ぎょう》」（こる）といいます。凝固《ぎょうこ》の「凝」です。だから「冫」を限定符号とするのです。

菌か菌か　「木」なのか「禾」なのか

必要な点画《てんかく》を落とす誤字例です。正解は「菌《きん》」です。

「禾」（のぎ）を「木」に間違《まちが》えたのは理由があるのかもしれません。当用漢字《とうようかんじ》（常《じょう》用《よう》漢字の前身）では次のような字体《じたい》改変がありました。

曆《れき》（旧字体《きゅうじたい》）→暦（新字体）
歷《れき》（旧字体）→歴（新字体）

このように「禾」を「木」に変え、「林」や「麻」と同じにしたのです。年配の方にはまだ「禾」を二つ書く人もいます。あるいは、「禾」なのか「木」なのか混乱している人もいるかもしれません。

　字源《じげん》にふれておきましょう。「囷《きん》」は「禾」（稲《いね》、穀物《こくもつ》）と「囗」を合わせて、丸屋根の米倉《こめぐら》を表します。これは「」の形をしています。キノコとそっくりですね。だからキノコを「艹（「くさかんむり」）＋囷」で表すのです。

「菌」の中を「木」にしたのは「困《こん》」との混同もありましょう。「困」は「梱包《こんぽう》」の「梱」にも使われているように、木をしばった図形です。

　キノコは米倉の形と覚えれば、「禾」を「木」に間違えることはないでしょう。

琴か琴か

字体の混乱

「令」は「令」の教科書体のように見えますが、本当は「令」が教科書体です。「令」では教科書体と明朝体《みんちょうたい》（普《ふ》通《つう》の活字の書《しょ》体《たい》）が混ざってしまっています。学校の教科書で使われているのが教科書体ですが、こういう書体を作り出したために、質問の誤字のように、字体《じたい》を混乱させているようです（書体・字体・字形《じけい》の区別については三一ページを見てください）。

「琴《きん》」（これが正解です）になぜ「今」が含《ふく》まれているかの説明をします。上の「王」が二つ並んだ形は箱のある楽器を描《えが》いた図形です。琵琶《びわ》の上もこの形からできています。

「今《きん》」は「ふさぐ」とか「中に閉《と》じ込《こ》める」というイメージを示す記号です（二三八ページの「陰《いん》」の項《こう》を参照してください）。

「こと」は胴《どう》をふさいで音《おと》を共鳴させる楽器だから「今」という記号がつくのです。

具か具か具か

正字と旧字と誤字

問題は、上部の横棒が二本か三本か、両《りょう》脇《わき》の縦線が下の「一」につくかどうかということです。正解は「具《ぐ》」です。

字源《じげん》から説明します。篆書《てんしょ》（下図左）はどう見ても「目＋廾」です。「目」は「め」ではなく、金文《きんぶん》（下図右）からわかるように、「鼎《かなえ》」（古代の中国で作られた器《うつわ》の一種）の省略形です。「鼎」の中に「目」の形が含《ふく》まれています。これは「真」の中の「目」と同じです。

また「員」や「則」では「貝」の形になっていますが、これも「鼎」なのです。「廾」は両手の形です。漢字の構成符号《ふごう》となるとき、「丌」や「大」（二四六ページの「奥《おう》」の項《こう》を見てください）に変化することがあります。両手で器をそなえる様子を示すのが「具」という記号です。家にそなえた器、つまり「道具」や「家具」の「具」もここから出た意味です。

さて、篆書を楷書《かいしょ》に直すと「具」になるはずですが、『康熙字典《こうきじてん》』などでは「具」にしています。これは書道の影響《えいきょう》と思われます。日本でもこの字体《じたい》が正字《せいじ》とされてきました。しかし当用《とうよう》漢字表が制定されたとき、「具」に改められました。本当はこれが字源にも合っていたわけです。

そういうわけで、三番目の「具」は旧字

体、「具」は誤字という結論になります。

ただし旧字体の「具」は特殊《とくしゅ》な分野（例えば昔の書物、旧字愛好者、中国語）ならともかく、現代日本の普通《ふつう》の言語生活では使われません。

君か君か

支配者の命令を表す

「ヨ」になるか「彐」になるかは法則があります。第一章（五六ページ）をご覧ください。

「君《くん》」が正解ですが、字源《じげん》から考えます。「彐」は「又」と同じで、手（特に右手）の形です。これに「｜」（縦棒）を合わせると「尹《いん》」になります（下図）。タクトを振《ふ》るオーケストラ

の指揮者のように、采配《さいはい》して全体を取りまとめることを暗示させています。このイメージはまさに支配者のイメージでもあります。だから「尹」と「口」の組み合わせで、君主の「君」を表すのです。「口」は言うこと、ことばを示す符号《ふごう》ですから、命令を寓《ぐう》していると考えてよいでしょう。

契か契か

大きな印を暗示

なぜ「犬」が出てくるのでしょう。「奬《しょう》」（「奨」の異体字《いたいじ》）の影響《えいきょう》でしょうか。あるいは、「突《とつ》」や「臭《しゅう》」の旧字体《きゅうじたい》が「大」ではなく「犬」だったので、その関連から出てきたのでしょうか。

「契《けい》」（これが正解です）の意味を考えて

みます。

「契」の上部は「丰（刻《きざ》み目《め》を入れる符《ふ》号《ごう》）＋刀」の組み合わせです。「契」の本来の意味は、刻み目を入れて約束の印《しるし》とするということでした。約束の印ですから、目立たないといけません。だから「大」をつけて大きな印を暗示させるのです。「犬」とは無関係でした。

第一章の「憲《けん》」の項《こう》（五七ページ）も参照してください。

千差万別の誤字

掲か掲か掲か掲か掲か

正しくは「掲《けい》」（四字目）で、誤字は千《せん》差万別《さばんべつ》です。旧字体《きゅうじたい》の「揭」を書く人もいました。

ここにあげた誤字例は、旧字体との混乱でしょうか。それにしても、「メ」だけ書くのは奇抜《きばつ》です。「ム」がなぜ出てくるのかもわかりません。

最後の字は横棒が余分《よぶん》に多い誤字です。「揚《よう》」のつくりが干渉《かんしょう》したのでしょう。

「曷《かつ》」を含む字の誤字パターンと、字源《じげん》の説明については、第一章（一〇五ページ）をご覧ください。また本章二五七ページの「渇《かつ》・褐《かつ》」の項《こう》も参照してください。

ツバメを描いた図形に由来

携か携か擕か携か携か

四つの誤字が出ました。

「携」は類似《るいじ》の形で紛《まぎ》れた誤字、「擭」は余計な点画《てんかく》を入れた誤字、「艹」をつけた誤字は「獲《かく》」「護《ご》」などに干渉《かんしょう》されたようです。

最後の「携」は位置が移動した誤字です。

正しくは「携《けい》」ですが、下部が問題のようです。「乃《だい》」は人名用漢字で、若乃花《わかのはな》などでおなじみです。「秀《しゅう》」や「孕《よう》」（はらむ）にも含《ふく》まれています。

しかし「携」の「乃」はある記号の省略形です。古い字体《じたい》は「攜」でした。このつくりの下部の「冏」が「冂」に変わり、ついに「乃」となったのです。

字源《じげん》を見ましょう。「巂」はツバメを描《えが》いた図形です（下図）。

「屮」は頭の部分、「隹」はずんぐりした鳥の形、「冏」はしっぽの部分です。ツバメを表す漢字にはほかに「燕《えん》」や「乙《あつ》」（「乳」のつくり）もあります。

ツバメは燕尾服《えんびふく》ということばがあるように尾《お》が「へ」の形をしています。だから「巂」は「『へ』型をなす」というイメージを示す記号になります。「物を『へ』型に手にかけてもつ」というのが「携帯」の「携」なのです。もちろん手にかけないで身につけてもっても「携《たずさ》える」と使えます。

憩か憩か憇か憩か

「口から入れて鼻から出す」で覚える

「憩《けい》」（これが正解です）の上部は「舌」

を先に書くか「自」を先に書くかで迷うという方がけっこういるようです。

昔の人も迷ったようで、「舌」を先に書いたり、「自」を先に書いたりしています。『康熙字典《こうきじてん》』は「憩」を正式の見出しにしていますが、「憇」も異体字《いたいじ》として出していますす。だからこの書き方は本来は誤字とはいえません。

「憇」も異体字で、漢和辞典にも出ているし、JIS漢字にもありました。だからこれも誤字とはいえません。

四番目の、上部が「自」ではなく「白」になっている字は、横棒が足りない誤字です。

常用漢字表《じょうようかんじひょう》では「憩」を正字としていますから、これをしっかり覚えてください。

字源《じげん》から覚え方を説明します。

「憩」は篆書《てんしょ》がありません。それ以後作られた字のようです。どういう組み立てか推定するしかありませんが、二通り考えられます。一つは「舌＋息」と分析《ぶんせき》します。この場合の「舌」は「した」ではなく、「活《かつ》・括《かつ》」などと同じで、音符《おんぷ》と見ます。もう一つは「舌（した）＋自（鼻）＋心（心臓）」と分析します。覚え方としては後者がよいでしょう。

休憩することをほっと一息《ひといき》つくというように、「憩」は呼吸と関係があります。呼吸するときは、舌のある口から空気を入れて鼻から出します。「舌」が先、「自」(鼻)が後というわけです。これはあくまで便法《べんぽう》です。

慶か慶か

鹿の皮でお祝いの心を表す場面

「慶《けい》」が正解です。

「心」が内部に隠《かく》れているのに「心」の部に属する字はほかに、「愛《あい》・憂《ゆう》」があります。「心」と「夂」の順序も共通しています。

「慶」の場合は、「⿸厂曲」がくせものです。これはいったい何なのでしょうか。

字源《じげん》的に分析《ぶんせき》しますと、「鹿＋心＋夂」となります。「冖」は「比」が変わったものでした（これを「冖」とした一番目の字は誤字です）。「比」は鹿《しか》の足の部分です。「夂」（もとは「夊」）はひきずって歩く足です。

意味を考えます。鹿の皮は古代ではプレゼントの定番でした。鹿の皮をもって歩いていって、お祝いの心を示す場面を図形化したのが「慶」です。だから「慶祝《けいしゅく》、慶賀《けいが》」の「慶」に使われます。

潔か潔か

ごしごし削るというイメージ

「潔」は誤字で、二ヵ所変なところがあります。「主」と「力」の部分です。「主」の上は常用《じょうよう》漢字の字体《じたい》は斜《なな》めの点になっていますが、旧字体はまっすぐの線でした。常用漢字表の序文にある許容《きょよう》字体でも、まっすぐの縦棒の字形《じけい》が出ています。そうすると「潔《けつ》」のつくりの「主」と見分けがつかなくなります。ここにも誤字の下《した》地《じ》がありそうです。

「主」は「主」とは違います。「契《けい》」や「害《がい》」に含《ふく》まれているのと同じです。「潔」では「契」と共通の符《ふ》号《ごう》が含まれています。「刧」は「丯（刻み目を入れる符号）＋刀」で、刃物《はもの》で刻み目を入れるありさまを暗示させます。「糸」（糸や織物などを示す限定《げんてい》符号《ふごう》）を添《そ》えると、布の汚《よご》れを削《けず》り落とすありさま、これに「水」をつけると、水で汚れを洗い落とすありさまというぐあいに展開します。共通のイメージは「ごしごし削る、削り落とす」ということです。だから「清潔《せいけつ》」の「潔《けつ》」（きよらか、いさぎよい）となるのです。

第一章の「憲《けん》」の項《こう》（五七ページ）も参照してください。

券か券か

「刀」なのか「力」なのか

「券《けん》」（これが正解です）の下部は「刀」です。その理由を説明しましょう。

最近、駅の改札口はほとんど機械化されていますが、ちょっと前までは駅員がいちいち切符《きっぷ》に鋏《はさみ》を入れていたものです。鋏を入れるのは確かにその駅で乗車したという証拠《しょうこ》にするためです。この鋏は一種の「刀」（かたな、ナイフに類するもの）と見ることはできませんか。

古代の中国では、証拠とする手形《てがた》に、実際に刀（刃物《はもの》）を使っていたのです。手形の素材が木だったからです。木に文字を刻みつけ、二つに割り、半分ずつを持って、後で合わせて、確かな証拠とするわけです。

県か県か県か

逆転文字の一つ

「県」と「県」は、二つとも誤字です。「県《けん》」に含《ふく》まれている「目」は「め」ではありません。「県」全体が「首」をひっくり返した形です（少し変形していますが）。「逆《ぎゃく》」の項《こう》（二六九ページ）でいくつかの逆転文字を出しましたが、「県」もその一つでした。

「目」は「首」や「頁」（頭を示す記号）に含まれる「目」と同じで、顔の部分を表しているのです。

行政区の単位を表す県の旧字体《きゅうじたい》は「縣」です。「県（さかさの頭）＋系《けい》（ひもでつなぐ）」の組み合わせで、宙づりにする、ぶらさげるという意味を暗示させます。「懸《けん》」（かける）という字にそのイメージがはっきり表れています。

覧か賢か

堅く引き締めるイメージ

「覧」は間違《まちが》いです。「覧《らん》」と混乱しています。

「覧」は「監《かん》・鑑《かん》・艦《かん》・濫《らん》」と同じグループです。「賢《けん》」は「堅《けん》・緊《きん》・腎《じん》」と同じグループです。両者に共通なのは「臣《しん》」だけです。

「臣」は目玉を横から見た図形（次ページの図）です。家来《けらい》が殿様《とのさま》の前でかしこまるときは、たぶん目を見張って、体をかたくするでしょう。そういう家来の姿をとらえて、目玉の図形でもって家来（「臣下《しんか》」の「臣」）を表しました。

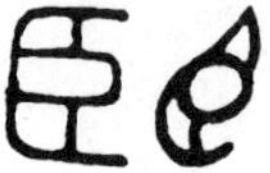

「臣」に「又」（手の形）を加えると、「かたく引き締《し》まる」ということを示す記号になります。家来の特徴《とくちょう》をとらえたわけです。だから「緊張《きんちょう》」の「緊」（しまる）、「堅固《けんご》」の「堅」（かたい）も生まれました。

では、「賢」はなぜ「かしこい」か、なぜ「貝」なのか。

「貝」は貨幣《かへい》や財産を示す限定符号《げんていふごう》です。昔漢字を構想した人は、財産の管理を放漫《ほうまん》にしない人、あるいは、堅実《けんじつ》な経営をする人が賢人《けんじん》だと考えたのでしょう。だから「臤《けん》」（かたく引き締める）と「貝」を合わせることで「締まり屋」をイメージさせたわけです。

献か献か献か

「南」が音符？

「献《けん》」（これが正解です）は音《おん》がケンだから「犬」だというのは早とちりです。「犬」は音符《おんぷ》ではありません。むしろ「南」の部分が音符です。ナンが音符はおかしいじゃないかという疑問はもっともです。実は旧字《きゅうじ》体《たい》の「獻」の左側が「南」に簡略化された結果、音符に狂いが生じたのです。

もう一つの疑問は、「貢献《こうけん》」の「献」がなぜ「犬《いぬ》」と縁《えん》があるのかということでしょう。

「獻」の左側は「虍（虎《とら》）＋鬲（かなえ）」の組み合わせです。虎の模様《もよう》を描《えが》いた器《うつわ》と考えられます。普通《ふつう》の器ではなく神饌《しんせん》（供《そな》え物《もの》）を供える器でしょう。これに犬の肉を入れて神様に差し上げる図形が「獻」なのです。犬の肉はごちそうでした。中国ではいまでも犬の肉を食べる地方があるそうです。

犬の肉を捨象《しゃしょう》してただ「差し上げる」だけをとったのが「貢献、献杯《けんぱい》」の「献」の意味です。

幻か[illegible]か[illegible]か

織物ができないありさま

二字目と三字目は余計な点画《てんかく》を入れた誤字例です。「𠃌」の形は中途半端《ちゅうとはんぱ》な感じで、ほかの字にも使われていないので、間違《まちが》いやすいのでしょう。

「幻《げん》」が正解ですが、字源《じげん》はちょっと厄介《やっかい》です。というのは篆書《てんしょ》と楷書《かいしょ》の形がだいぶ変わっているからです。篆書は「予《よ》」をひっくり返した形になっています（下図）。「逆《ぎゃく》」の項《こう》（二六九ページ）で紹介した逆転文字の一つです。

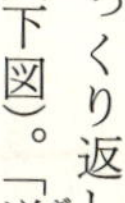

「予」は機織《はたお》りの道具を描《えが》いた図形です。「杼《ひ》」といい、横糸を通します。この「予」を逆《さか》さにした形でもって、横糸を通さない、つまり織物ができないありさまを暗示させるのだと思います。実体がないことは「まぼろし」にほかなりません。

「幻」の右側は「[illegible]」の上部の曲線が変わったものでしょう。左側は織物に関係があるので「幺《よう》」（糸の形）になりました。「幺（いと）＋亅」で、まぼろしの糸と覚えればよいでしょう。

厳か厳か厳か

簡略化されて変な形に

「厳」は「敢《かん》」と「取《しゅ》」の取《と》り違《ちが》えです。

「厳」は「疒」（「やまいだれ」）との混乱でしょうか。

「厳《げん》」（これが正解です）の上を「⺍」と書く誤字の報告はありませんでしたが、ありそうです。これについては、第一章（八八ページ）をご覧ください。

部首《ぶしゅ》に「厂」や「疒」はありますが、「⺍厂」は部首にありません。とても変な形です。では何かといいますと、二つの符号《ふごう》がくっついてしまったのです。旧字体《きゅうじたい》は「嚴」でした。上の「口」二つが「ツ」に略された結果、「厂」とくっついたのです。

「厂」は下の「敢」と一緒になり、「厰」（古音《こおん》はkam）が「厳」（ngiam）の音符《おんぷ》になります。「厰」は「敢」（kam）が音符ですから、音符の中に音符があるのです。だから最終的には「敢《かん》」が音符です。これを押《お》さえておけば「取」と取り違えることはないでしょう。

音符と意符

漢字の音《おん》というのは前にも述べましたが（四〇ページ）、記号素《きごうそ》（意味をもつ最小単位のことば、単語）の音声部分です。例えば「光」は kuang（クワン↓

クワウ→コウ）が音声的な読み方です。

音符《おんぷ》というのは音を暗示させるための符《ふ》号《ごう》です。

「うっとりする」という意味をもつことばがあったとします。このことばの音声部分は kuang という読み方です。そこで kuang という音をもつ「光」を利用して「恍《こう》」と表記しました。この字では「光」が音符になっています。

意符《いふ》というのは、そのことばがどんな意味領域に属すかを示す符号です。「うっとりする」は精神の領域です。それを表す符号が「心」（これが変化して「りっしんべん」）です。もっと詳《くわ》しいことは四七ページをご覧ください。

音符で気をつけたいことは、同一の音を示すとは限らないということです。例えば「晃《こう》」は huang という音で、「光」とは少し違《ちが》います。音符は発音記号ではなく、記号素の読み方を暗示する符号だということを理解してください。

もう一つ気をつけたいことは、音符は読み方を暗示させるだけではないということです。そのことばの意味の根底にあるイメージも同時に暗示させるのです。

「光」は放射するものですから、「四方に発散する」というイメージを示すのです。「恍惚《こうこつ》」の「恍」は魂《たましい》や気が抜《ぬ》けてぼんやりした精神状態です。だから「光」の記号でそのイメージを表現したわけです。「光—恍—胱」のように同じ記号をもつ漢字はおおむね同語源《ごげん》だと言えます。

なおすべての漢字が音符を含《ふく》むわけではありません。「光」にはどこにも音を表示する部分はありません。「光」全体がkuangを代替《だいたい》するのです。

孤か孤か孤か

「うり」か「つめ」か

「孤《こ》」が正解です。「瓜《か》」（うり）と「爪《そう》」（つめ）の間違《まちが》いは、古典的な例です（一二一ページ参照）。「瓜《うり》に爪《つめ》あり、爪《つめ》に爪《つめ》なし」という諺《ことわざ》まであります。

漢字の構成要素になるとき、「瓜」はすべてコという音です。「孤《こ》・弧《こ》・狐《こ》・呱《こ》」などの音符《おんぷ》になります。「瓜」の音のカと関係があります。

「爪」は下向きの手の形で、漢字の構成要素になるときは、常用《じょうよう》漢字では「⺤」の形になり、「採《さい》・援《えん》・受《じゅ》」など、手の動作を示す符号《ふごう》になります。

図形の違いを見てみましょう。「瓜」はウリの象形文字《しょうけいもじ》です（下図）。真ん中の「厶」は先端《せんたん》が丸くなった形です。したがって「孤」は誤字で、「レ」ですから丸くなりません。「爪」は先端がとがっています。

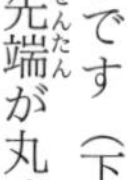

御か御か御か

逆方向へ行くイメージ

「御」「御」「御」は真ん中が怪《あや》しいものです。「御」は右端《みぎはし》を間違《まちが》えました。

正解の「御《ぎょ》」（二字目）を字《じ》源《げん》から解《かい》剖《ぼう》してみましょう。

外見上は二つにも三つにも分《ぶん》析《せき》できます。「彳＋卸」、または、「彳＋缶＋卩」となります。しかしこれでは音《おん》も意味もとらえられません。

見方を変えて、「彳＋午＋止＋卩」と四つに分析します（下図）。

「彳（道）＋止（足）」は「辶」（「しんにょう」）と同じで、行くことを示す限定符号《げんていふごう》になります。「午《ご》」は音符《おんぷ》です。「卩」は人を表します。篆書《てんしょ》以後、「午」と「止《し》」がドッキングしたために、分析の仕方を間違えていたのです。

「午」は音とともにイメージを表す記号でもあります。「午」は杵《きね》を描《えが》いた図形（下図）です。杵は臼《うす》で餅《もち》などをつく器具ですが、上から下へ打ち下ろすとすぐに下から上に返します。そこで「逆方向に行く」というイメージを示す記号になるのです。

馬を調教するとき、進ませようと思っても、馬は必死に逆《さか》らいます。逆らう馬を逆方向に行かせることができれば、自分の思いどおりになるわけです。「御」はそのように、扱《あつか》いにくいものを自由に操《あやつ》るという意味なのです。「御者《ぎょしゃ》、制御《せいぎょ》、統御《とうぎょ》」の「御」、馬、機械、人民など、扱う対象はいろいろですが、自在にコントロールするという点で共通しています。

「御」の真ん中は「午」と「止」をドッキングさせた形でした。これを知れば誤字は解消すると思います。

耕か耕か
三本なのか四本なのか

「耕《こう》」(上の字)が正解です。「来」の略字に「耒」を使う向きもありますが、いただけません。というのは「耒」は立派な部首《ぶしゅ》の一つだからです。「すきへん」または「らいすき」と呼び、「耕」や「耗《もう》」はこの部首に属しています。ただし「耒《らい》」が本来の書き方です。

「耒」は横棒が三本ですが、歴史的に見ると四本が正しかったようです。つまり「耒」の字源《じげん》は「丯」と「木」を合わせた形だったのです(下図)。

「丯」は「害《がい》」や「契《けい》」に含《ふく》まれる「丰」と同じで、切れ目を入れる符号《ふごう》です。土地に切れ目を入れて耕《たがや》す農具、つまり「すき」を「耒」といいます。

楷書《かいしょ》では「丯」と「木」がドッキングした結果、一本減り、「耒」の形になりました。したがって現在では横棒四本(二字目)は誤字となります。

港か港か
二本なのか三本なのか

「港」は、横棒が余分に多い誤字例です。「井」のような形をもつ字に「寒《かん》・構《こう》」などがあります。これと混乱したのでしょうか。

「港《こう》」のつくりはもとは「巷《こう》」で、「ちまた」と読む字です。「巷」は「共《きょう》(一緒《いっしょ》)+巳」

（人）」の組み合わせでした。人々が一緒に行き来する通り路《みち》を「巷」というのです。「港《みなと》」も水上で船が行き来するところです。「共」が「港」の音《おん》にも意味にもかかわりがあるということを押《お》さえておきましょう。

「港」のつくりの下部は「巳」のように閉じるのかという質問もありました。「港」は旧字体《きゅうじたい》です。現在では「己」と開いた形になっています。

酵か酵か

「考」なのか「孝」なのか

「孝《こう》」と「考《こう》」は形が似ているばかりか、音《おん》も同じです。だからこんな誤字も発生します。誤字を直すには、字源《じげん》から考えるしか手がありません。

「酵《こう》」（こちらが正解です）は「孝」と関係があります。

「孝」は「老の省略形＋子」の組み合わせで、子が親を大事にかばうありさまを図形化したものです。「かばって大事にやしなう」というのが「孝」のイメージです。酒などを造《つく》るとき、こうじかびが必要です。これを大事にやしなって発酵《はっこう》させるわけです。これが「酉（酒壺《さかつぼ》）＋孝」でもって、こうじかびや酒の酛《もと》を表す理由です。

講か講か

実にがっちりした組み立て

「講《こう》」が正解です。「講」では、横棒が一つ足りません。

「講」のつくり（右側の要素）はよく見ると奇妙《きみよう》な形をしています。問題は二つの部分に分かれるのか分かれないのか。

「冓」の書き方は楷書《かいしよ》でだいぶ変形してしまいました。本当は「冓」と書くのです。下図を見てください。真ん中の縦棒が上下に貫《つらぬ》いています。上と下はしっかり結びついて分けられないのです。さらに重要なことは上と下が対称形になっていることです。実にがっちりした組み立てではありませんか。

「冓」は「バランスよく組み立てる」というイメージを示す記号なのです。だから上も下も三本の横棒からできているのです。これが「冓」の形に変わったため、イメージが狂《くる》ってしまいました。それでもかすかに下も横棒三本の名残《なごり》はあります。
ついでに「講」の意味を考えます。「冓」（バランスよく組み立てる）に「言」（「ごんべん」）を添《そ》えて、ことばや文章をバランスよく組み立てて述べることだとおわかりでしょう。また「構」は木などをバランスよく組み立てることです。第二章の「構と講」「購《こう》と講《こう》」のそれぞれの項《こう》（一五〇、一五一ページ）も参照してください。

囯か国か
「王」なのか「玉」なのか

「口」の中に「王」を書く字はいかにもありそうだと思いませんか。実はあるんです。中国の『正字通《せいじつう》』（明《みん》代の字書）に登録されています。ただし「俗《ぞく》にそう書くが間《ま》違《ちが》い」と注釈《ちゅうしゃく》がついています。

旧字体《きゅうじたい》の「國」の字は難しい。くにを治めるのは王様だから「国」と書いてしまおう。横着《おうちゃく》な人が考えそうな発想ですね。いまの世でも「戦闘《せんとう》」の「闘」を「斗」と書いたり、「職《しょく》」を「耺」と書いたりする人がいます。

「くにがまえ」に「王」は発想としては面《おも》白《しろ》いけれど誤字でしょう。それより不思議なのは「国」の由来《ゆらい》です。なぜ「玉《たま》」なのか。

私の想像はこうです。世間で「国」が横行しているが、これはおかしい。くには王様のものではなく、人民のものだ。「王」に点をつけて「玉」とすればぼかすことができる。民主主義者がこう発想して生まれた字ではないでしょうか。はじめはこれも誤字だったのですが、国家が承認《しょうにん》したので正字《せいじ》になりました。現在の中国でも「国」が正字です。

なお「國」の字源《じげん》については「惑《わく》」の項《こう》（四二四ページ）をご覧ください。

昏か⿱氏目か

「日」なのか「目」なのか

「昏《こん》」（これが正解です）をなぜ「めへん」と間《ま》違《ちが》えるかというと、「昏々《こんこん》と眠る」とか、「昏睡《こんすい》、昏倒《こんとう》」と使うからでしょう。これらの場合は意味が目と関係があります。

しかし字源《じげん》から見ると、「くらい」が本来の意味です。日が暮れるころを「黄昏《こうこん》」

（たそがれ）といいます。日が暗くなるということから、意識が暗くなることへ転じたのが「昏睡」の「昏」です。これは比喩《ひゆ》的な転義です。

ついでにいいますと、「結婚」の「婚」に「昏」が使われています。古代では「昏姻」などと書いていました。「おんなへん」は後からつきました。古代の文字学者の説によると、暗いときに行う儀式《ぎしき》だからだそうです。

叉か叉か叉か

正解は「叉《さ》」です。アンケートの回答に、「交叉《こうさ》」と書いている方がいましたが、いまでは使われていません。というのは「叉」が常用漢字《じょうよう》でないため、「交差」に書き換《か》えているのです。もっとも「叉」がつく熟語なら何でも書き換えるわけではありません。「音叉《おんさ》」（調律に使う道具）はこのままです。

「叉」は「叉」の中に点を打った形です。「叉」は右手を描《えが》いた図形で、指三本だけ書いて、後は省略しています。下から親指、人指し指、中指です。人指し指と中指の間に物をはさんでいる図形が「叉」です。

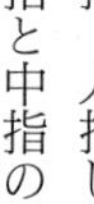
親指、人指し指、中指を描いた図形

Vサインをするとき、人指し指と中指を立てます。それと同様に、指を「Y」型にして物をはさむわけです。音叉の叉のイメージとそっくりです。ふたまたになったものを「叉」というわけです。

「又」に点を打つ場所が「又」の横でも下でもなく、中である理由がこれで納得《なっとく》できるでしょう。

なお「交叉《こうさ》」の「叉」に点は要《い》るか要らないかという質問もありました。点がないと「又《ゆう》」（また）という別の字になります。この場合は誤用です。中華《ちゅうか》料理店でたまに「又焼」と書いたものを見かけることがありますが、もちろん「叉焼《チャーシュー》」の誤記です。

妻か妻か妻か妻か妻か

ほかの漢字にない孤立した形

「妻《さい》」（これが正解です）にこんなに多くの誤字があるとは驚《おどろ》きました。誤字が生じる原因の一つは、ほかの漢字にない孤立《こりつ》した形をもつからです。

「妻」は「ヨ」の中の横棒が出るか出ないかの問題です。これは法則があります。第一章（五六ページ）をご覧ください。

「妻」は横棒が足りませんし、「妻」はまっすぐ抜ける縦棒が途中《とちゅう》で切れてしまいました。「妻」もなぜこのようになるのかわかりませんが、誤字です。

「妻」の字源《じげん》を見てみましょう。下の篆書《てんしょ》を見てください。いちばん上に「十」という符号《ふごう》があります。これは「中」が変わったものです。かんざしのような頭のアクセサリーと考えられます。

「ヨ」は「又」と同じで、手の形です。この二つの符号がぴったり結びついたのと「女」を合わせたのが「妻」という図形で

す。

奥《おく》さんをどう図形化しようかと考えた人が、手でかんざしを頭に飾《かざ》っている女性を思い浮《う》かべて、この字を作ったわけです。かんざしは昔のファッションを代表させたものでしょう。

栽か栽か
裁か裁か

点がつくかつかないか

両方とも右肩《みぎかた》に点がつくのが正解です。この点はいったい何でしょうか。字源《じげん》から解いてみましょう。

「栽《さい》・裁《さい》・載《さい》」は同一の符号《ふごう》を含《ふく》んでいます。「𢦏」の上の「十」は実は「才《さい》」の変形です。これらの字の音《おん》がサイなのは、「才」と関係があるわけです。

「才＋戈」の組み合わせが「𢦏」ですから、「戈《か》」の右肩の点を考えればいいわけです。「戈」は「戒《かい》と戎《じゅう》」の項《こう》（一二四ページ）と「戒《かい》」の項（二五〇ページ）でも述べましたが、両刃《りょうば》の身をもつ「ほこ」の象形文字《しょうけいもじ》です。左側の刃が「一」になり、右側の刃が「、」になったのです。

「栽」と「裁」の字源については、第二章の「栽と裁」の項（一五三ページ）を参照してください。

彩か彩か

『康煕字典』も間違えた

「彩」は微妙《びみょう》な誤字です。「彩《さい》・採《さい》・菜《さい》」に共通の部分は「采《さい》」です。人名用漢字になって字体《じたい》が改まりましたが、旧字体《きゅうじたい》は「采」でした。

この「采」を「釆《はん》」に間違《まちが》えるのは伝統があるのです。『康熙字典《こうきじてん》』は「采」を「釆」の部に入れています。現在でも伝統を重んじる漢和辞典はこれにならっているはずです。

しかし「采」と「釆」はまったくの別字《べつじ》なのです。「釆《はん》」は「番《ばん》」の基幹《きかん》を成す記号です。この間違いは書道から起こったのではないかと思います。昔の書を見ると「采」を「釆」と書いているのがけっこう多いのです。

こんな伝統があるため、「彩」の左側に逆に「釆」が現れたのではないでしょうか。伝統と関係なくただ形が似ているせいかもしれませんが。

さて「采」の字源《じげん》は「爪（下向きの手の形）＋木」の組み合わせです。木の芽や葉をつみとる場面を図形化したものです。「采」に「てへん」をつけたのが「採」（とる）です。「彡」（あや、模様を示す限定符《げんていふ》号《ごう》）をつけたのが「彩」です。いろいろな模様をとり合わせること、つまり「いろどり」を表しています。

祭か祭か祭か

扱いに苦慮する字

こんな字はないだろうと思いつつ、書道字典を見ると思いがけず発見することがあります。「祭」もちゃんと出ていました。昔の書家《しょか》もこんな字形《じけい》を書いていたんだなあと感心するとともに、扱《あつか》いに苦慮《くりょ》します。つまり誤字としていいかどうかですが、私はあえてこれを誤字とします。「祭」は明らかに「発」の上部と混乱した誤字です。「祭」も、半分だけ「発」と混乱したといえなくはありません。ただ上部の右側の形がはっきりしないための誤字とも考えられます。

「祭《さい》」が正解ですが、上部の右側が奇妙《きみょう》な形になっていますが、実は「又」と同じです。左側も奇妙な形ですが、「月」(「にくづき」)が斜《なな》めになったものです。「然《ぜん》」や「炙《しゃ》」にもあります。

「祭」の構造は「肉＋又(手の形)＋示(祭壇《さいだん》の形)」です。この図形

から、神様を祭る場面が彷彿《ほうふつ》としませんか。イメージが浮《う》かばないと、古人の漢字の造形が失敗したことになりますが。

「祭」の右上を「又」とはっきり書いていいのか、という質問があるかもしれません。私は許容範囲《きょようはんい》と考えています。「ヌ」か「又」か辞典によってまちまちです。教科書体はほとんど「又」に近くなっています。

最か最か

三本の指でつまみ取ることを暗示

上部の両端《りょうはし》の縦棒《たてぼう》は「一」につけません。したがって、「最」は間違《まちが》いです。「最《さい》」(これが正解です)の上の「曰」は「日」ではありません。もとは「冃」という形でした。「冒《ぼう》」や「曼《まん》」(「漫《まん》・慢《まん》」のつく

り）の上部もそうです。「冂＋二」で、下の物を上から覆《おお》いかぶせることを示す符号《ふごう》です。

親指と人指し指と中指の三本で、覆いかぶせるような形でつまみ取ることを暗示させる図形が「最」です。

こういう形でつまみ取るのはごく少量なので、「もっとも」を表すのに「最」を使いました。小さかろうと大きかろうと、程度がひどくかたよっていれば「最」というのです。

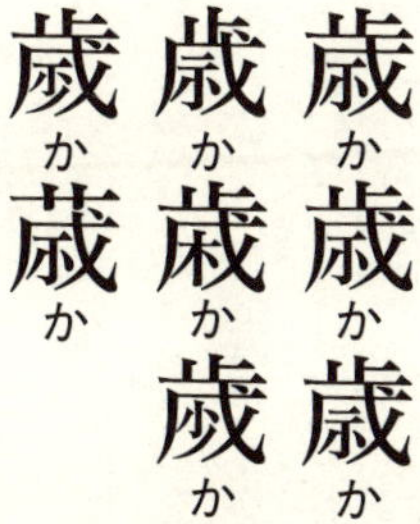

新旧の字体の微妙な差異がわざわい

まるで誤字のオンパレードですね。難しいというよりも、新旧の字体《じたい》の微妙《びみょう》な差異がわざわいしているのかもしれません。新旧の字体を左に示します。

歳（新字体）——歲（旧字体）

当用《とうよう》漢字（常用《じょうよう》漢字の前身）で右のように字体が変わったのです。

旧字体で字源《じげん》を考えます。上の「止」と下の「少」を合わせると「歩」になります。

その間に「戌《じゅつ》」が入りこみました(下図)。

「戌」については第一章の「滅《げん》」の項《こう》(八〇ページ)で述べました。「戌」だけでまとまった形で、武器あるいは刃物《はもの》ですが、農具にもなります。「歩」(あゆむ)と「戌」(農具)を合わせて、作物を植えてから刈《か》り取るまでの時の歩み、つまり一年という歳月《さいげつ》を暗示させるのです。

当用漢字表では「歩」は「歩」と簡略化(複雑化?)されました。これにならえば「歳」(七字目)のようになるはずですが、そうならず、これは誤字になりました。

点の有無《うむ》は「戈《か》」の場合と同じです。「戌・戉《えつ》・戊《ぼ》・我《が》」はみな「戈」と似た武器の象形文字《しょうけいもじ》で、両刃《りょうば》のうちの片刃《かたは》が点になっているのです。本章の「栽《さい》・裁《さい》」の項(二九六ページ)を参照してください。

材か杙か　財か戝か

俗字か誤字か

「杙」なんて字はよもやあるまいと思いながら、字典を引いてみると、何とありました。

中国の『中華辞海《ちゅうかじかい》』と日本の『大漢語《だいかんご》林《りん》』にだけありました。後者は「材《ざい》」の俗《ぞく》字《じ》としています。私には誤字としか思えませんが、昔から「材」を「杙」に間違《まちが》う人がいたという証拠《しょうこ》になります。

驚《おどろ》いたことに「戝」もありました。これは『大漢語林』に「財《ざい》」の誤字として出ています（「賊《ぞく》に同じ」ともあります）。

「才」と「戈」は形が似ているための混乱です。よく見るともちろん違いがあります。二画《かく》目の下はねの向きが逆です。

「才」と「材」などのつくりは字体《じたい》が少し違うのにお気づきですか。「才」は「ノ」が「二」より下で、右端《みぎはし》が出ています。「材」などのつくりは「オ」みたいになっています。なぜだかわかりません。『康熙字典《こうきじてん》』もすでにそうなっています。

不統一なのは変だというのか、教科書体では「才」を「オ」にしています。そうなれば「材」などのつくりを「戈」にする誤字はなくなるはずです。

冴か冱か

誤字の誤字？

「凝《ぎょう》」の項《こう》（二七三ページ）で、昔から「にすい」と「さんずい」の字が混乱しているということを述べました。「冴」（さえる）の場合はどうでしょうか。水の部に「汧」はありました。これは「沍《ご》」（かれる、ふさがるの意）の誤字だそうです。

ところで「冴」という字は中国の字典に見当たりません。「汧」はあります。こちらは「冱」の俗字《ぞくじ》だそうです。『大漢和辞典』には「冴」が出ていて、「冱の譌字《かじ》」（譌字は誤字の意）とありました。「冴」という字自体が誤字だったのです。そうすると「さんずい」の字は誤字の誤字ということとになります。

私の推測では「冴」は「冱」のつくりを「牙《が》」（きば）と間違《まちが》えた日本製の字ではないかと思います。だから「きば」とは関係ありません。

さて、肝心《かんじん》の「さんずい」と「にすい」のどっちが正しいかということですが、「冴」のおもとは「冱」で、「こおりつく」という意味です。こおりつく↓冷たく澄《す》んでいる↓さえるというぐあいにイメージが連合しました。ということで「にすい」が正解です。

「冴」はもとは誤字とはいっても現在は人名用漢字です。堂々と使えます。

策か筞か

「朿」と「束」の違い

「朿《し》」と「束《そく》」はほんのちょっとした違《ちが》いですが、「筞」は存在しない誤字です。

字源《じげん》から「朿」と「束」の違いを説明します。「朿」の「冂」は「↔」の形が変わったものです。「とげ」を表す図形でした。第二章の「刺《し》と剌《らつ》」の項《こう》（一五六ページ）を参照してください。「朿」を横に並べると「棘《きょく》」。これも「とげ」と読みます。「朿」を縦《たて》に重ねた「棗《そう》」は何かわかりますか。「なつめ」です。この木にはとげがあります。

「束《そく》」の「口」は「○」が変わったものです。明らかに木を縛《しば》った形です（一五六ページ下段の図参照)。だから「たば」という意味になります。

二つの違いがわかったとして、ではなぜ政策《せいさく》の「策《さく》」が「とげ」と関係があるのかということです。直接とげと関係があるわけではありません。前にも言いましたように、漢字はストレートに意味を表すのではなく(そういう場合もありますが)、イメージを媒介《ばいかい》にする表現法(意味表象《ひょうしょう》の方法)を重んじます。「朿」は「ぎざぎざで不ぞろい」というイメージを呼び起こす記号だったのです。

昔の文書は竹を削《けず》った札《ふだ》で、先端《せんたん》が不ぞろいでした。自分の意見を述べてお上《かみ》に差し出す文書を「対策」といいました。ここから「政策」の「策」へ発展するのです。

索か索か索か

独特でかなり変わっている形

昔ケーブルカーを鋼索《こうさく》鉄道あるいは索条《さくじょう》鉄道といいました。鋼索というのはワイヤーロープです。「索《さく》」はより合わせた縄《なわ》という意味があります。

「索」の上は独特の形をしています。難しい字ですが、「勃興《ぼっこう》」(にわかに勢いよくおこること)の「勃」の左上と同じです。また形がかなり変わっていますが、「肺《はい》」の右側と同じです。ただし都市の「市《し》」とは違います。

「市」のもとの形は「朩」で、「屮(草の芽《め》)十八(左右に分かれる印《しるし》)」の組み合わせです。草の芽が左右に分かれ出るありさまを図形化しています（下図右）。「二つのものが二つに分かれる」というイメージです。「肺」は左右二つに分かれている臓器です。

「朩」が「十冖」に変わり、糸をつけて「索」となりました（下図左）。この場合は「十冖」は逆に「二つのものが合わさって一つになる」というイメージを表しています。縄やロープはそういうものです。

ということで、「索」と「索」はともに誤字です。

冊か册か
横棒が出るか出ないか

横棒が両側に出るか出ないかという問題です。

「扁」（「編《へん》」などのつくり）や「侖」（「輪《りん》」などのつくり）は出ていません。ところが「冊《さつ》」（これが正解です）は出ています。このちぐはぐは何でしょう。

明《みん》の『字彙《じい》』という字典を調べてみると、「冊」が正字《せいじ》として出ていました。『康《こう》熙字典《きじてん》』などは「册」が正字で、「冊」が異体字《いたいじ》になっています。

字源《じげん》を見ます。字を書く竹や木の札《ふだ》をひもでつづり合わせた図形で、昔の書物を表します。図のように篆書《てんしょ》では横棒がはみ出ていません。出ないのが正字だったように思います。ところがいつの間にか「冊」や「册」のようにはみ出ているのです。日本でも中国でもこうです。

たぶん書道の書き方の影響《えいきょう》ではないでしょうか。

現在は日本では「冊」、中国では「册」と字体《じたい》が分かれています。

傘か傘か　人とは関係なし

下の字は、「傘《さん》」（かさ）の上だけでなく、下も間違《まちが》えていますね。「十」の縦棒が「𠆢」の真下まで延びないといけません。

漢和辞典では「傘」は「𠆢」（「ひとやね」）に入っています。また字の中に四つの「人」が含《ふく》まれています。しかしこれは人とは関係がなく、全体が「かさ」の象形文字《しょうけいもじ》です。

余談ですが、屋号などに「仐」を見かけます。これは「傘」を省略したものです。

私は符号《ふごう》の一種だと思っていますが、最近の漢和辞典では漢字として採用しだしています。ＪＩＳ補助漢字にそれが入っているせいでしょう。

算か算か　竹を取りそろえて数えるありさま

「算」は誤字です。「目」と「日」が混乱する誤字は「暇《か》」や「県《けん》」にもありました。「算《さん》」の「目」は何でしょうか。これを説明します。

「算」は「竹＋具」と分析《ぶんせき》します。「具《ぐ》」の下が違《ちが》いますが、「丌」と「廾」は同じで、両手の形です。「廾」は「弁」や「戒」にも含《ふく》まれています。「くさかんむり」ではありません。

「具」は前に述べました。「目」は「鼎」(かなえ)という器《うつわ》だったのです。器を取りそろえてそなえつけるのが「具」です。そこで「算」にこのイメージが利用されます。計算するときに竹の棒を使いました。竹を取りそろえて数えるありさまを暗示させるのが「算」というわけです。「算」の字体は『康熙字典《こうきじてん》』もこのとおりですが、将来「竹＋具」に改めるほうがよいかもしれません。

使か使か

きちんと仕事をする人のイメージ

右上が突《つ》き抜《ぬ》けない「使」は誤字です。「便《べん》」との混乱ではないでしょうか。

字源《じげん》から説明しましょう。「使《し》」は「史」と関係があります。音《おん》も同じです。「史」は筆記用具を手にもつ図形（下図）です。図のように棒が上に突き出ないといけません。「歴史《れきし》」の「史」は出来事の記録、「女史《じょし》」の「史」は記録する人という意味です。

「史」に「一」をつけると「吏」になります。音はリに変わります。仕事をきちんとする役人が「吏」です。「吏」に「にんべん」をつけて「使」となりますが、音はもとのシになります。公用をする人、つまり「使節《しせつ》、大使《たいし》」の「使」です。

このように変転しましたが、基本は「史」でした。ただし「にんべん」に「史」という字はありません。一《ひと》ひねりして「にんべん」に「吏」です。

祉か祉か

幸せは神様がくださるもの?

多くの人が「衤」(「ころもへん」)と「礻」(「しめすへん」)の区別に悩《なや》んでいるようですね。詳《くわ》しいことは第一章の「裕《ゆう》・祝《しゅく》」の項《こう》(九一ページ)をご覧ください。

「礻」は神と関係があることを限定《げんてい》する符《ふ》号《ごう》です。

「祉《し》」(こちらが正解です)はなぜ「礻」なのかということですが、「福《ふく》」を見てもおわかりのように、昔の人は幸せは神様から下されるものという意識をもっていたのです。「神がやって来てとどまる」のが「祉」なのです。だから「止《し》(とどまる)+礻」で「幸せ」なのです。

賜か賜か

トカゲの象形文字に由来

正解は「賜《し》」です。「易《えき》」をつくりとする字は常用漢字《じょうようかんじ》では「賜」だけです。表外《ひょうがい》字《じ》では「錫《せき》」(すず)があります。

一方、「昜《よう》」を含《ふく》む字は「陽《よう》・湯《とう》・揚《よう》・場《じょう》・傷《しょう》」などかなりあります。どれもヨウ、ジョウなど語尾《ごび》が延びる音《おん》であるのが特徴《とくちょう》です。「易」はエキ、「賜」はシで、まったく系統の違《ちが》った音です。

このように音で区別するのも一法です。

「易」はトカゲの象形文字《しょうけいもじ》です(下図)。トカゲは地面を平らにはいます。それで「平らに伸《の》びる」というイメージを「昜」で表します。

殿様《とのさま》が家来《けらい》に褒美《ほうび》を与える姿を想像してみてください。畳《たたみ》の上で物を向こうへずるっと押《お》しやる感じです。「易」のイメージと似ています。「恩賜《おんし》」の「賜」（たまわる）はそれに似た場面から生まれた漢字です。

か式かか

点と「ノ」がつくかつかないか

「式《しき》」が正解です。

「弋《よく》」と「戈《か》」も間違《まち》いやすい字の一つです。「戈」に点が必要な理由については「戒《かい》」の項《こう》（二五〇ページ）や「栽《さい》・裁《さい》」の項（二九六ページ）で述べました。では「弋」の点は何でしょう。

「弋」は先端《せんたん》がふたまたになった道具の図形です。二五一ページの図を見てください。武器にもなりますし、「いぐるみ」という狩猟《しゅりょう》用具にもなります。ふたまたの右側の先が点になりました。

ちなみに「戈」は「ほこ」で、「ノ」はほこの柄《え》の痕跡《こんせき》です。「いぐるみ」には柄はありません。だから「弋」に「ノ」はつかないのです。

「式」は「弋（道具）＋工」の組み合わせで、道具を用いて工作するやり方を暗示させます。「方式」の「式」（やり方）はここから来た意味です。

か秋か

「示」なのか「禾」なのか

「秋《しゅう》」が正解です。上の字のような誤字が出

るのは「禾」を「禾」と書くせいではないでしょうか。「禾」は上が斜《なな》めの「ノ」です。「禾」（「のぎへん」）は稲《いね》や作物と関係があることを示す限定符号《げんていふごう》です。「秋」になぜ「禾」がつくかというと、秋は農作物を取り入れる季節だからです。「禾＋火」で、稲《いな》わらを焼いたり乾《かわ》かしたりする情景を暗示させます（下段の図右）。秋の風物《ふうぶつ》をとらえた図形といってよいでしょう。

ついでに秋以外の四季を表す漢字が何を図形化したかを見てみましょう。

「春」は篆書《てんしょ》からかなり変形しています。もとは「艸（くさ）＋屯＋日」の組み合わせでした（下段の図の右から二番目）。「屯」は地下にこもり芽を出そうとする草の形です。日の光を浴びて萌《も》え出ようとする植物によって春を象徴《しょうちょう》します。

「夏」は衣冠《いかん》をかぶる大きな人の形です（下図の右から三番目）。「大きくかぶさる」というイメージを用いて、草木が成長し枝葉《えだは》のかぶさる季節を比喩《ひゆ》します。

「冬」は干《ほ》し柿《がき》のような保存食の形と「冫」（こおり）を合わせた図形（下図左）です。それによって冬を暗示させます。

四季の漢字はすべて植物のイメージをもとに図形化されているわけです。

東西南北の方位も、具体物のイメージから発想されています。第三章の「南《なん》」の項《こう》（三五八ページ）をご覧ください。

修か修か修か

人の背中に水を垂らしている図形

「修《しゅう》」（これが正解です）の「彡」が「ミ」になる誤字については、第一章（七三ページ）をご覧ください。

へんとつくりの間になぜ「丨」が必要かを説明しましょう。

「修」は「攸＋彡」と分析《ぶんせき》します。「攸《ゆう》」は人の背中に水を垂らしている図形（下図）です。「丨」は垂れている水なのです。細く長くたらたらと垂らすありさまをもとにして、「細長い」というイメージを表すのが「攸」です。「彡」はあや、模様、飾《かざ》りを示す限定符号《げんていふごう》です。それで、「修」はスマートに姿を整えること、「修《しゅう》飾《しょく》・修理」の「修」となります。

「修」（三字目）は次のような新旧字体《しんきゅうじたい》の変化が絡《から》んでいますね。

絛《じょう》（旧字体）→条（新字体）

これが干渉《かんしょう》して「修」という誤字が生まれたようです。

衆か衆か衆か

字体はこんなに化ける

「衆」は「象《しょう》」の下部と混乱しているようです。「衆」は「衣」の影響《えいきょう》があるのかもしれません。「イ」の下ははねないのです。「衆《しゅう》」（これが正解です）の下部と共通の形は「聚《しゅう》」（あつまる）に見られます。「衆」は「おおい」の意ですから、意味も共通のものがあります。

「衆」の下部の「イ」は人です。両側も人です。要するに「人」が三つ並んでいる図形です。現在の中国では「衆」の簡体字《かんたいじ》を「众」と書きますが、もとはこれと同じだったのです。

「人」が二つ並ぶ形は「旅《りょ》」の右下にあります。「衆」の左下の点々を減らすと「旅」の右下と同じ形になります。

上の「血」はいったい何でしょう。いちばん古い甲骨文字《こうこつもじ》では「日」になっています（下図右）。それで、太陽の下で働く多くの人人の図形と解釈《かいしゃく》されています。金《きん》文《ぶん》と篆書《てんしょ》では「皿」（目）になっています（下図中央、左）。目は監視《かんし》する

人の目を表しているのでしょう。
いずれにしても「多くの人々」を表そうとしていることに変わりはありません。ところが楷書《かいしょ》で字体《じたい》が「血」になって、訳のわからないことになりました。字体はこんなに化ける例もあるということです。

猎か獣か獸か

あべこべでごちゃごちゃ

「猎」は左右あべこべです。

正しくは「獣《じゅう》」で、旧字体《きゅうじたい》は「獸」でした。左側に「單」と似た形があるのがおわかりですか。では「一」は何か。実は「單」の下の横棒なのです。変な形になりましたが、「獸」の左側は「單《たん》＋口」だったのです。

「単」（旧字体は「單」）は動物を追い立て

る狩猟《しゅりょう》用具の図形だったのです(下図)。「口」は囲いの符号《ふごう》です。古代から狩猟には犬を利用しました。だから狩猟される動物を「獣」と書き表したのです。

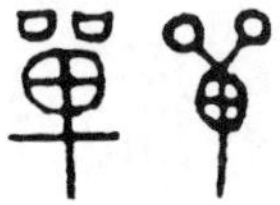

もちろん狩猟動物だけでなく四本の足をもつ哺乳《ほにゅう》動物に対して「獣」を使うことはいうまでもありません。

叔か叔か救か

淑か淑か淑か

寂か寂か寂か

小さな豆をとる場面を図形化

三字を一括《いっかつ》して説明します。三つとも、正しい字は一番上です。

「叔《しゅく》」の誤字は三つの部分に現れます。

①左上が「上」か「止」か

②左下が「小」か「少」か

③右が「又」か「攵」か

字源《じげん》から解剖《かいぼう》します。「尗《しゅく》」は小さな豆を表す符号《ふごう》です(下図右)。地下に三本の根、地上に二本の蔓《つる》が出ています。「尗+又(手の形)」の組み合わせで、小さな豆をとる場面を図形化します(下図左)。「叔」に「くさかんむり」をつけた「菽《しゅく》」(意味は「まめ」)に「尗」の最初のイメージの痕跡《こんせき》が残っています。

「叔」は「小さい」というイメージを示す記号になります。「叔父《しゅくふ》」(おじ)は年下のおじさんです。

「淑《しゅく》」は女性がほっそりと小さく美しいあ

りさまで、これによって女性がしとやかであるという意味に使います。

「寂《じゃく》」は家の中で声が小さくひっそりとしているありさま、つまり「さびしい」ことを暗示させます。

祝か祝か

大きな頭のかんぬし

「祝《しゅく》」が正解です。

わざわざ難しい「兑」に間《ま》違《ちが》えるのはどうしたことでしょう。「祝《いわ》う」と「兄」が結びつかないからでしょうか。あるいは「税《ぜい》」と少し似ているので、これに引きずられたのでしょうか。

「兄」は大きな頭をした人の図形です。弟と比べれば「あに」のほうが大きいので、「兄」を「あに」に使います。しかし「兄」を「示」（祭壇《さいだん》の形）の前に置けば、「あに」ではなく、「かんぬし」になります。「祝賀《しゅくが》」の「祝」（いわう）は「いのる」ことから派生《はせい》した意味です。

ついでに「兑」を説明しておきましょう。「説《せつ》」や「脱《だつ》」の「兑」の原形は「兌《だ》」です。これは「八（左右に分ける印《しるし》）＋兄（頭の大きな子）」と分析《ぶんせき》できます。子供から衣服を左右に分けて脱《ぬ》がす場面を図形化したものです。「脱」という字にその場面の映像が閉《と》じ込《こ》められています。

「祝《しゅく》」の誤字は「ネ」（「しめすへん」）を「ネ」（「ころもへん」）にする例がかなりありました。これについては第一章の「裕《ゆう》・祝」の項《こう》（九一ページ）をご覧ください。

述か述か 術か術か

アワの象形文字に由来

「述《じゅつ》」の誤字（一字目）は点の有無《うむ》の問題です。必ず「ホ」の右肩《みぎかた》に点が要《い》ります。「術《じゅつ》」の誤字（四字目）は似た字との混同です。「行」の中は「求《きゅう》」ではありません。「述」も「術」も「朮《じゅつ》」（「术」に変形）からできていて、音《おん》もまったく同じです。

「朮」はアワの一種で、モチアワ、つまり粘性《ねんせい》のあるアワの品種を指します。図形を見てみましょう。アワの象形文字《しょうけいもじ》ですが、種子が一粒《ひとつぶ》だけ描《えが》いてあります（下図）。これが「朮」の右肩の点になりました。

なぜアワを利用して「述」や「術」ができたのでしょうか。「朮」は粘《ねば》るアワなので、粘りつく→くっつくというぐあいにイメージが連合します。この「くっつく」というイメージを利用するのです。

筋道にくっついて外《はず》れないように行く（「筋道に従ってのべる」はその転義）のが「述」、だれもが外れないで通る道（「筋道に従って行うやり方」はその転義）が「術」です。

「術」の中を「术」ではなく「木」のように書くのも誤字としてよいでしょう。「朮」の形《かたち》に由来《ゆらい》するからです。ただし、同じ「朮」に由来するのに「殺《さつ》」は「木」になっているし、点もありません。ちぐはぐな感は否《いな》めません。

瞬か瞬か瞬か

目をひっきりなしにぱちぱちさせる

「日」と「目」が混乱する誤字は「暇《か》」などにもありました。ここでは「目」が正解です。「瞬《しゅん》」は訓《くん》で「またたく」または「まばたく」と読みます。これは目の動作です。「またたく」の「ま」は「まぶた」の「ま」と同様、「め」の変化です。「ひへん」か「めへん」か迷うときは訓で読んでみれば解決がつきます。

「瞬」のつくりの「夕」は「夕方」の「夕」ではありません。「舛」は「舞《ぶ》」の下部と同じで、ステップを踏《ふ》む両足の形です。部《ぶ》首名《しゅめい》としては「まいあし」と呼びます。足をひっきりなしに動かすのが「舜《しゅん》」で、目をひっきりなしにぱちぱちさせるのが「瞬」です。

準か準か

本来の正字が誤字に

「準」の部首《ぶしゅ》はどれかおわかりですか。「十」ではなく「水」なのです。だから「準」のような「氵」（「さんずい」）を左に移す誤字が生まれたのかもしれません。

ところで時代をさかのぼると事情が違《ちが》います。篆書《てんしょ》を見ると「水」が左側に来ているのです。だから本来はこの書き方が正字《せいじ》だったわけです。

しかし『康熙字典《こうきじてん》』などを調べてみると「準」になっています。「準」の字体はどの辞典にも見当たりません。

いまでは「準」が正字ですが、字源《じげん》的に分析《ぶんせき》すると「水＋隼」なのです。「隼《じゅん》」はハヤブサという鳥です。「隹＋一」の組み合わせで（下図）、「一」が一直線に飛ぶイメージを示しています。だから「隼」は「まっすぐ」というイメージを示す記号になります。

水準器《すいじゅんき》という器具をご存じでしょう。「みずもり」とも言います。水平を定める器具です。水平ですからまっすぐな平面です。「準」とはこの道具のことでした。ここから「水準、標準」などと使うように、目安、法則という意味が派生《はせい》しました。

潤か潤か

余りがあるというイメージ

「潤」は間違《まちが》いです。

暦法《れきほう》で平年より多い日数や月数を「閏《じゅん》」（うるう）といいます。したがって「閏」には「余りがある」というイメージがあります。だから水分が多くて湿《しめ》り気《け》がたっぷりあることを「潤《じゅん》」（うるおう）というのです。

さて字源《じげん》を見てみましょう。中国最初の字典である『説文解字《せつもんかいじ》』には、「閏」を「王様が門の中にいる形」と説《と》いています。しかし「王」と「玉」は篆書《てんしょ》ではそっくりです（「理」などの「王」は実は「玉」と同じで「たまへん」です）。私は「閏」を「門＋玉」に分析《ぶんせき》したいと思います。

門の中に玉がある図形でもって、家に多くの宝がいっぱいあるありさまを暗示させたわけです。だから「余りがある」というイメージが生きるのです。

そうすると「潤」は？　やはり誤字です。篆書以来、点を打たない「王」しかありません。

女か女か

誤字ではなく許容字体

「ノ」が「二」の上に抜《ぬ》け出るか抜け出ないかという問題です。抜け出ても誤字ではありません。許容字《きょようじ》体《たい》と考えてください。

古代文字にさかのぼると抜け出る書体《しょたい》はありません。いつからこんな書き方が生まれたかというと、漢《かん》代の隷書《れいしょ》と、それ以後の書道の書き方のようです。特に書道では抜け出た字形《じけい》がほとんどです。平仮名の「め」は「女」の草書体《そうしょたい》から来ていますが、ご覧のように抜け出ています。

このような歴史的な事情を考慮《こうりょ》したのか、常用《じょうよう》漢字表の序文に、抜け出た形が許容字体として出ています。

承か承か承か

両手で人をもち上げるイメージ

横棒が足りなかったり多かったりする誤字です。正解は「承《しょう》」です。

横棒が何本かの判定法は「手」にあります。「手」は全部で三本です（上の斜《なな》め線も横棒とします）。

下の篆書《てんしょ》から字源《じげん》を調べます。「承」のいちばん上の「フ」は「卩」の変形で、人の形です。その下は「手」で

す。両脇《りょうわき》にある「フ」と「ㄑ」はセットになる符号《ふごう》です。これは「廾」の変形で、両手の形です。字源的に解剖《かいぼう》するとこうなります。「承」は原形をとどめないくらい崩《くず》れていますね。

さて意味ですが、両手で人をもち上げる場面を設定した図形で、押《お》し頂《いただ》いて受けるという意味を暗示させるのです。「承諾《しょうだく》・承服」の「承」(受けいれる)はこれです。

勝か勝か　「刀」なのか「力」なのか

「力」と「刀」の区別は意味で判別するしか手はありません。「勝《か》つ」は刀《かたな》で勝つと取れないわけではありませんが、常識的に考えれば、力《ちから》で勝つものでしょう。

字源《じげん》から見ると、「朕《ちん》＋力」と分析《ぶんせき》できます。「朕」は「謄《とう》・騰《とう》」にも含《ふく》まれていますが、単独の場合と構成要素になるときとでは、字体《じたい》が少し違《ちが》うことに注意してください。もっとも「朕」(天皇の自称)を単独で使う場合はめったにありませんが。

「朕」を解剖《かいぼう》すると「舟＋关」となります。「月」は「つきへん」や「にくづき」とは別で、「ふなづき」といい、「舟」のことです。「关」は「送」のつくりと同じで、物を上にもち上げることを示す符号《ふごう》です。舟が水の力で浮《う》き上がるありさまを図形化したのが「朕」です(下図)。

そこで、「朕」は上に上がることを示す記号に用いられます。

これではっきりしました。「勝《しょう》」

は力で相手の上に出ることでした。だから「かつ」という意味だけではなく、「まさる、すぐれる」という意味も容易につかめます。

傷か傷か

一本多いか少ないかで天地の差

前に「賜《し》」のつくりが「昜《よう》」になる誤字を紹介しましたが、今度は逆です。「傷《しょう》」が正しく、「傷」が誤字です。「一」が一本多いか少ないかは天地の差があります。

「傷」はなぜ「昜」であって「易《えき》」でないか、字源《じげん》から説明しましょう。

「イ」が「にんべん」であるのはわかるとして、「𠂉」は何か。実は「矢《や》」の省略形なのです。人と矢で「きず」、何となく納《なっ》得《とく》できましょう。それではなぜ「昜」をもってきたのか。ここにことばのイメージが絡《から》んでいるのです。

「昜」は太陽が上《あ》がることを表す形です。「陽《よう》」と「揚《よう》」（あがる）の基幹符号《きかんふごう》になっています。だから「昜」は「高くあがる」というイメージを示す記号になります。詳《くわ》しい字源の解説は「陽」の項《こう》（四〇八ページ）をご覧ください。

さて「きず」にもいろいろあります。漢字で書くと「創《そう》・疵《し》・瑕《か》」など。矢が高く飛んできて人に当たるありさまを図形化したのが「傷」なのです。外部から襲《おそ》うもののために人体が損《そこ》なわれる「きず」というイメージです。この「傷」は人の精神面にも適用されます。「中傷《ちゅうしょう》、愁傷《しゅうしょう》」の「傷」

です。

丈か𠀋か

誤字ではなく俗字

「𠀋」は誤字ではありません。字体《じたい》史的には俗字《ぞくじ》に扱《あつか》われています。

字源《じげん》は「十（数の一〇）＋又（手の形）」からできています。一尺《しゃく》の一〇倍の長さを表します。だから「丈《じょう》」に点を打つ必然性はありません。

点を打つ字形《じけい》は書道で現れたのではないでしょうか。筆の勢いでしょう。明《みん》の『正《せい》字《じ》通《つう》』では「点を打つのは間違《まちが》い」と断定しています。だから誤字から出発していることは確かです。

「𠀋」は日本ではたまに見かけます。プロボクサーの辰吉𠀋一郎《たつよしじょういちろう》さんの「𠀋」は確か点を打ったはずです。バンタム級チャンピオンに返り咲《ざ》いたときの新聞記事は点を打ってありませんでした。お役所は人名の俗字・誤字をなるべく正字《せいじ》にするよう通達しているようです。

条か条か

新旧がチャンポン

「夂」と「夊」は紛《まぎ》らわしい形です。特に「条《じょう》」は新旧の字体《じたい》が次のように変わったため混乱します。

條（旧字体）→条（新字体）

下の字は新旧チャンポンになっています。「条」が正解です。

「夊」が「夂」に変わった別の例をあげま

しょう。
變《へん》（旧字体）→変（新字体）
逆《ぎゃく》に「夂」が「攵」に変わった例もあります。
致《ち》（旧字体）→致（新字体）
当用《とうよう》漢字（常用漢字の前身）が制定されたとき、こんなややこしい字体の改変が行われたため、混乱の種をまいてしまいました。

蒸か蒸か

落とし穴の形が変化

上の字は横棒が一本足りません。「蒸《じょう》」が正解です。

「蒸」は「くさかんむり」と「烝《じょう》」からできています。「烝」をさらに分析《ぶんせき》すると「丞＋灬（火）」となります。基本になるのは「丞《じょう》」です。下の「一」は何でしょうか。「丞」から「一」を省いた残りの形は、「承《しょう》」から「手」を省いたのと同じです。それは「承」の項《こう》（三一七ページ）で説明したように、人を両手でもち上げる図形でした。その下に「一」をつけました。これは落とし穴の形が変化したものです。

　ということで、落とし穴から人をすくいあげるありさまを図形化したのが「丞」なのです（下図）。人をすくって助けるのが「丞」ですから、「一」を落とすわけにはいきません。

「すくい上げる」というイメージから、「上に上がる」というイメージを示す記号として「丞」が用いられます。だから

「烝」は火気《かき》が上がることです。それに「くさかんむり」をつけた「蒸」は草をもやして火気が上がるありさまを図形化しました。もちろん火気だけでなく、水蒸気や湯気など、一般《いっぱん》に気体がむすことを「蒸」で表すのです。

余談ですが、昔、中国で、総理大臣を「丞相《じょうしょう》」と言いました。天子《てんし》を助けるから「丞《じょう》」なのです。また、日本古代では、四《し》等官《とうかん》第三位を「丞」と言いました。上司を助ける補佐役という意味合いからでしょう。

食か食か

器に盛ったごちそうの形

「食《しょく》」には四つの形があります。

①食……単独に使う場合
②飠……へんになる場合
③食……単独の「食」の旧字体《きゅうじたい》
④𩙿……常用漢字《じょうようかんじ》の旧字体のへん、また表外字《ひょうがいじ》のへんになる場合

普通は①と②だけを押《お》さえておけば間に合います。①と②の違《ちが》いは②が一画《いっかく》少ないことです。『康熙《こうき》字《じ》典《てん》』などの明朝体《みんちょうたい》（普《ふ》通《つう》の活字体）はすべて③と④だったのですが、当用《とうよう》漢字表では①と②に改めました。なぜへんになるとき②のように一画少なくしたのでしょうか。私は書道の書きぐせの影響《えいきょう》だろうと思っています。

「食」の字源《じげん》から字体《じたい》の違いを見ましょう。「食」は③が正式の字体でした。そのわけは「亼＋皀

(=艮・皀)」から構成されているからです。「亼」は蓋《ふた》の形です。「皀」は「即《そく》・既《き》・郷《きょう》」などに含《ふく》まれ、器《うつわ》に盛ったごちそうの形です。この二つの符号《ふごう》の組み合わせで「たべもの」を暗示させたのです。

①と②は常用漢字の字体になっています。「亼」の下の横棒を縦にして下につけたため、「𠆢＋良」のように書く意識が生じました。これが現在の字体の観念になっていると思います。しかし「即・既・郷」とのつながりを失ってしまいました。

真か真か真か眞か

食器に料理を詰め込むありさま

「真《しん》」(二番目)が正解です。一番目は上を「亠」(なべぶた)のようにした誤字。「直」と同じく「十」でないといけません。三番目は「目」の両脇《りょうわき》の線が「一」についた誤字、四番目は「真」の旧字体《きゅうじたい》の「眞」と混乱した誤字です。

旧字体の「眞」から説明しましょう。「眞」は字源《じげん》的に解剖《かいぼう》すると、「匕《ひ》＋鼎《かなえ》」となります(下図右)。篆《てん》書《しょ》(下図左)以後の字体は「鼎」がかなり変形しています。「匕」はスプーン、「鼎」は食物を盛る器《うつわ》です。食器に料理を詰《つ》め込《こ》むありさまを図形化したのが「眞」です。中身が詰まる→中身がある→うそがないというぐあいにイメージが連合しました。「補塡《ほてん》」の「塡」(うめる)にはまだもとのイメージが生きています。

新字体は「匕」を「十」に改めて「直《ちょく》」に似せました。下部を「八」に直して「具《ぐ》」に似せました。このほうが書きよいという理由でしょう。しかし親の心子知らず、誤字を生み落としました。

辰か辰か

ハマグリが足を出している図形

「辰《しん》」が正解です。「振《しん》」「賑《しん》」でも同様の誤字がありました。「辰」は間違《まちが》いです。下部に「ノ」を入れるのは「衣」と混乱するからでしょう。しかし「ノ」はいらないのです。

「辰」はハマグリが足を出している図形（下図）です。「戸」は貝殻《かいがら》の部分、「𧘇」は足の部分です（足が三本あるわけではなく、ゆらゆらしている様子と考えてください）。

足がゆらゆらと出ている姿をとらえて、「ぶるぶるふるえ動く」というイメージを示す記号に「辰」を用います。「振《しん》」（ふるう）や「震《しん》」（ふるえる）からそのイメージが明らかでしょう。

「辰《しん》」を「たつ」と読むのは別の由来《ゆらい》があります。中国の殷《いん》の時代、十二支《じゅうにし》の五番目に「辰」がありました。漢《かん》になって十二支に動物を当てはめる考えが起こりました。そのときに「子《し》」には鼠《ねずみ》、「丑《ちゅう》」には牛、「辰」には竜《たつ》というぐあいに結びつけたのです。ただしその結合にどんな根拠《こんきょ》があるかは不明です。

甚か甚か

食欲と性欲の記号

「儿」を「心」にする誤字は「境《きょう》」（四五ページ）にもありました。

「甚《じん》」（これが正解です）の中にある「儿」はいったい何でしょう。字源《じげん》を尋《たず》ねます。

「甚」は「甘＋匹」に分析《ぶんせき》できます。この二つの記号がドッキングして、「甘」の両《りょう》脇《わき》の縦棒が「匹」の上の横棒の「一」にくっついてしまいました。

「甘《かん》」（あまい）は味覚のことばです。「匹《ひっ》」はペア、カップルということで、男女、つまり性欲にたとえます。上に食欲の記号、下に性欲の記号を重ねることによって、程度が大きいということを暗示させるのです。だから「甚《はなは》だ」と読みます。

ところで「匹」は「厂」（垂れた布）と「巜」を合わせた形で、布が二つある様子を示します（下図）。織物二反《たん》を「一匹《ぴき》」と勘定《かんじょう》します。ここからペアという意味が派生《はせい》しました。匹敵《ひってき》（競争相手と同じ程度であること）の「匹」はこれです。

というわけで、「儿」は二つを示す符号でした。

腎か腎か腎か

精力を堅く強める臓器

「腎《じん》」が正解です。

三字目の「腎」は「賢《けん》」の項《こう》（二八三ページ）で紹介《しょうかい》したのと同様の誤字です。

「賢」の項をご覧ください。私は電柱に「賢臓売ります」という張り紙を見たことがあります。「賢」は「腎」の誤記です。「臣」の部分を「巨」と書いてしまう誤字(二字目)については「拒《きょ》・距《きょ》」の項(二七一ページ)を参照してください。

ここでは「腎臓《じんぞう》」の「腎」がなぜ「臤《けん》」の記号をもつかを説明します。「賢」の項で「臤」は「堅《かた》く引き締《し》める」というイメージがあることを述べました。精力を堅く強める臓器が「腎」なのです。これは中国医学の考え方です。日本ではインポテンツを「腎虚《じんきょ》」といいました。「肝腎《かんじん》」といえば「かなめ」と続きます。「腎」は大切な臓器と考えられたわけです。しかし国語政策で「肝心」と言い換《か》えられてしまいました。心臓に座を奪《うば》われたわけです。

しかし腎移植《じんいしょく》などで、「腎」という字はますます重要になってきました。「腎」は常用《じょうよう》漢字に昇格《しょうかく》させたい字の一つです。

〓か衰か〓か

両脇に垂れ下がる形

「衰《すい》」が正解です。「口」に縦棒なら「中」がありますが、「口」に横棒はほかにありません。だから「〓」のような誤字が出るのでしょうか。書道字典を見ると、この形の例が出ていました。しかし誤字としてよいでしょう。

「𠙵」という変な形は何でしょう。篆書《てんしょ》(下図)を見てください。ご覧のように、「衣」の中は両側に何かが垂《た》れ下がる形です。

「衰」は「みの」のような雨具《あまぐ》なのです。「みの」は「蓑《さ》」または「簑《さ》」と書きます。「みの」は粗末《そまつ》なもので作ってあり、乱雑に垂れ下がるというイメージです。だから勢いがだらっとしおれるさまを「衰」（おとろえる）というのです。

下の部分が「衣」になっている一番下の字は間違《まちが》いです。これについては本章の「哀《あい》」の項《こう》（二三五ページ）を見てください。

穂か穗か

ハ行なので点を打つ？

女性の名によく使われる字ですが、点を打つ間違《まちが》いも多いようです。「博《はく》」などとの混乱によると思います。

第一章の「博」の項（三九ページ）で、点を打つか打たないかの覚え方として、「甫《ほ》」の系統（「博・縛《ばく》・敷《ふ》・捕《ほ》・簿《ぼ》」など）は音《おん》がハ行なので点を打つ、「専《せん》・恵《けい》・穂《すい》」などはハ行以外なので点を打たないと述べました。

「穂」の場合は音がホだから点を打つのでは？　と思われる方もいるかもしれません。しかしホは訓《くん》で、スイが音なのです。だから点は要《い》りません。

随か遀か隨か

千年以上も前の誤字

「遀」は位置が移動した例です。「阝」（「こざとへん」）が先か、「辶」（「しんにょう」）が先かということです。驚《おどろ》いたことに後者が正字《せいじ》だったのです。篆書《てんしょ》（下図）を見ると、「辵」（辶と同じく「しんにょう」）が書き出しになっています。

楷書《かいしょ》から「隨」に変わりました。これこそ「位置が移動する」の誤字だったわけですが、もう一〇〇〇年以上もたってしまいました。気づいた人はほとんどいないでしょう。

考えてみると「したがう」は歩行と関係があるから、「辶」（「しんにょう」）であるはずです。「隨」の字体《じたい》では分析《ぶんせき》を難しくします。「辶＋隋」と正しくとらえるのは至難《しなん》の業《わざ》です。

「隨」は旧字体《きゅうじたい》で、当用漢字《とうようかんじ》（常用漢字《じょうようかんじ》の前身）の新字体《しんじたい》で「随」に改まりました。現在はこれが正字《せいじ》です。

二字目は「⿺辶隋」ならば誤字ではありませんが、「⿺辶隋」は二ヵ所に誤りがあります。三字目の「隨」は新旧の字体が混ざっています。「しんにょう」は旧字体では「辶」、新字体では「辶」です。ただし二つを厳密に区別しない向き（例えばＪＩＳ漢字）もあります。私は区別すべきだと思っています。

第一章の「惰《だ》」の項《こう》（四八ページ）も参照してください。

斉か斉か

横棒のもつ重要な意味

「斉」は間違《まちが》いです。「斉《せい》」の下部の横棒

は二本です。これは重要な意味をもっています。

　字源《じげん》から見ましょう。そのためには旧字《きゅうじ》体《たい》をもち出します。旧字体は「齊」でした。この字の上がややこしい形です。「齋藤」という姓がありますが、この「齋《さい》」（「斎」の旧字体）の上と同じ形です。「齊」から「二」を除いた部分は、「◇」が三つ並んでいる図形（下図右）です。「齊」の下部の両側の縦棒は、両脇《りょうわき》の「◇」が下まで延びている名残《なごり》です。

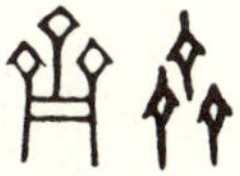

　次に「二」は平行してそろっていることを示す符号《ふごう》です。したがって「齊」はいくつかのものがきちんとそろっているという意味を暗示させる図形（図左）なのです。

「一斉《いっせい》」は「一緒《いっしょ》にそろって」の意味だとわかります。

　ついでに「斎《さい》」についてふれておきます。下部の「示」は祭壇《さいだん》を示す符号（「しめすへん」）です。「斉」の「二」が消えてしまいました。「示」の「二」とダブったため消去されたのです。「斉」（「そろえる」イメージ）と「示」（神に関すること）と合わせた「斎」は、神を祭るとき、身のまわりを整えるありさまを暗示させます。「斎《さい》戒沐浴《かいもくよく》」（心身を清める）の「斎」です。

制か制か
製か製か

余計な部分をカットして形を整えるというイメージ

「制」は誤字です。「制《せい》」の左側は上に棒

が出ないといけません。字源《じげん》から説明しましょう。

「𠂔」は「未」や「朱」と似たところがあります。ともに「木」が含《ふく》まれます。ただし「𠂔」では「木」が変形しています。これは枝が伸《の》びすぎているありさまを表すのです。枝が伸びすぎると切らないといけません。「制」はまさにその場面を図形化したものです。

どういう意味を表そうとしているのかというと、「余計な部分をカットして形を整える」ということです。何も木とは限りません。まだ形の決まらない素材を程《ほど》よくカットして、形あるものを作り出すことに「制」を使うのです。

具体的な物をこしらえるなら「製《せい》」という字を使います。「制作」（芸術作品などを作る）と「製作」（道具などを作る）の違《ちが》いはここにあります。

贅か贅か贅か

やりたい放題、勝手気ままということ

「贅」は横棒が足りず、「贅」は多く、いずれも誤字です。

「贅《ぜい》」の上部は「敖《ごう》」という字です。ゴーマンとかゴーマニズムなどということばを流行《はや》らせている漫画家《まんがか》がいますが、ゴーマンを漢字で書けば「傲慢《ごうまん》」です。おごり高ぶるという意味です。「敖」はこの「傲」の基幹符号《きかんふごう》になっています。

「敖」の左上をよく見てください。上は「土」、下は「方」になっています。このように分けるのです。

　ただし字源《じげん》はこれとちょっと違います。「土」ではなく「出」でした。したがって「出＋放」の組み合わせでした。「放《ほう》」は四方に勝手に出ていくというイメージがあります。方々に勝手に出ていくのが「敖」です。やりたい放題、勝手気ままを「傲《ごう》」というのです。

　これで「贅」もおわかりでしょう。「貝」はお金、財貨です。勝手気ままに金を使いまくるのが「贅沢《ぜいたく》」というわけです。

戚か戚か戚か　距離が小さいというイメージ

「戚《せき》」（これが正解です）は「尗《しゅく》」を含《ふく》んでいます。誤字の直し方については、「叔《しゅく》・淑《しゅく》・寂《じゃく》」の項《こう》（三一二ページ）をご覧ください。

「戚」は「戉（武器）＋尗（小さい）」の組み合わせで、小さな斧《おの》のことでした。小さい→距離《きょり》が小さい→近いというイメージの連合があるため、身近な身内（「親戚《しんせき》」）という意味に使います。

「顰蹙《ひんしゅく》」の「蹙」にも「戚」があります。顰蹙は顔をしかめることです。しかめると皺《しわ》が寄って近づくから「蹙《しゅく》」というのです。もともと空間的に「せまる」という意味なので「あしへん」がつきます。

籍か籍か　竹札を積み重ねたようす

「昔」を「昔」と書いてしまっている二番

目の字は間違《まちが》いです。「耒」が横棒三本ですので、惰性《だせい》で「昔」の上も三本にしたのかもしれません。

「丗」がついた字に「共《きょう》・散《さん》・展《てん》・満《まん》」などたくさんありますが、それぞれ字源《じげん》が違います。「昔《せき》」もそうです。「昔」の上部は「≈」のような形で、二つの物が重なっていることを示す符号《ふごう》です。それで、積み重なっている日が「昔」（むかし）というわけです。

「籍《せき》」の音符《おんぷ》は「耤《せき》」ですが、この音符が「昔」です。だから「籍」は「昔」の音《おん》とイメージが基本にあります。文字を書く竹札《たけふだ》を積み重ねたのが「書籍」の「籍」です。紙のない時代に生まれたことば、そして文字でした。

第二章の「籍《せき》と藉《しゃ》」の項《こう》（一七九ページ）も参照してください。

なお「丗」を含《ふく》む字には「冓《こう》」（「構」などのつくり）と「寒」があります。これと混同しないようにしてください。

節か節か

「折れ目」というイメージ

二字目は誤字です。「阝」は字の右側に来ると「おおざと」（町や村に関する限定《げんてい》符号《ふごう》）と呼びます。しかし「節《せつ》」は「おおざと」とは関係ありません。

「節」の字源《じげん》は「竹＋即」に分析《ぶんせき》できます。「即《そく》」の「艮」はもとは「皀」で、食べ物を盛りつけた図形です。「食《しょく》」の項《こう》（三二二ページ）をご覧ください。「既《き》」や「郷《きょう》」

にも含《ふく》まれています。「卩」は膝《ひざ》を折った人です。ごちそうの前でひざまずいている図形が「即」です。

漢字の造形法はイメージを尊《たっと》びます。ごちそうやひざまずいた人という実体は捨《しゃ》象《しょう》して「折れ目」というイメージだけを取るのです。「竹」も同じで、「ふし目」のイメージを取ります。そこで「竹＋即」で「ふし」を表すわけです。

「季節《きせつ》、楽節《がくせつ》、文節《ぶんせつ》」の「節」はすべてふし目、くぎり目のことです。

⿰氵杂か染か⿱⿰氵丸木か

どれも字典に出ている字

「⿰氵杂」も「⿱⿰氵丸木」も字典には出ているけれど、普通《ふつう》は使われません。前者はもはや正当性を失った字、後者は誤字と考えています。

「染《せん》」は何へんの字か。これが難問です。篆書《てんしょ》は『説文解字《せつもんかいじ》』では水《みず》の部でした。「水＋杂」になっています。だから「⿰氵杂」が本来の書き方でした。ところが『康熙字《こうきじ》典《てん》』はそれが間違《まちが》いだとして、木《き》の部に入れました。字体は「氿＋木」になっています。現在の漢和辞典はこれにならっています。

私なりに字源《じげん》を考えてみます。「水＋九＋木」と三つに分けます。「九」は数が多いことを示す記号です。そめるには何度も液体に漬《つ》けないといけません。だからこれらの記号の組み合わせで、「そめる」ことを暗示させたのでしょう。

船か船か

日本の正字と中国の正字

「船」は誤字と決めつけて疑わなかったのですが、日本の中国語辞典を見ると、「船」で出ていました。中国で出ている字典も同じです。うっかりしました。中国では「船」が正字《せいじ》なのです。

　あわてて古字書《こじしょ》の『康熙字典《こうきじてん》』などを調べると、どこにも「船」は発見できませんでした。不思議な話です。日本の常用《じょうよう》漢字では「船《せん》」を正字としています。

　字源《じげん》から見ると、「船」のつくりは「㕣」でないといけません。これは「八（分かれる印《しるし》）＋口（くぼみ）」の組み合わせで、水がくぼみにそって流れ

るありさまを図形化したものです。「一定のルートにしたがう」というイメージが「沿《えん》」（そう）という字に生きています。船《ふね》も流れにしたがって進むものです。特に、航路にしたがって進むふね、「舟」よりも比較的大形のふねを「船」というのです。

薦か薦か薦か

書きにくい字の最右翼

常用《じょうよう》漢字では書きにくい字の最右《さいう》翼《よく》です。「薦《せん》」（これが正解です）の下部は「瀉《かた》」のつくりの下部と字体《じたい》が違《ちが》うことに注意してください。むしろ「鳥《ちょう》」の下部と似ています。

　字の構造をしっかりとらえれば誤字は出ない理屈《りくつ》です。ただ他《た》の字との関連性がな

いと構造の把握《はあく》も困難です。「薦」には他の字とのかかわりはないでしょうか。

「くさかんむり」を取ると「廌《ち》」ですが、大型の字典にしか載っていません。「廌」はある種の動物を描《えが》いた象形文字《しょうけいもじ》です（下図）。これは「獬廌《かいち》」（「獬豸」とも書く）と呼ばれる空想動物の名前なのです。正邪《せいじゃ》の判断ができるという動物で、人の有罪《ゆうざい》を指弾《しだん》するそうです。そのため古代中国では裁判官のシンボルマークに使われました。

「廌」をよく見てください。上は「鹿《しか》」、下は「馬《うま》」に似ていませんか。たぶん鹿に似たイメージだったと思います。
「すすめる」を表すのになぜこんな動物をもってきたのでしょう。神のような動物にまぐさをすすめて罪を軽くしてもらおうとしたのでしょうか。それはわかりませんが、「艹（「くさかんむり」）＋廌」でもって、神獣《しんじゅう》に草をやる場面を作り出し、うやうやしく差し出す意味を暗示させたわけです。

善か善か

よく見ると変な形

日ごろなじんでいる漢字を改めてよく見ると、変な形をしているなあと思うことがあります。この字の「口」のすぐ上も変な形です。ここが誤字になりやすいのです。「善《ぜん》」（これが正解です）の下部は「喜《き》」と似ていませんか。私の名前は「喜」を含《ふく》んでいまして、しょっちゅう「善」と間違《まちが》われます。勤め先や役所からの通知も間違って来ます。いちいち訂正《ていせい》していられません。

「善」は「喜」の誤字と同じパターンです。「口」の上が「艹」(「くさかんむり」)に似た形)になっています。本章の「喜」の項《こう》(二六六ページ)を参照してください。

字源《じげん》を見てみましょう。「善」の上部に「羊《よう》」があるのがわかりますか。下部が問題です。実はものすごく複雑な形の変形なのです。下図の篆書《てんしょ》から

わかるように、「言《げん》」が二つ並んだ形でした。「丷」は二つの「言」の上の点だったのでした。「二」は「言」の二画目《かく》がつながって長くなったのです。「口」は一つだけに省略されました。

意味も考えてみましょう。「言」二つは「たっぷりそろう」ということを示す記号です。「羊」はおいしい肉料理のイメージです。ということで、「善」はおいしいものがたっぷりそろっているありさまを図形化したのでした。この図形でもって、「よい、正しい」を意味させたのです。

抽象的《ちゅうしょう》なことばは即物的《そくぶつ》なイメージに置《お》き換《か》えて表象《ひょうしょう》するのが漢字のテクニックだということを理解してもらえたでしょうか。

漸か漸か漸か

水がだんだん染み込むことを表す

いきなり字源《じげん》から入ります。

「斬《ざん》」は常用漢字《じょうよう》ではありませんが、「斬《ざん》」

新《しん》」などによく使われます。もとは「きる」という意味です。「車＋斤（おの）」の組み合わせで、切《き》り込《こ》みを入れるということを表す記号になります。

「斤《きん》」は「斧《おの》」にも含《ふく》まれているとおり、「おの」です。「斤」を含む漢字は「きる」ことと何らかの関係があります。

「漸《ぜん》」（これが正解です）は「斬」に「氵《し》」（水）をつけた字です。水がだんだんと染《し》み込《こ》むことを表します。切り込むのは表面から次第《しだい》に内部に入ることですから、水が中に浸透《しんとう》していくのとイメージが似てます。ただし漸次《ぜんじ》の「漸」はただ「だんだんと、ようやく」ということで、水は捨象《しゃしょう》されています。

争か爭か浄か淨か

新旧混乱による間違い

「争」「爭」「浄」「淨」は四つとも誤字です。「争《そう》」と「浄《じょう》」は旧字体《きゅうじたい》を改めた字体です。次を見てください。

爭（旧字体）→争（新字体）
淨（旧字体）→浄（新字体）

「爭」と「淨」は右の旧字体とも違《ちが》っています。字体の改変になじめない年配者に新旧混乱による間違《まちが》いが見られるようです。

もう一つの間違いは「ヨ」の中の横棒が右端《みぎはし》に抜《ぬ》け出ていないことです。「ヨ」が抜け出るか抜け出ないかについては法則があります。第一章の「帰《き》」の項《こう》（五六ページ）をご覧ください。

捜か搜か

さるまたを手でさがす？

「捜」は誤字です。「捜《そう》」のつくりの「申」は中の縦棒が下に抜《ぬ》け出ないといけません。それはなぜ？

「申」は「申告」の「申」と同じ形になっていますが、字源《じげん》的には違《ちが》います。「叟《そう》」の上を見てください。もとはこう書きました。上は「臼」（両手の形）と「｜」、下は「又」です。しかしこれでは字源がわかりません。

もっとさかのぼると、「叟」は「宀（かまどの形）＋火＋又（手の形）」でした。かまどの中に手を入れて火種をさがすありさまを図形化したのでした（下図）。これで「捜」の意味はわかりますが、形はかえってわからなくなったでしょうか。

「申又」（さるまた）を「手（扌）」でさがすと覚えたほうが、誤字を直す近道かもしれません。

挿か揷か

歴史の浅い字体

正しくは「挿」で、新たに常用《じょうよう》漢字表に入った字です。それまでは「插」という字《じ》体《たい》でした。「挿」になってまだ期間が浅いので誤字が出やすいのでしょう。

それよりも「挿」のつくり（右側の要素）は安定しない形だと思いませんか。何だか

「重」を途中《とちゅう》でやめたような変な形です。一線も二線も入れたくなる気分です。しかし「挿」が正字《せいじ》になったからには、そうもいっていられません。

字《じ》源《げん》を考えてみます。旧字体から始めます。「臿」は「干（棒の形）＋臼（うす、くぼみ）」の組み合わせで、くぼみに棒をさしこむありさまの図形（下図）です。ご覧のように最初は棒の先が「臼《うす》」の底に止まっていました。「挿」では下へ抜《ぬ》け出ています。これでさしこむことになるでしょうか。

ちょっと疑問ですが、常用漢字の字体を尊重しましょう。

[扌+𠬶]か掃か

「帚」と「𠬶」の違い

「[扌+𠬶]」と書くのは間違《まちが》いです。「寝《しん》」の誤字に「帚《そう》」と書いた例がありましたが、それとちょうど逆です。

「帚」と「𠬶《しん》」（「侵《しん》・浸《しん》・寝」の構成要素）の違いをここで説明しましょう。

「帚」の「彐」は手の形です。その下はほうきの形です。だから「帚」はほうきを手にもつ図形ということになります。だから「箒《そう》」（ほうき）は「帚」からできています。「掃《そう》」（はく）とも関係があります。

次に「𠬶」ですが、「帚」の省略形と「又」（手の形）からできています。「帚」と「𠬶」の違いは、ほうきの上に手があるか、下に手があるかの違いです。字形《じけい》は大した違いではないかもしれませんが、ことばを代《だい》替《たい》、再現する記号という観点から見ると大いに違います。

sau（サウ→ソウ）は単に「はく」という意味ですが、tsiəm（シム→シン）は「じわじわとはき進めていく」という意味なのです。だから「侵略《しんりゃく》」や「浸入《しんにゅう》」のように「じわじわと深く入り込《こ》む」という意味につながるのです。

なお「帚」の上は「彐」になっていますが、常用《じょうよう》漢字では「掃」のように「ヨ」に変わります。これについては第一章（五六ページ）を参照してください。また、「婦《ふ》」とも関連しますので、その項《こう》（三七八ページ）を参照してください。

喪か喪か喪か喪か

亡者を哭する儀礼

「喪」と「喪」は二つとも誤字です。下部に「ノ」を入れた「喪」も誤字です。「喪」（これが正解です）になぜ「ノ」が要《い》らないかを説明するのは至難《しなん》の業《わざ》です。篆書《てんしょ》から説明します。

篆書は「犬＋吅＋亾」の結合になっています（下図）。楷書《かいしょ》では「犬」の点が落ちて「土」のような形になりました。「口」二つはそのまま残りました。「亾」は「𧘇」に様変《さまが》わりです。「丄」の部分は「亾」の「𠃊」の部分が変わったものです。「ノ」はどこにもありません。

さてこれで何を表そうとするのでしょうか。

「犬」と「口」二つは、配置の仕方は違《ちが》いますが、「哭《こく》」と同じ意匠《いしょう》で、犬のように大声で泣きわめくありさまを暗示します。葬式《そうしき》のときに泣く儀《ぎ》礼《れい》を「哭」といいます。また、「亾」は「人＋乚（隠《かく》す符《ふ》号《ごう》）」から成り、人が姿を隠すありさまを示す図形で、「亡《ぼう》」と同じです。だからここでは亡《もう》者《じゃ》（死んだ人）を指しています。

ここまで種明《たねあ》かしすれば「喪」の図形で何を表そうとするかは自明でしょう。死者を弔《とむら》う「も」です。それにしても「喪」という字《じ》形《けい》はよく化けたものです。何しろ亡者ですから。

葬か葬か

草原の中に死体をほうむるありさま

「葬《そう》」が正字《せいじ》で「葬」は誤字です。「葬」の構造さえしっかりとらえておけば何でもありません。中に「死《し》」が入った形です。では上と下は何？

上の「艹」は「くさかんむり」です。下の「廾」は「弁《べん》」や「算《さん》」の「廾」と似ていますが、これとは違《ちが》います。実は「艹」と同じです。要するに上も下も草なのです。つまり、草原《くさはら》の中に死体をほうむるありさまを図形化したのが「葬」だとわかります（下図）。

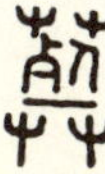

「莫《ばく》」（「暮《ぼ》」や「墓《ぼ》」の構成要素）という字の「大」も「艹」（くさ）と同じです。

字の構造がよく似ています。

搔か掻か　点は二つなのか三つなのか

「搔《そう》」が正解です。

「叉《そう》」は手の指の間に点々を入れて「つめ」を示す記号です（下図）。これに「むしへん」をつけると、「蚤《のみ》」となります。爪《つめ》でひっかいたように皮膚《ひふ》をかむ虫ということです。「蚤《そう》」に「てへん」をつけた「搔」は、「のみ」という実体を捨象《しゃしょう》して、単に「かく」を表します。

誤字は「又」の外側にも点をつけてしまいました。点は二つでいいのです。

「騒」も「蚤」からできていました（旧字《きゅうじ》体《たい》は「騷」）。馬《うま》の蚤《のみ》ではありません。馬が足をひっかいてさわぐことです。常用漢字《じょうよう》では「叉」の点々が消えてしまいました。馬には爪がないから？

尊か尊か 樽か樽か　棒は入るのか、入らないのか

この字は「酉」（「ひよみのとり」または「さけのとり」、酒壺《さかつぼ》を表す）を含《ふく》んでいます。だから内部の棒を忘れてはいけません。「尊《そん》」が正字《せいじ》です。

ところでその棒はなぜ必要でしょうか。字源《じげん》を見ます。「尊」のいちばん上は「八」（分かれる印《しるし》）が変化したものです。中はいま述べた「酉」です。下は「廾」（両手）が

「寸」（一本の手）に変わったものです。

「八＋酉」は香《かお》りが分かれ出ている酒壺を表します。そこで、「尊」は酒壺を重々しくささげ持つありさまを図形化したものです。いい酒はこのようにたっとぶのです。

さて、「酉」の内部の「一」はなぜ必要かということですが、第一章の「酒《しゅ》」の項《こう》（六三ページ）でも述べたとおり、酒が入っている線を「一」で示したということです。これがないと空っぽに見えます。

「樽《そん》」はもちろん「尊」と関係があります。酒を入れる木製の容器（たる）を表しています。

「酉」と「西」と「襾」（「賈《こ》」の上部）はよく似ていて紛《まぎ》らわしい形ですが、「尊」の誤字に「西」が、「樽」の誤字に「襾」が現れました。

駄か馱か

「太」なのか「犬」なのか

アンケートの回答に、「駄を馱と書いている人を見ると腹が立つ」とありました。それほど「馱」と書く人が多いということでしょうか。びっくりしました。

もう一つびっくりしたことがあります。

念のために「馱」を調べてみると、古代中国の文献《ぶんけん》に出てきました。「うまへん」に「大」が正字《せいじ》で、「うまへん」に「犬」が俗字《ぞく》だったようです。それから「うまへん」に「太」が生まれたそうです。どうも話の順序が逆ですね。

私は『正字通《せいじつう》』（明《みん》代の字書）に「犬と書

くのは間違《まちが》い」といっているのと、常用《じょうよう》漢字の字体《じたい》を盾《たて》に取って、現代の日本ではという限定のもとで、「駄」を誤字にしたいと思います。

それにしてもはるか昔に「駄」と書いた人がいるという発見には驚《おどろ》きました。

「駄《だ》」は荷物を背負う馬という意味でした。「犬」とは何の関係もありません。「太」（ふとい、ふとる）とは関係があります。駿馬《しゅんめ》のような足の速い馬ではなく、労《ろう》役《えき》用の馬です。だから「駄作《ださく》、駄目《だめ》」の「駄」（劣《おと》る）という意味を派生《はせい》するのです。

対か対か

なぜこんな字体ができた？

下の字は「対《たい》」の左側が「交」のような形になってしまいました。ひょっとすると「文」の形に書く人もいそうです。「文」に似ていますが、上の字のように「亠＋メ」のように書くのが正しい字体《じたい》です。「メ」の上端《じょうたん》が「亠」にくっつくか離《はな》れるかは、辞典によってまちまちです。

なぜこんな字体ができたのか、正直言ってわかりません。旧字体《きゅうじたい》をもち出して役に立つかわかりませんが、「對」の左側を見てください。先端《せんたん》がぎざぎざの形になっています。これが「亠」に略されたのは少し納得《なっとく》がいきます。しかし下部が「メ」に略されたのは納得がいきません。なんだかごまかされた感じです。

旧字体を出したついでに字源《じげん》にふれておきます。「對」の左側は「業《ぎょう》」に含まれています。「業」は楽器を架《か》ける台座の形です。これは左右一対《いっつい》で向き合っています。これで「対談《たいだん》」の「対」（向き合う）、「一対」の「対」（ペア）の意味がはっきりすると思います。

退か退か

太陽の擬人化

「退」は必要な点画《てんかく》を落とした誤字例です。「食《しょく》」の項《こう》（三二二ページ）にも同じパターンの誤字がありました。そちらも参照してください。

「皀」と「艮」は似た形です。次のような区別があります。

①「皀」のグループ……即《そく》・既《き》・郷《きょう》・爵《しゃく》・食（しょくへん）・郎《ろう》・朗《ろう》

②「艮」のグループ……艮《こん》（根《こん》・眼《がん》などのつくり）・良《りょう》・娘《じょう》・浪《ろう》・食《しょく》

①は字の左側に来る場合、②は単独の字、または字の右側に来る場合です。

「退」は②のグループに入ります（もっとも、最後の「㇏」の書き方が少し違《ちが》います）。しかし形は似ていますが、字源《じげん》は違います。

篆書《てんしょ》は「彳（行く）＋日＋夊（足をひきずる形）」からできていました（下図）。楷書《かいしょ》の「退」は相当崩《くず》れています。いずれにしても、日が西のほうへ引き下がるありさまを図形化しています。退却《たいきゃく》の「退」（しりぞく）は太陽の擬《ぎ》人化《じんか》によってできた字です。

泰か[龹+氺]か
「大」を含むか含まないか

「[龹+氺]」は「𡗗」と「龹」の混乱による誤字でしょう。次を見てください。

①「𡗗」……春《しゅん》・奏《そう》・奉《ほう》・捧《ほう》・棒《ぼう》・泰《たい》
②「龹」……券《けん》・巻《けん》・圏《けん》・勝《しょう》・謄《とう》・騰《とう》
③「关」……朕《ちん》・送《そう》・咲《しょう》

①は横棒三本が共通です。②と容易に区別できると思います。むしろ②と次の③の区別がややこしいのではないでしょうか。

③の「朕」は②の「勝・謄・騰」と同じグループなのに字体《じたい》が違《ちが》うのが困りものです。

「泰」の誤字を字源《じげん》から直す方法があります。それは「泰」に「大《だい》」が含《ふく》まれ、音符《おんぷ》になっていることです。「氺」(「したみず」、水が下につくときの形)の上部は「大」と「廾」(両手)がドッキングした形です。篆書《てんしょ》(下図)と楷書《かいしょ》を比較してください。

「泰」と「大」は似た意味があります。いまは廃語《はいご》に近いですが、「泰西《たいせい》」をご存じでしょうか。西の果てといった意味で、西洋のことです。この場合の「泰」は「大いに、はなはだ」という意味です。また、「泰平」は「太平」と同じ意味です。

遅か遅か遅か
サイの歩みのイメージ

まず「遅」は誤字です。また、「尸+牛」も間違《まちが》いです。

「遅《ち》」の旧字体は「遲」でした。つくり（右側の要素）に「羊《ひつじ》」はなく、「犀《さい》」という形になっています。「犀」は「尾（お）＋牛」からできています。古代中国人はサイを牛の類《たぐい》と考えたようです。しかしなぜ尻尾《しっぽ》をもってきたのかわかりません。

それはともかく、サイの歩みのイメージを取って「遲」が生まれたのです。しかしサイより牛のほうが歩みがのろいのでは？あるいは羊《ひつじ》のほうが？

そう考えると、「犀」の下部を「牛」や「羊」に変えたくなります。しかし「尸＋牛」では誤字です。「尸＋羊」も誤字のはずです。ところが後者だけは古くから使われ、生き残りました。いまやこれが正字《せいじ》となりました。

着か着か

「羊」とも「目」とも関係なし

「着《ちゃく》」（これが正解です）は中国の古字書《こじしょ》には出ていません。「著《ちゃく》」の中で俗字《ぞくじ》としてふれられているだけです。だから日本の漢和辞典は「着」を「羊《よう》」の部に入れたり、「目《め》」の部に入れたり、まちまちです。しかし「羊」とも「目」とも関係ありません。

「着」の上部は「羊」の形になっていますから、「ノ」を「看《かん》」のように延ばしたくなります。しかし常用《じょうよう》漢字の字体《じたい》は「𦍌」の縦棒と「ノ」は少しずれています。

「着」という形がどうして生まれたかということですが、「着」は「著《ちょ》」が崩《くず》れたものです。「くさかんむり」を俗字で「䒑」と書くことがあります。「着」のいちばん上はこれです。その下は「者」の変形で、「土+ノ+目」です。そうすると、「着」のように「ノ」を続けて書くのが本来だったと言えましょうか。昔の書法（書道の書き方）にはそんな字形《じけい》がありました。

衷か衷か

心の中、まごころという意味

これは難物《なんぶつ》です。字源《じげん》から言いますと、篆書《てんしょ》（下図）では「衣」の「亠」と「𧘇」の間に「中」を入れ、縦棒が上下につかない形になっています。しかし楷書《かいしょ》では「中」の縦棒が上につき、下は途中《とちゅう》で切れて、しかも下部についているという、ややこしい形になったのです。ということで、上が正解です。

「衷心《ちゅうしん》」の「衷」は「心の中、まごころ」という意味です。「衣」と「中」を合わせて、胸の中というべきところを衣の中で暗示させたのです。

筆順は次のとおりです。

亠↓亠口↓亠中↓衷

「衷」は、「中」が上下につかないといけません。

以上は常用漢字《じょうようかんじ》の字体《じたい》にのっとった厳密な書き方を述べたのですが、多少は離《はな》れても許容《きょよう》されると思います。

弔か弔か

棒に蔓が巻きついた形

「弔《ちょう》」（これが正解です）は「弟《だい》」（おとうと）の下部と似ています。「弔」という誤字が見られるのはこれが干渉《かんしょう》するせいでしょう。

字源《じげん》から二つの違《ちが》いを見てみます。「弔」は縦の棒に蔓《つる》が巻きついている図形です（下図右）。上から見ると、下に垂れているイメージがあります。悲しみの気分が重く垂れるというのが「弔問《ちょうもん》」の「弔」（とむらう）です。

「弟」についてもここでふれておきます。「弟」は「弔」と少し字源が違います。「弓」を除いた部分は「弋《よく》」が変形したものです。「弋」は武器や狩猟《しゅりょう》用具になるふたまたの棒です。これにひもが巻きついている図形（上段の図左）が「弟」なのです。「弟」の上の点々は「弋」の上の二点、「ノ」は「弋」の横棒が下のほうに移り、斜《なな》めの線になったものです。

「弟」は「下から段々とあがる」というイメージのほかに、「低く垂れる」というイメージがあります。前のイメージを用いると「梯《てい》」（はしご）や「第《だい》」（しだいに）になります。後のイメージだと「涕《てい》」（なみだ）や「剃《てい》」（そる）になります。「おとうと」も兄に比べると、背が低いほうです。だから「おとうと」を「弟」と書くのです。

蝶か蠂か

「薄っぺら」を示す記号

「蝶《ちょう》」が正解です。アンケートの回答に、

なぜ右側が「葉《よう》」ではないのかという質問がありました。なるほどチョウの姿を見立てるには、「葉《は》」がふさわしいかもしれません。しかし、「枼《よう》」はこのままで植物の葉を表しているのです。「世」は三枚の葉っぱの形です。だから漢字を構成するときは「枼」の形が使われるのです。

葉は薄《うす》い姿をしているので、「薄っぺら」というイメージを示す記号として「枼」が使われます。チョウチョウは薄っぺらな羽《はね》をもつ虫だから「蝶」と書くのです。

カレイも薄っぺらという感じの魚です。だから「鰈《かれい》」と書きます。じゃあヒラメはどうなんだという質問が出るかもしれません。ヒラメは平《ひら》べったいから「鮃《ひらめ》」です。同じ薄いもの同士ですが、記号（ことばと文字）で区別するのです。

捗か捗か

新聞とＪＩＳ漢字での混乱

漢字の字《じ》体《たい》上の混乱がいろいろの分野ではびこっています。代表的なのは新聞とＪＩＳ漢字です。表外字《ひょうがいじ》（常用《じょうよう》漢字表にない漢字）の字体が大きな問題点です。「捗《ちょく》」（はかどる）は表外字です。ある新聞社は「捗」を使っています。ＪＩＳ漢字は「捗」です。この違いは何かというと、歩（旧字体）→歩（新字体）、渉（旧字体）→渉（新字体）にならって、捗→捗と改めるか、それとももとのままにしておくかの違《ちが》いです。

JIS漢字は「捗」の場合はもとのままですが、改めたものも多く、あえていえば不統一です。

私は字体をいじるのは反対です。全漢字の字体の統一は、漢字に対する考え方の統一、つまり国語政策として漢字をどうするかの国民的合意が成り立ってから、手をつけるべきだと考えています。ところが、コンピューターに振《ふ》り回《まわ》されて、がむしゃらに突《つ》っ走《ぱし》ろうとしているのが現状でしょう。理念がなければ混乱に拍車《はくしゃ》をかけるだけです。

ということで、現在の段階では「捗」を誤字とします。

塚か塚か

歴史の浅い正字

かつては「塚」が正式でした。しかし現在は「塚《ちょう》」（つか）が正字《せいじ》なのです。つまり一九八一年に告示された常用漢字表《じょうようかんじひょう》でこの字体《じたい》に改められたのです。

それ以前の当用《とうよう》漢字表には「塚」は入っていませんでした。常用漢字表に新たに入った字の一つです。だからまだ歴史が浅いのです。「塚」が正式ではないかという人がいるのも無理はありません。

「塚」から点を省いたのが「塚」です。つくりが「家」と似た形になってしまいました。本当は「豖《たく》」の点に重要な意味があったのです。「豖」は「豕」（ブタ）の足のところに点を打って、ブタの足をしばって止めるありさまを暗示させます（下図右）。それによって「一点でしばって止めておく」というイメージを表すのです。

「冢《ちょう》」は「豖」に「勹」（包みおおう印《しるし》、「冖」はその変形）を合わせた図形（下図左）で、死体をいつまでもそこにとめておく場所、つまり「つか」（はか）を表します。「冢」に「つちへん」を加えて「塚」となりました。

字源《じげん》はこうですが、現在は、しばりつける印のない「塚」の字体が正式となっています。自然葬《しぜんそう》でも予想してこんな字体を考えたのでしょうか。

人名用漢字でも「塚」にならって、「啄《たく》・琢《たく》」となっています。

敵か敵か——直線状に向き合うイメージ

なるほど「啇《てき》」と「商《しょう》」は似ていますね。しかし、下の字は誤字です。「啇」は単独で使われる字ではなく、「敵《てき》・滴《てき》・摘《てき》・適《てき》・嫡《ちゃく》」の音符《おんぷ》になるだけです。

「啇」は見慣れない形ですが、「帝《てい》」の上部と似ていませんか。実は「帝＋口」と分析《ぶんせき》できるのです。「巾」の部分が「十」に変形して、「口」とドッキングしたのが「啇」です。

「啇」は音符になる記号ですが、またイメージを表す記号でもあります。どんなイメージでしょうか。

まず「帝」の字源《じげん》を尋《たず》ねます。これは三本の線を一本に締《し》めてまとめるありさまを象徴《しょうちょう》的に示しています（下図）。これに「口」を添《そ》えたのが「商」です。まとめて一本化するというイメージから、直線状に向き合うというイメージを示す記号として使いました。

　では「敵」はどんな意味でしょう。一対一にまっすぐ向き合う相手ということです。ライバルとはまさにこれです。別に憎《にく》らしい相手ではありません。なお「滴」は直線状をなしてしたたる「しずく」です。

　左側に隠《かく》れている「帝」を思い出すなら、「商」と間違《まちが》えることはありません。

鉃か鉄か

奇字の部類

　実は「鉃」という字があるのです。大きな字典に、音《おん》はシで、意味は矢《や》の頭、つまり「やじり」とあります。これは「奇字《きじ》」（珍《めずら》しい字）の部類でしょう。JIS補助漢字にも採《と》られています。この場合は「鉄《てつ》」の誤字だそうです。「鉄」の誤字と、もとからある「鉃《し》」が、偶然に同じ形になったわけです。

「鉄」自体が本来は「鐵」の誤字でした。もっとも「鐵」の異体字《いたいじ》である「銕《てつ》」から変わった俗字《ぞくじ》というべきかもしれませんが。

　誤字の「鉃」を好んで使う人もいるという話を聞きました。「鉃」は「かねへん」

に失うと書いて縁起《えんぎ》が悪いという理由からだそうです。誤字が生まれた背景も、案外こんな心理が働いたのかもしれません。

冬か冬か

もとは「にすい」

「ミ」と「彡」の向きについては多くの質問が寄せられています。よほど混乱するようです。第一章の「修《しゅう》」の項《こう》（七三ページ）を参照してください。

「冬《とう》」の旧字体《きゅうじたい》は「冬」でした。下部は「にすい」なのです。「にすい」は氷を示す限《げん》定符号《ていふごう》です。「夂」は干《ほ》し柿《がき》のようなものをぶら下げている図形です（古代文字は本章三〇八ページの「秋《しゅう》」の項に出してあります）。これは越冬《えっとう》用の保存食の姿と考えてください。これら二つの符号の組み合わせが「ふゆ」を暗示することは納得《なっとく》されるでしょう。

「冬」の下部が「にすい」だからといって「冫」を書かないでください。「冬」はあくまで旧字体です。しかし「にすい」を思い出せば、方向違いは直るでしょう。

倒か⿰亻致か

音で区別

「⿰亻致」は「致《ち》」と混乱しています。音《おん》で読めば問題はないはずです。「倒《とう》」（これが正解です）は「到《とう》」を音符《おんぷ》とするからです。

もっと下位のレベルで音で区別する手もあります。「刂」（「りっとう」）が「刀《かたな》」の変形であることはご存じでしょう。「到」

は「刀《とう》」の音なのです。だから「倒」も「刀」の音に還元《かんげん》できます。

「刀」にはもっと重要な意味があります。「刀」は刃《は》が広くて曲線をなすかたなの図形です。日本刀《にほんとう》というよりは、中国の青竜《せいりゅう》刀《とう》のイメージです。そこで、「『(』型に曲がる」というイメージを示す記号になります。人が倒《たお》れる姿を想像してください。上体が曲線状をなして地面に倒れるものです。

字源《じげん》と語源《ごげん》については第二章の「到《とう》と倒《とう》」の項《こう》（一九五ページ）でも述べました。

唐か唐か

横棒が抜けるのか抜けないのか

「ヨ」の中の横棒が抜《ぬ》けるか抜けないかに関しては法則があります。第一章（五六ページ）をご覧ください。

「唐《とう》」（これが正解です）は「庚《こう》」（十干《じっかん》の七番目、かのえ）からできています。「庚」は「康《こう》」にも含《ふく》まれています。誤字の処方にはこれらの字が参考になります。

島か嶋か

異体字との混乱

下の字は「嶋」と混乱した誤字です。

「嶋」は「島《とう》」の異体字《いたいじ》で、「山＋鳥」の組み合わせです。

「島」の異体字はほかに「嶌」があります。「山」が上にいったり、左側にいったり、下にもぐったりしていますが、どれが本字なのでしょうか。

篆書《てんしょ》を見ると、「⿱鳥山」という形になっています(下図)。山の上に鳥がいる図形が本当のようです。「島」は「鳥」の「灬」が省略された形なのです。

「島」と「鳥」は何の関係があるかというと、鳥がとまる海上の山のイメージにより、「しま」を暗示させているわけです。

得か得か

「貝」を手に入れるありさま

誤字の「得」は横棒が足りません。「得《とく》」のつくり(右側の要素)がどんな構造なのかわかりにくいのは確かです。字源《じげん》的に解剖《かいぼう》します。

左側の「彳」は「ぎょうにんべん」(行くことや、行いを示す限定符号《げんていふごう》)です。右側は「旦＋寸」に分けられますが、「旦」では意味不明です。篆書《てんしょ》にさかのぼります(下図右)。「旦」ではなく「見」になっています。しかしこれでも意味ははっきりしません。金文《きんぶん》にさかのぼります(下図左)。そうすると、「見」ではなく「貝《かい》」であったことが判明します。これなら図形の解釈《かいしゃく》が成り立ちます。つまり「貝」(昔の貨幣《かへい》、また財貨)を「寸」(手)に入れるありさまと理解できます。

このように誤字に誤字を重ねて「得」になったわけです。しかし楷書《かいしょ》で「得」になってから一〇〇〇年以上たちます。いまではこれが正字《せいじ》です。

督か督か督か

「細かいところまでよく見張る」ことを表す

「督《とく》」（二字目）が正解です。前に「叔《しゅく》」の誤字を紹介《しょうかい》しましたが、「叔」より「督」の誤字が多いというのはどういうことでしょう。字体《じたい》の観念があやふやです。

「督」の誤字は「尗」に集中しています。さらに「目」と「日」を混乱しています。

「尗」は小さい豆《まめ》の図形です。「小さい」というイメージを示す符号《ふごう》として「叔」が使われます。「小さい」は「細い、細かい」というイメージに連合します。だから「細かいところまでよく見張る」ことを表すために「督」が生まれました。

「監督《かんとく》」は見張ることだから「目《め》」と関係があると覚えれば誤字は解消されます。

本章の「叔《しゅく》・淑《しゅく》・寂《じゃく》」の項《こう》（三一二ページ）もご覧ください。

徳か徳か徳か

昔は一種の誤字だった

まず、二番目の字、右肩《みぎかた》に点を打つ必要はありません。三番目の「徳」は誤字ではなく旧字体《きゅうじたい》です。人名用漢字許容《きょよう》字体表にも出ています。つまり人名には用いてよろしいということです。

「徳《とく》」（これが正解です）のつくりは「聴《ちょう》」にもあります。「直」という形は何でしょう。字源《じげん》を調べます。

旧字体の「徳」を解剖《かいぼう》します。つくりの

上部は実は「直《ちょく》」と同じです。縦の「目」が横になり、「乚」が「一」に変わりました。「悳《とく》」はまっすぐな心を表しています。「彳」（「ぎょうにんべん」）は行いを示す符号《ふごう》です。だから「まっすぐな心や行い」が「人徳」の「徳」です。ちなみに「相手にまっすぐ耳を傾《かたむ》ける」のが「聴」です。

「徳」から「一」を省いた字形《じけい》は書道では昔からあったようです。一種の誤字だったのですが、現在の日本ではこれを正字《せいじ》としています。

なお、略字だらけの印象のある中国では、逆に「徳」が正字になっています。日中の字体の統一の難しさを感じさせます。

南か南か

暖かい空間の暗示

棒が二本の「羊」が正しいのか、三本の「羊」が正しいのかは字源《じげん》を分析《ぶんせき》しないとわかりません。ところが、この字源が難物《なんぶつ》なのです。

「南」の字源に関してはいろいろな説がありますが、篆書《てんしょ》（下図）から考えます。上の「十」は「屮」の変形で、草の芽の形です。「冂」はカバー、覆《おお》いを示す符号《ふごう》です。「羊」は「干」（棒の形）の上に印《しるし》をつけて、中に差しこむ様子を示す符号です。「鑿《さく》」（のみ）という字をご存じですか。この字の左上にも「羊」の符号が入っています。「羊」ではありません。

これら三つの符号を組み合わせたのが「南」です。では何を表すのでしょうか。草を覆いの中に差し入れるありさまの図形化です。いまでいえば温室のような建物と考えられます。

これでなぜ方角の「みなみ」を表すのに温室の図形をもってきたかがおわかりでしょう。いうまでもなく暖かい空間の暗示です。

方角は抽象的《ちゅうしょう》ですから、何か具体的なもので暗示するしかありません。ついでに方位を表す他の漢字を紹介《しょうかい》しましょう。

「東《とう》」は心棒《しんぼう》を通した土嚢《どのう》（土を入れる袋《ふくろ》）の図形（下段の図右）です。突《つ》き通すというイメージを利用します。昔の中国人は、太陽は地の果てにある谷から突き通って出てくると考えました。だから「ひがし」の方角を「東」で書き表すのです。

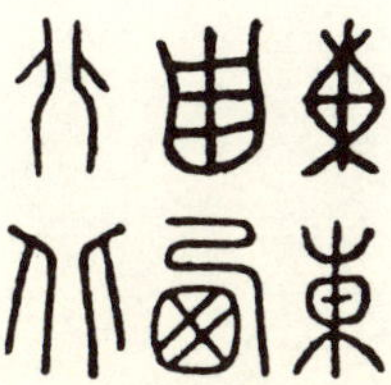

「西《せい》」は目の粗《あら》いざるを描《えが》いた図形（下図中央）です。すきまがあって水が分散するというイメージがあります。太陽が沈《しず》むときは光が緩《ゆる》くなり分散しながら消えていきます。だから「にし」をざるの図形で表しました。

「北《ほく》」は人が背中合わせになる図形（図左）です。家を建てるときは正面が南向きで、背を向けるのは「きた」の方角です。そこで「きた」を背中のイメージでとらえたのです。

難か難か難か

日照りのときに生き物が苦しむことを示す

「莫」と「堇」については多くの質問が寄せられています。第一章の「勤《きん》」の項《こう》（九五ページ）をご覧ください。

一字目、左側を「莫」と書くのは間違《まちが》いです。「夫」の先が「口」の中に通らないといけません。しかし上には抜《ぬ》け出ないのです。そして三字目の「難」は横棒が一つ余計です。「勤《きん》」などの左側と混乱しています。

二字目の「難《なん》」が正解です。字源《じげん》にふれておきます。「莫」は革《かわ》をあぶって乾《かわ》かす図形で、水分がなくなることを示す記号です。気象でも乾いた状態があります。特にひどいのは雨が降らない日照《ひで》りのときです。こんなときは生き物が苦しみます。「隹」（とり）で生き物を代表させ、「莫＋隹」の組み合わせによって、自然の災難を暗示させる記号が生まれました。

弍か弐か

誤字ではなく古字

「二《に》」は普通《ふつう》の漢数字ですが、重要書類などでは書き換《か》えを防ぐために、「弐《に》」が使われます。こういう字を「大字《だいじ》」と言います。

「弍」は誤字ではありません。実《じつ》は古字《こじ》です。「弐」の旧字体《きゅうじたい》「貳」に含《ふく》まれています。「弍」はＪＩＳ漢字にも入っていますが、どんなときに使われるのか不明です

（たぶん人名でしょう）。しかし、もし重要書類で使われるとしたら誤字になると私は思います。というのは常用《じょうよう》漢字の字体《じたい》の「弐」を正式としているからです。

字源《じげん》から見ると、「貳」は「弐＋貝」でした。「弐」は「二＋弋（棒）」で、棒が二本であることを示します。「貝」はお金ですから、「貳」は金額が二つであることを示します。これで字源は明確でしょう。

日本では「貳」を「弐」と簡略化しましたが、一画目の線はどこから来たか謎《なぞ》です。想像すると、「武《ぶ》」に似せたのでしょうか。こんな字体を作ったため、「弐」と「武」を混乱する人が現れました。第二章の「弐《に》と武《ぶ》」の項《こう》（二〇一ページ）を参照してください。

寕か寧か寜か

住と食が安定して心が安らぐありさま

「寧《ねい》」（二字目）が正解です。「寜」は旧字体《きゅうじたい》で、誤字ではありません。「寕」はこの旧字体が干渉《かんしょう》した誤字です。

字源《じげん》から説明します。旧字体の「寜」は「寍」と「丁」に分析《ぶんせき》できます。「寍」は「宀（いえ）＋心＋皿（さら）」の組み合わせです。住まいと食べ物が安定して心が安らぐありさまを図形化しました。これで十分「やすらか」を表していますが、

「丁」という符号を添《そ》えました。これがくせものです。テイではなく、「号《ごう》」や「朽《きゅう》」の「丂《こう》」の変形です。これは「曲がりつつ出て

いく」ことを示す符号《ふごう》です。この場合は息と考えてよいでしょう。「宀」（住まい）と「心」と「皿《さら》」（食べ物）と息がそろってやすらかな状態が「寧」ということになります。字形《じけい》は複雑ですが、表そうとする内容は単純です。

　新字体の「寧」は「皿」ではなく「罒」（目《め》）に変わりました。食べ物よりも目（見ること）が現代的ということかもしれません。

脳か脳か脳か

頭の上に毛が何本？

「脳《のう》」（一字目）が正解です。「脳」という誤字の原因は「ツ」と「⺍」の混乱でしょう。「脳」は旧字体《きゅうじたい》「腦」の影響《えいきょう》があるようです。

「ツ」の形については、第一章（八八ページ）や本章の「桜《おう》」の項《こう》（二四五ページ）を参照してください。

　旧字体の「腦」から字源《じげん》を説明します。「脳」のつくりは「ツ」と「凶」になっていますが、もともとは「巛」と「囟《しん》」でした。「巛」は三本の頭の毛です。「囟」は頭《ず》蓋骨《がいこつ》の形です（下図右）。ただし「腦」の篆書《てんしょ》では「月」（「にくづき」）ではなく「匕」（人の形）になっています（下図左）。楷書《かいしょ》で「月」（肉体と関係があることを示す限定符号《げんていふごう》）に変わりました。

「囟」は大人《おとな》の頭蓋骨ではなく、小児《しょうに》の頭蓋骨です。生まれて間もないころの赤ちゃ

んの頭はまだふさがっていません。「ひよめき」という部分があります。医学用語では泉門《せんもん》といいます。この部分を「×」の印《しるし》で示しています。

「囟」は楷書で「田」の形に変化することもあります。「思《し》・細《さい》」の「田」はまさにこれです。

「脳」の誤字の直し方は「頭の上に毛が三本」です。

拝か拝か拝か拝か

やさしいようで書きにくい

「拝《はい》」（一字目）が正解で、「拝」「拝」「拝」はいずれも誤字です。四字目は旧字《きゅうじ》体《たい》の「拜」に近いのですが、「手」になっていませんので誤字とします。

「拝」はやさしいようで意外に書きにくい字です。それにしても横棒があまりにも多いという感じです。しかも横棒の長さをそろえて書くと変です。中の二本はやや短め、下は上よりやや長めです。

旧字体の「拜」の左側は「手」です。これが新字体では「扌」に変わりました。いずれにしても「てへん」なのです。

「拝」のつくりが横棒一本足りない誤字もありました。第一章（三〇ページ）をご覧ください。

廃か癈か

建物などがこわれることを暗示

「疒」（「やまいだれ」）の「癈《はい》」という字

は存在します。この字の内部は「發」であって「発」ではありません。したがって「[illegible]」は存在しない誤字とします。

「廃液《はいえき》」や「廃物《はいぶつ》」の「廃」を「やまいだれ」に間違《まちが》えるのは、そういうことばの意味内容が病《や》んでいることを連想させるせいでしょうか。

　実際、「廃」と「癈」は意味が似ている面があります。病気で体が不自由になることが「癈」です。体の機能が駄目《だめ》になることと、物がこわれて駄目になることは、「駄目になる、役に立たなくなる」という点で共通なので、「癈人《はいじん》」や「癈疾《はいしつ》」を「廃人、廃疾」とも書くのです。

　こういったイメージの共通性が二字目のような誤字を生み出すのかもしれません。

字源《じげん》的には「廃」は、「广（「まだれ」、家や建物を示す限定符号《げんていふごう》）＋発《はつ》（二つに分かれるというイメージを示す記号）」の組み合わせで、建物などがこわれることを暗示させますから、病気とは区別する必要があります。

売か売か

「買」を含んでいた旧字体

「売《ばい》」（これが正解です）は「殻《かく》」の左側と似ていますが、これとは違《ちが》います。「売買《ばいばい》」ということばがあります。二つ並べても、音《おん》が同じということだけで、形の共通点は見出《みいだ》せません。しかし「売」の旧字体は「賣」でした。「賣」は「買」を含《ふく》んでいたのです。

「賣」のさらに古い形は「出＋買」でした。買うのは物をこちらへ入れるほうですが、売るのはそれと反対に物を出すので、こういう字が生まれたわけです。

　このように「売」と「買」は音も意味も共通性があったのですが、「売」という簡略化で共通性が一つだけ消えてしまいました。

「売」の「冖」は「罒」の変形、「儿」は「貝」の「八」の変形でした。

「読《どく》」や「続《ぞく》」のつくりにも「売」があります。これは当用《とうよう》漢字表で、讀→読、續→続、と簡略化されたものです。つくりの「売」のもとの形は「賣」だったのです。

しかし目を凝《こ》らしてよく見てください。「売」の旧字体「賣」と違うのがわかりますか。「士」の下が「賣」では「罒」ですが、「賣」では「四」に似た形です。簡略化を間違ったわけです。だから「売」と「読・続」は音がまるで違います。

　JIS漢字などは「冒瀆《ぼうとく》」の「瀆」を「涜」にしていますが、混乱に輪《わ》をかけた誤字です。ただし常用《じょうよう》漢字の「読・続」をいまさら誤字とは申しません。

薄か薄か薄か薄か

この漢字を作った人は単純ではない

「薄《はく》」（二字目）が正解です。点の有無《うむ》については第一章の「博《はく》」の項（三九ページ）をご覧ください。「薄」は位置が移動してしまった誤字例です。さらに「薄」も誤字です。

「薄」の旧字体《きゅうじたい》「薄」から説明しましょう。この字の組み立ては「艹（「くさかんむり」）＋溥」です。「溥」は「氵（「さんずい」）＋尃」、「尃」は「甫＋寸」、かくて「甫《ほ》」が最終的な基本単位、つまり音《おん》と意味（というよりイメージ）を示す記号ということになります。点の有無も「甫」にかかってきます。

「甫」は田んぼに苗《なえ》がびっしり生えている図形で、「くっつく」というイメージを示す記号とします。くっつくとすきまがないので、「うすい」というイメージに連合します。草がすきまなくくっついて生えているありさまを暗示させるのが「薄」という図形なのです。では「さんずい」は何だと言われそうですが、一度、水の表面がすきまなくくっついているありさま（つまり、水が覆《おお》って広がるありさま）を通して、草のほうへイメージを転化させたわけです。まわりくどい方法ですが、この漢字を作った人は単純ではありません。

第二章の「簿《ぼ》と薄《はく》」の項《こう》（二一二ページ）も参照してください。

畠か⿱自田か

日本にしかない国字

「畠《はたけ》」が正解です。多くの方が「鼻」の上部と混同するようです。

「畠」は国字《こくじ》（日本製の擬似《ぎじ》漢字）です。表外字《ひょうがいじ》（常用《じょうよう》漢字表にない字）で、普通《ふつう》は人の姓《せい》にしか使われません。

中国では「た」も「はたけ」も区別なく「田」《でん》です。日本では水田《すいでん》と陸田《りくでん》をはっきり区別しないと支障を来《きた》したのでしょう。陸田を表すために、「畠」と「畑」《はたけ》という字を二つも作ったのです。

「畠」は「白＋田」で、白く乾《かわ》いた田を暗示させます。「畑」は草木を火で焼いてつくる田、つまり焼《や》き畑《はた》を暗示させます。最初は「はたけ」の違《ちが》いにより「畠」と「畑」を書き分けたのでしょう。

「畠」をハクと読むこともあります。「白」の音で読んだわけです。しかし「畑」には音がありません。

ちなみに「鼻」の上の「自」は鼻を描《えが》いた象形文字《しょうけいもじ》です（三七四ページの図を見てください）。

発か発か

手と足の違い

「発」は間違《まちが》いで、「祭」《さい》の上部とこんがらがっています。

「発」《はつ》の上部は「はつがしら」という部首になっています。「登」《とう》と「癸」《き》もこの部首に入っています。

「発」の旧字体《きゅうじたい》は「發」です。まず「癶」《はつ》を説明しましょう。これは両足が開いて出ていこうとする図形（下図）です。まさに「出発」《しゅっぱつ》の「発」です。出発を表すには「癶」で十分です。しかし出ていくのは足だけではありません。車もあれば、矢もあり弾《たま》もあります。

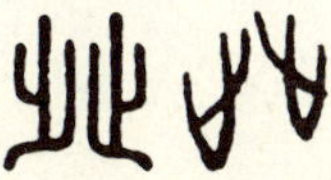

そこで記号を複雑化します。「癶」に「弓《ゆみ》」と「殳」（「ほこづくり」、動作の符号《ふごう》）を付け加え、「發」ができました。弓は矢を発射するものです。これでもって弓矢だけではなく、ぱっと勢いよく出ていくものすべてをカバーしようとしたのです。「癶」は左に向く足と右に向く足でした。なお、「祭」の上部は「夕（＝月、「にくづき」）＋又（右手の形）」です。足と手ではだいぶ違います。

髪か髪か髪か

CMの影響と旧字体の干渉

二字目の「髪《はつ》」が正解です。「髪《かみ》は長い友達《ともだち》」というCMのフレーズで「髪」の左上を「長」と書いていたという方が多いのにはびっくりしました。三字目の「髪」はCMの暗示にひっかかったのでしょうか。

ところが字源《じげん》的にはやはり「長」だったのです。せっかく直った誤字が私の暗示でもとに戻《もど》ると困りますが、暗示にひっかからないように読んでください。

「髪」の上の「髟」は「かみがしら」という部首《ぶしゅ》です。これは「長＋彡」からできています。「長《ちょう》」は髪の毛の長い老人を描《えが》いた象形文字《しょうけいもじ》です。「彡」は髪や髭《ひげ》を示す符号《ふごう》です。

さて部首になるときは「長」は「镸」の形になるのです。これはちょうど「食」が部首になるとき「飠」の形をとるのと似ています。ということで「髟」が正しい形でした。

「髟」の左側は斜《なな》めの「ム」です。しかしもともとは「長」だったわけですから、まっすぐの「長」を書いた一字目の「髪」は許容範囲《きょようはんい》に入ると思います。しかし厳しい学校の先生は私と違《ちが》った考えをもっているかもしれません。

　最後にあげた誤字は旧字体《きゅうじたい》の「髮」が干《かん》渉《しょう》しています。当用《とうよう》漢字以前の世代は点を打つ習慣からなかなか抜《ぬ》けられないようです。「抜《ばつ》」に点を打つ人もけっこう見かけます。これも旧字体の「拔」の影響《えいきょう》が大きいからです。

版か版か版か

書くときの美しさと、印刷されたときの格好よさ

「版」は「方向違《ちが》い」ともいえますし、への取り違えともいえます。

　漢和辞典では「爿《しょう》」（「しょうへん」）と「片《かた》」（「かたへん」）が仲よく並んでいます。この違いは次の点にあります。

①「爿」……ベッドの象形文字《しょうけいもじ》です（下図右）。これをへんにもつ字は「ショウ」という音《おん》ともかかわりがあります。「牀《しょう》・牆《しょう》」など。

②「片」……「木」を割った右側の形です（下図左）。木片《もくへん》と関係があることを示す限定符号《げんていふごう》になります。「版《はん》・牌《はい》・牒《ちょう》」など。

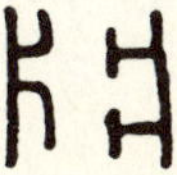

「版《はん》」（これが正解です）は薄《うす》い木の板という意味です。だから②に属します。版木《はんぎ》や版画《はんが》は木片と覚えれば誤字は解消します。

次に、「版」のように「片」を「片」と書くのが間違《まちが》いかどうかです。書道字典には出ていました。ただし書の字形《じけい》（個人的な書きぐせ）は基準にはなりません。『康《こう》熙字典《きじてん》』その他の中国の古字書《こじしょ》には出ていませんでした。

「片」はありうると思います。字源《じげん》は右に述べたように、「木」を割った右半分の形です。篆書《てんしょ》を楷書《かいしょ》に直すと、「片」の字形になります。『正字通《せいじつう》』は「かたへん」に属する字は「片」にしています。だから「片」は許容範囲《きょようはんい》としてよいでしょう。しかし「片」は画数《かくすう》も狂《くる》ってきますから、誤字とすべきでしょう。

ちなみに右にあげた「爿」と「片」を見てください。「⊏」と「⊐」が反対向きで、逆転して、かつ上下あべこべになっています。書くときの美しさと、印刷されたときの格好よさが、「片」のような字体《じたい》を生み出したのだと思います。活版《かっぱん》印刷の申《もう》し子《ご》である明朝体《みんちょうたい》の特徴《とくちょう》なのです。

範か範か範か
「たけかんむり」がつく理由

「範《はん》」が正解です。「範」は、「㔾」と「己」を混乱した誤字です。

「㔾」は「犯《はん》」の右側と同じです。「犯」と音《おん》も同じだということが、誤字を直す目安になります。

「たけかんむり」がついているわけは、竹製の型を表すからです。蛸焼《たこや》きなどは金属の型に入れて焼きますが、竹製の型はお菓《か》子《し》などを作るときに使われたと思います。型というものは同じものを作るためのモデルです。だから模範《もはん》という意味にもなります。

一番上の「くさかんむり」の字は誤字です。しかし一方で「范《はん》」という字があり、古典では「範」と通用していました。

波か疲か被か ―― 斜め、傾くというイメージ

両方ともへん違《ちが》いですが、「波」も「被」も存在しない誤字です。

「疲《ひ》」の誤字「波」は「疒」（「やまいだれ」）の「广」がとれて「冫」だけになったものでしょう。

「衤」（「ころもへん」）と「礻」（「しめすへん」）の取り違えは他の字でもしばしば見られます。第一章の「裕《ゆう》・祝《しゅく》」の項《こう》（九一ページ）をご覧ください。

字源《じげん》から取り違えを正しましょう。「つかれ」は病《やまい》の一種と考えられたので、「やまいだれ」です。「被」は「かぶる」「かぶるもの」という意味で、衣服と関係があります。だから「衤」（「ころもへん」）が正しいのです。

では「皮《ひ》」は何でしょう。第一章の「皮《ひ》」の項（五九ページ）と第二章の「姿《し》と婆《ば》」

の項（一五七ページ）でも述べましたが、「皮」は動物の毛皮を斜《なな》めにかぶるありさまを図形化したものです。だから「斜めにかぶる」「斜めに傾《かたむ》く」というイメージを示す記号になるのです。

衣《ころも》を斜めにかぶるのが「被」、体が病《や》んで斜めに傾くありさまを暗示させるのが「疲」、これで造字《ぞうじ》の意匠《いしょう》が明白になったと思います。

微か徴か黴か
悩ましい形

「微《び》」が正解です。真ん中が悩《なや》ましい形をしています。旧字体《きゅうじたい》は「微」と書きました。これからわかるように、真ん中は「山＋一＋儿」という形でした。それが常用漢《じょうようかん》字では「一」が下にくっついて「兀」のような奇妙《きみょう》な形になっています。「几」でも「元」でもありません。

さて「𡵂」はいったい何なのか。篆書《てんしょ》にさかのぼってもわかりません。金《きん》文《ぶん》の「微」（下図）までさかのぼってやっと「長《ちょう》」と同じであることがわかります。

「長」は細長い髪《かみ》をなびかせる老人の図形です。だから「長」を細長いというイメージに用います。そこで「長＋攵（動作の符《ふ》号《ごう》）」で、「細くて見えにくい」ことを示す符号とします。「𢼸《び》」に「彳」（「ぎょうにんべん」。行くことを示す限定符号《げんていふごう》）を加えて、人に見られないようにこっそり行くこと、つまり微行《びこう》（おしのび）を暗示させる

のです。
「微」の真ん中の「山」は髪、「一」は頭《あたま》、「ル」は足の崩《くず》れた形でした。
第二章の「微《び》と徴《ちょう》」の項《こう》（二〇三ページ）も参照してください。

備か備か備か備か

辞典によって字体がまちまち

この字のつくりは非常に変わった形をしています。篆書《てんしょ》（下図右）では何が何だかわかりませんが、甲骨文《こうこつも》字《じ》（下図左）を見ると、矢を入れる道具である「えびら」の象形文字《しょうけいもじ》と判明します。

「えびら」の働きは「控《ひか》えをそなえておく」ということです。これで「備」（二字目。これが正解です）の意味は明白でしょう。
「備」のつくりは篆書では「艹＋勹＋用」です。楷書《かいしょ》では「艹」が「卄」（「くさかんむり」に似た形）に、「勹」が「厂」に変わりました。
三字目の「備」は「用」と「冊」を混乱した誤字です。「編《へん》」や「輪《りん》」にも似た誤字がありました。四字目の「備」はへん違《ちが》いです。
一字目の「備」は「備」の字体《じたい》の不統一に戸惑《とまど》った人からの質問ですが、怪《あや》しい字です。辞典を調べると次のとおりでした。
①「備」……漢字源《かんじげん》・大辞林《だいじりん》・広辞苑《こうじえん》
②「備」……大漢語林《だいかんごりん》・大辞泉《だいじせん》
なお中国の『康熙字典《こうきじてん》』は①、『正字通《せいじつう》』

は②と、これまたまちまちです。ちなみに常用《じょうよう》漢字の字体と教科書体は②に近く、JIS漢字は①になっています。私の判断では①のように「艹（くさかんむり）に似た形）＋厂＋用」と書くのがよいのではと思っています。②の「卄＋丿＋用」では、「丿」の位置が怪しくなるからです。

それにしても各辞典で字体がまちまちとは驚《おどろ》きました。字体の差ではなく字形《じけい》の差だといえなくはありませんが、統一があったほうが迷いを生じないはずです。

鼻か鼻か鼻か鼻か鼻か
正字一つ、旧字一つ、誤字三つ

「鼻《び》」（五字目）が正解です。「鼻」（四字目）は旧字体《きゅうじたい》で、誤字ではありません。新字体では「丌」が「廾」に変わりました。その他の「鼻」「鼻」「鼻」はいずれも誤字です。

「はな」は身体用語で、身近なものです。だから字もやさしくすればいいのに、「鼻」という難しい字を考案したのが不思議です。鼻を描《えが》いた象形文字《しょうけいもじ》は「自《じ》」でした（下図）。それならこれを「はな」に用いればよかったのですが、最初の人が自分の「自」に使ったのです。鼻よりもまず自分を表すのが先ということでしょう。

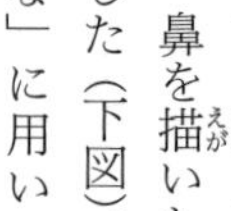

「はな」を表すことばは先にあったのですが、字は後からできました。どのように「はな」を図形（文字）にしようかと考えた

人は、まず「自」を思い浮《う》かべたでしょう。しかしこれには先約がありました。音《おん》はジで、意味は自分になっていました。仕方がないから、「自」に別の音を示す符号《ふごう》をつけて表そうと考えました。こうして生まれたのが「鼻」です。

「はな」を意味することばはbied（ビ）、「畀」はpied（ヒ）ですが、読みが似ているので音符《おんぷ》（音を暗示する符号）になるのです。

それにしてもなぜ「畀」という難しい字を音符に選んだのでしょうか。それは「畀」が器から酒をしぼるようすを表す字で、「しぼり出す」というイメージがあるからです。はな汁《しる》をしぼり出すのが「はな」の働きの一つなんですね。

票か覃か　漂か潭か

紛らわしい「襾」と「西」と「酉」

「襾」と「西」と「酉」は紛《まぎ》らわしい形をしています。次のように区分します。

①「襾」……要《よう》・腰《よう》・覆《ふく》・覇《は》・価《か》・煙《えん》・遷《せん》（以上、常用《じょうよう》漢字）、栗《りつ》（くり）・粟《ぞく》（あわ）（以上、表外字《ひょうがいじ》）

②「西」……西《せい》（常用漢字）、洒《しゃ》・栖《せい》（以上、表外字）

③「酉」……酒《しゅ》・尊《そん》（以上、常用漢字）、そのほか「ひよみのとり」の字

「票《ひょう》」（これが正解です）はもちろん①に入ります。「漂《ひょう》」「標《ひょう》」も同じです。

形が同じ「襾」でも字源《じげん》はいろいろです。

「票」と共通なのは「遷《せん》」だけです。字源がちょっと面白《おもしろ》いので説明しましょう。

まず「遷」の右側です。上は「臼」（両手）の間に「囟《しん》」がある形です。「囟」は「脳」（「脳《のう》」の旧字体《きゅうじたい》）にも含《ふく》まれているように、頭蓋骨《ずがいこつ》の形です。「大」も両手の形です。だから四つの手があります。「㔾」はひざまずいた人の形です。

以上の符号《ふごう》を合わせた「䙴《せん》」は人の霊魂《れいこん》が上にあがっていくありさまの図形化です（下図）。要するに仙人《せんにん》の昇天《しょうてん》の場面なのです。

仙人は現世《げんせ》から別世界へ移っていくので、Aという場所からBという別の場所へ移るというイメージがあります。これで「遷都《せんと》、左遷《させん》」の「遷」の意味がはっきりします。

もう一つのイメージは「上にあがる」ということです。これを利用したのが「票」です。「襾」は「䙴」の下部を省略した形です。「示」は「火」の変形です。本当は「示」（「しめすへん」）ではありませんでした。火《ひ》の粉《こ》が上にひらひらと舞《ま》い上がるありさまの図形化でした。これは「空中にひらひらする」というイメージです。「飄《ひょう》」（風でひらひらする、ひるがえる）、「漂」（水上でぷかぷかする、ただよう）はまさにそのイメージが生きています。

「票」の実際の使い方は「伝票《でんぴょう》」「投票《とうひょう》」などの「票」ですが、文字などを書いた紙切れですから、やはりひらひらしたものというイメージがあります。

苗か苖か

「田」なのか「由」なのか

「苗」（なえ）が正しく、音《おん》はビョウです。「苗字《みょうじ》」の場合はミョウです。字形《じけい》を解剖《かいぼう》すると、「艹（「くさかんむり」）＋田」で、どこにも音の標識《ひょうしき》はありません。「苗」の全体でビョウと読みます。

ところで「由《ゆう》」は、他《た》の漢字の構成要素になるときは、音の標識に使われます。「油《ゆ》・抽《ちゅう》・軸《じく》・笛《てき》」など。それぞれ音が違《ちが》いますが、基本は「由」の音です。どれもビョウやミョウの音とは程遠《ほどとお》いのです。

次に図形の解釈《かいしゃく》ですが、「艹＋田」で田んぼに植える草を暗示させます。「なえ」は田と関係があります。

負か⿱刀貝か

「ク」なのか「刀」なのか

漢字を構成する「ク」という符号《ふごう》は、四通りの内容があります。

①人の形……久《きゅう》・危《き》・色《しょく》・急《きゅう》・免《めん》・勉《べん》・晩《ばん》・換《かん》・喚《かん》
②「爪」の変形……争《そう》・浄《じょう》・静《じょう》
③動物の頭の形……魚《ぎょ》・象《ぞう》・亀《き》・兎《と》（＝兔）・逸《いつ》
④その他……角《かく》

「負《ふ》」（これが正解です）は①に入ります。分析《ぶんせき》すると、「人＋貝」となります。人が貝（財貨、貨物）を背負《せお》うありさまを図形化したものです（下図）。

「それは変だ。背負うなら貝が上

になりそうなものだ」とおっしゃる方もいると思います。その疑問はもっともですが、漢字を作った人は字の構成上の美も考えたのではないでしょうか。「貝」を上に置くとバランスが悪いようです。

　上の部分を「刀」と書いてしまうのは、「頼《らい》」（「賴」の旧字体《きゅうじたい》）、「免《めん》」（「免」の旧字体）などの影響《えいきょう》かもしれません。

⿰女𠬶か婦か⿰女妻か

現代感覚からすればイメージの悪い字

「婦《ふ》」が正解です。「⿰女妻」はユーモラスな誤字ですね。いわゆる「感字《かんじ》」の類《たぐい》に入るかもしれません。

「⿰女𠬶」は「侵《しん》」や「寝《しん》」の「𠬶《しん》」と混同した誤字です。

「婦」の右上が「ヨ」か「彐」かで迷われる方もいると思います。これに関しては、第一章の「帰《き》」の項（五六ページ）をご覧ください。

「婦」のつくりの「帚《そう》」は「ほうき」の図形です。「帚」に「たけかんむり」をつけると「箒《そう》」（ほうき）になります。ほうきをもつ女が「夫婦」の「婦」、つまり「つま」というわけです。現代感覚からすればイメージの悪い字です。漢字が生まれたのは中国のはるか古代ですから、やむを得ないでしょう。男女平等の考え方自体が最近の話です。

　しかしさすがに「婦人」ということばは消えつつあります。いずれ「夫婦」も「夫《ふ》妻《さい》」になると思います。

腐か〓か

部首は「肉」の部

「〓」は誤字です。「豆腐《とうふ》」の「腐」は「くさる」という意味です。このイメージが強すぎて「疒」（「やまいだれ」）に間違《まちが》うのでしょうか。それとも「腐」を「广」（「まだれ」）の字と思い込み、うっかり「冫」をつけてしまうのでしょうか。

「腐《ふ》」の部首《ぶしゅ》が「广」の部と思っている人は多いかもしれません。しかし正しくは「府《ふ》＋肉《にく》」と分析《ぶんせき》するのです。だから「肉」の部です。「肉」は「月」（「にくづき」）と一緒《いっしょ》の部首です。

ただし最近の漢和辞典は、六画の「肉」と、四画の「月」を切り離《はな》しているのが多いようです。合理的ではありますが、漢字の感覚を少し狂《くる》わせるかもしれません。

武か〓か〓か〓か

実に奇妙な由来

「武《ぶ》」が正解です。この字の由来《ゆらい》は実に奇《き》妙《みょう》です。第二章の「弐《に》と武《ぶ》」の項《こう》（三〇一ページ）、本章の「弐《に》」の項（三六〇ページ）でも指摘《してき》しましたが、左上の「一」は何なんだということです。「武」の生《お》い立《た》ちを探《さぐ》ってみましょう。下図を見てください。

篆書《てんしょ》（下図左）から金文《きんぶん》（下図中央）、さらに甲骨文字《こうこつもじ》（下図右）へさかのぼって調べても、すべて

「戈《か》＋止《し》」の組み合わせになっています。ところが楷書《かいしょ》から「弌＋止」に化けてしまっているのです。これが謎《なぞ》です。

　隷書《れいしょ》や書道のスタイルを調べてみると、本来は「戈」と書かれるべきものを「弌」と書いているのが多いのを発見しました。「戈」との対応関係を検討すると、「一」が短い棒になり、「ノ」が長い「一」になり、「乚」と点はそのままです。これで謎が解《と》けました。

「武」の字源《じげん》はやはり「戈＋止」でよかったわけです。こんなことをいうとますます混乱させそうですが、「ノ」は右下から左上へ形を変えて場所が移ったんだと記憶《きおく》してください。

　字源から意味を考えます。「戈」は武器、「止」は足です。武器をもって勇ましく行進するありさまを図形化したのが「武」です。だから「武勇《ぶゆう》、武力《ぶりょく》」などの意味をこの記号で表します。

⿰月反か服か

人にぴったり手をつけるありさま

「服《ふく》」が正解ですが、つくり（右側の要素）は「皮」とよく似ています。「𠬝《ふく》」と「皮」の右上のはねのぐあいが微妙《びみょう》に違《ちが》うことを確かめてください。

「服」は漢和辞典では「月」の部に入っていますが、「つき」とも「にくづき」とも違います。「ふなづき」といい、「舟《ふね》」の変わった形です。

　つくりの「𠬝」は「卩＋又」の組み合わ

せです。「卩」（「ふしづくり」）は人、あるいは、ひざまずいている人の形です。「印《いん》・即《そく》・節《せつ》・御《ぎょ》」などに含《ふく》まれている「卩」と同じです。「又」は手の形です。それで、「𠬝」は人にぴったり手をつけるありさまを図形化しました（下図）。だから「ぴったりつける」というイメージを示す記号とします。

「月」（実は舟）と「𠬝」を合わせて、舟の両側にぴったり板をつける様子を示すのが「服」です（下図）。

たぶん舟がひっくり返らないように手当てをするのでしょう。こんな場面から生まれたのが「服」です。

ただし舟の専用の字とするのではありません。人間が体にぴったりつけるものも「服」（「服装」の「服」）だし、相手に付き従うという行為《こうい》も「服」（「服従《ふくじゅう》」の「服」）というのです。このように「ぴったりつける」というイメージが共通に流れています。

腹か腹か

重なってふくれた形

「腹《ふく》」が正解です。「腹・復・複・覆」（みな音《おん》はフク）は共通のつくりをもっています。

「复《ふく》」の「夂」を除いた部分は、形が変わっていますが、本来は「畐《ふく》」と同じでした。これは「福《ふく》・幅《ふく》・副《ふく》・富《ふ》」を構成する記号です。「富」以外は全部フクという音です。だから「腹」などのグループも全部フクです。

まず「畐」から説明しましょう。これは腹《はら》のふくれた徳利《とっくり》の形（下図）です。「ふくれる」というイメージは「かさなる」というイメージに連合します。後者のイメージが「复」で用いられるのです。

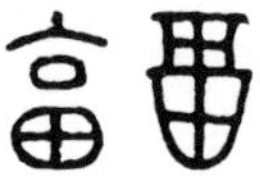

次に「夂」（もともとは「夊」でした）は引きずるようにして歩く足を示す符号《ふごう》です。「愛《あい》・憂《ゆう》・慶《けい》」にも含《ふく》まれています。「かさなる」イメージの記号と足の動作を合わせたのが「复」です。では何を表すのでしょうか。同じ道を重ねて歩く、つまり「かえる」ということです。なんだ「往復《おうふく》」の「復」と同じじゃないかとおっしゃれば、まさにそのとおりです。これで「復」の説明にもなりました。

では「腹」の「复」は何でしょうか。「复」はやはり「かさなる」というイメージです。このイメージをもとに戻《もど》すと「ふくれる」にもなります。臓器が重なってふくれた形の部分、これが「腹」です。へこんだ腹もあるでしょうが、一般的にお腹《なか》はこんなものでしょう。

癖か癖か

罪人の体を解剖する刑罰を図形化

下の字は余計な横棒を入れた誤字です。「癖《へき》」に含《ふく》まれている「辟《へき》」は「辟易《へきえき》」（勢いにおされしりごみする、うんざりする）というときに使います。「辟」の左側の形はほかに例がありません。

「辟」を分解すると「尸＋口＋辛」となります（下図）。「尸」は尻《しり》、またはボディーを示す符号《ふごう》です。「口」は穴、「辛」は刃物《はもの》です。罪人《ざいにん》の体《からだ》を解剖《かいぼう》する恐《おそ》ろしい刑罰《けいばつ》を図形化したものです。「辟」に罪《つみ》、死刑、君主という意味があることに、なるほどと思われるでしょう。

「辟」が漢字の構成要素になるときは、「左右に開く」というイメージを示す記号になります。このイメージは「中心からそれる」というイメージに連合します。

本来の性質からずれてかたよった性質が「癖」（くせ）です。これも病気の一種と考えられたから「疒」（「やまいだれ」）がついているわけです。

「尸」は「戸」ではなくお尻でした。

別か別か

安定しなかった字体

「別《べつ》」の左側と「拐《かい》」の右側は実は同じでした。この二つの関係については、「拐《かい》」の項《こう》（二五一ページ）で述べましたので、そちらをご覧ください。

「別」の字体《じたい》は安定していなかったようです。『字彙《じい》』と『正字通《せいじつう》』（ともに明《みん》代の字書）では「別」となっています。左下は「ク」に近く、「口」と離《はな》れています。『康《こう》熙字典《きじてん》』では「別」とほとんど同じです。これらのほかに左下が「刀」になるもの、「力」になるものがありました。俗字《ぞくじ》と言ってよいでしょう。

結局、『康熙字典』（清《しん》代の字書）に従え

ば「別」が正しいということになります。
ちなみに現在の中国では左下が「力」の字体を採用しています。

編か編か編か

「うすい竹札を紐でとじてあむ」を意味する形

アンケートでは、「用」と「冊」の違《ちが》いについての質問が、「偏《へん》」や「遍《へん》」についてもありました。ここで一括《いっかつ》します。

「備《び》」の誤字に「用」と「冊」を混同する例がありました。「編《へん》」ではそれと逆《ぎゃく》です。「用」と「冊」はほんとに紛《まぎ》らわしい形をしています。

「編」や「偏」や「遍」がなぜ「冊」でなければいけないかを説明しましょう。

これらの字の基本をなすのは「扁《へん》」です。「扁」は扁平《へんぺい》、つまり「薄《うす》くて平ら」という意味です。この意味を暗示させるために具体的な物をもってきます。一つは「戸」です。戸は門よりも薄い板で造《つく》ってあります。もう一つは「冊《さつ》」です。これは木や竹を削《けず》った札《ふだ》を綴《つづ》り合わせたもの、つまり昔の本です。

これらは薄くて平らなものです。このようにして「扁」という字が生まれたのです。ここに「用」(上から突《つ》き通すことを示す抽象的《ちゅうしょう》な記号)は用がありません。

したがって一字目の「編」は誤字です。「編」(これが正解です)は薄い竹札《たけふだ》を紐《ひも》でとじてあむというのが字源《じげん》ですが、冊子《さっし》を作るから「冊」と覚えるのも一法です。

三字目の「編」が誤字であることの説明

は少し厄介《やっかい》です。「冊」は両側に棒が抜《ぬ》けるのに、「扁」で抜けないのは解《げ》せません。どこか食い違《ちが》っています。この謎《なぞ》については本章の「冊」の項《こう》（三〇四ページ）をご覧ください。

便か便か

たるみやでこぼこがない状態を表す

「使《し》」の項《こう》（三〇六ページ）では右上が突《つ》き抜《ぬ》けない誤字がありました。「便《べん》」ではその逆《ぎゃく》です。突き抜けたほう（二字目）が誤字です。

「便」は「更」からできている字です。ただしコウの音《おん》とは関係がありません。「更」のイメージだけを利用します。

「更《こう》」は「丙《へい》」と「攴」（動作を示す符号《ふごう》）をドッキングさせた形です。「丙」の上は突き出ていませんね。「丙」は両側にぴんと張るというイメージをもつ図形で、たるみやでこぼこがない状態を表す記号に使われます。

便利、郵便、大便――これらに共通するイメージは？「スムーズに通じる」ということです。たるみやでこぼこがあるとつかえます。これで「便」が「更」を利用した理由がおわかりでしょう。

勉か勉か

「無理に力んでやる」という意味

「勉《べん》」が正解です。上の誤字は「鬼《き》」や「魅《み》」の書きぐせが干渉《かんしょう》してしまうのでしょうか。あるいは「勉強」の「強」に「ム」があるために、「勉」も「ム」にしてしまうのでしょうか。

直し方は「勉」の意味を考えるよりほかありません。「勉」は「無理に力《りき》んでやる」という意味です。「勉」は値段を負けることを勉強といいますが、無理をするという意味合いがあります。子供が勉強するのもいやいやながら無理してやるわけです。

なぜ「無理やり」なのかを字《じ》源《げん》から考えてみましょう。「免《めん》」は「ク」（しゃがむ人の形）と「四」（ヒップの形）と「儿」（人体）の組み合わせで、女性がお産をする場面を図形化したものです（下図）。「分《ぶん》娩《べん》」（出産する）の「娩」にこの情景が生きています。お産は力んでやっと子を産むわけですから、無理やりというイメージがあるわけです。

ちなみに「免許《めんきょ》」の「免」も「罷免《ひめん》」の「免」も、無理してやることに変わりありません。

無理に力を出そうとするのが「勉」だから「力」をつけると覚えてください。

補か補か

「たすける」という意味

はなし

「補《ほ》」が正解です。非常に多くの方が「衤」（「ころもへん」）と「礻」（「しめすへん」）を迷うようです。二つのへんの働きをとらえ、その漢字の意味が何と関係があるかを知ることが、解決の手がかりになります。

第一章の「裕《ゆう》・祝《しゅく》」の項《こう》（九一ページ）でも述べたとおり、「衤」は衣《ころも》と関係があることを示す限定符号《げんていふごう》、「ネ」は神と関係があることを示す限定符号です。

「補充《ほじゅう》、補塡《ほてん》」の「補」は「おぎなう」という意味です。衣と関係があっても、神とは関係がなさそうです。しかし「補佐《ほさ》」となるとどうでしょうか。「たすける」という字の「祐《ゆう》」は「しめすへん」で、神と関係があるのでは？

　確かにそのとおりです。しかし「補佐」は「輔佐《ほさ》」の同音書《どうおんか》き換《か》えでして、もともと「補」に「たすける」という意味はないのです。

「おぎなう」の語源《ごげん》は「置《お》き縫《ぬ》う」です。日本語も衣と関係があったわけです。

母か毋か

「女」に点々（乳房）を打った図形

次の三つは似ていて紛《まぎ》らわしい形です。

①「母」……母《ぼ》・苺《まい》（いちご）・拇《ぼ》（おやゆび）・栂（つが）・姆《ぼ》（うば）

②「毎」……毎《まい》・海《かい》・悔《かい》・侮《ぶ》・梅《ばい》・毒《どく》・敏《びん》・繁《はん》

③「毌」……貫《かん》・慣《かん》

「母」は「女」に点々を打った形（下図）ですが、かなり崩《くず》れています。しかし右下の交差形が何なのかは「女」がヒントを与えてくれます。筆順もそうですね。

　①は「母」以外は表外字《ひょうがいじ》です。②のほうはすべて常用漢字《じょうようかんじ》です。「毎」は旧字体《きゅうじたい》で

は「毎」でした。当用漢字《とうよう》ができたとき、「毎」に簡略化されたのです。

ただし「毒」はもともとこういう形です。「毒」の下部の「毋《ぶ》」は「母《ぼ》」の点々を一本線に変え、「ない」の意味をもつことばを表すために作られた字です。「毋」は辞書の中には存在する字です。しかも部首《ぶしゅ》に立てられています（意味は「ない」「なかれ」）。だから二字目の「毋」は正確にいうと誤字ではなく誤用です。

「母」を間違《まちが》えるのは②と混乱するからではないでしょうか。もう一つは書道の影《えい》響《きょう》も考えられます。書道ではよく「毋」の形に書かれますが、これが誤用であることはいま述べたとおりです。

「母」は「女」に点々を打った形で、乳房《ちぶさ》を強調した字と覚えてください。

募か募か　「刀」なのか「力」なのか

「募《ぼ》」が正解です。「勝《しょう》」の項《こう》（三一八ページ）でも同じような誤字がありました。「勝」は何とか意味から類推できますが、「募」は「刀」に間違《まちが》える人が多いようです。

「募」もやはり意味から考えるほかはありません。「募集《ぼしゅう》」の「募」は日本語で「つのる」ですが、漢字本来の意味としては、「ないものを求める」ということです。こちらにないからよそから求めようとするのです。これは努力目標です。力を出して努めなければ得られません。ということで「力」がつくのです。

ちょっと字源《じげん》にふれます。「莫」は「茻（くさむら）＋日」の組み合わせで、日が草原《そうげん》に隠《かく》れるありさま、つまり「暮れる」を暗示させます。隠れると見えなくなるから、単に「ない」という意味に使うのです。例えば「莫大《ばくだい》」は「それより大きいものはない」、つまり非常に大きいという意味です。したがって「莫＋力」で、力を尽《つ》くしてないものを求めることを暗示させたのです。

簿か簿か

点を打つのか打たないのか

点が必要です。「薄《はく》」にも同じ誤字が寄せられています。第一章の「博」の項《こう》（三九ページ）、第二章の「簿《ぼ》と薄」の項《こう》（二一二ページ）も参照してください。

邦か邦か

出るのか出ないのか

「邦」は書道ではありそうですが、普通《ふつう》は見かけません。誤字とします。

「丰」はどんな形かを調べます。「豊《ほう》」の旧字体《きゅうじたい》「豐」にこれが二つ含《ふく》まれています。「丰」（音《おん》はホウ）は『へ』型に盛り上がることを示す記号です。器《うつわ》の上に物が豊かに盛り上がっているありさまを図形化したのが「豐」です。

都市を領有するときに盛《も》り土《ど》をして印《しるし》とした名残《なごり》が「邦」という字です。「阝」は「おおざと」と呼ぶ部首《ぶしゅ》で、村や都市と関係があることを示しています。

「峰」「縫」にも「丰」が含まれています。音は同じくホウです。

奉か奉か

手の動作を表す符号に注目

「奉《ほう》」が正解です。「棒《ぼう》」でも二字目と同じような誤字がありました。横棒が余分に多い例です。

答えは簡単です。「丰」は「扌」（「てへん」）と同じです。「てへん」の横棒は二本なのです。「奉」（たてまつる）は手の動作を表す字です。もう一つ「扌」を加えた「捧《ほう》」（ささげる）ももちろんそうです。

ちょっと面白《おもしろ》いことを付け足します。ホウという音《おん》は「丰」から来ているのです。これについては前項の「邦」で述べました。それでは「丰」は「奉」のどこに入っているでしょう。実は上部の「𡗗」に入っています。これは「丰」と「大」がドッキングした形です。

ここまで述べたからには字源《じげん》にもふれましょう。「丰」は『へ』型に盛り上がる」ことを示す記号、「大」は「廾」が変わったもので、両手の形です。物をささげるときは両手を「へ」型にして物をもち上げます。これを図形化したのが「奉」です（下図）。では下の「丰」は？

物をささげるには両手で十分ですね。「丰」は手の動作を表示する符号《ふごう》にすぎません。

ちなみに字典では「奉」は「大《だい》」の部に入っています。本当は「てへん」にすべきでした。昔の辞書編集者は気がつかなかったのでしょうか。

報か報か報か

「丨」なのか「丿」なのか

正しくは「報《ほう》」（二字目）ですが、左側を「幸」にする誤字もありました。これについては第一章（三三ページ）をご覧ください。

「報」は「服《ふく》」にも同じような誤字がありました。「服」の項《こう》（三八〇ページ）を参照してください。

右側の「丨」を「丿」と書いてしまうのは（三字目）、やはり「皮」が干渉《かんしょう》しているのではありませんか。「報」のつくりは「卩＋又」です。「卩」は「即《そく》」や「却《きゃく》」に含《ふく》まれています。この形を思い出せば「丿」に書くことはないでしょう。

褒か褒か

「ホ」なのか「木」なのか

「褒《ほう》」が正解です。「褒」と似た誤字が「哀《あい》」にもありました。上の「亠」と下の「𧘇」を合わせて「衣」なのです。誤字は下にまた「衣」が来ています。ダブリです。「褒」は「衣」の中に「保《ほ》」が入る形です。

なお、「褒」と「保」では「呆《ほう》」の部分の字体《じたい》が違《ちが》うことに注意してください。「褒」では「木」が「ホ」になっています。なぜこんな食い違いが生じたのかわかりません。「衣」の中に符号《ふごう》が割《わ》り込《こ》む字に、ほかに次の例があります。これも参考になります。

①常用漢字《じょうよう》……哀《あい》・衰《すい》・衷《ちゅう》・裏《り》・壌《じょう》・嬢《じょう》
・譲《じょう》・醸《じょう》
②表外字《ひょうがいじ》……裹《か》（つつむ）・襄《じょう》（のぼる）
・褻《せつ》（けがれる）

縫か縫か

二人が出会うイメージを利用

「縫」は誤字です。

「縫《ほう》」を解剖《かいぼう》してみます。第一段階は「糸＋逢」です。次に「逢《ほう》」は「辶＋夆」です。最後に「夆《ほう》」は「夂＋丰」です。こんなに細かく分析《ぶんせき》できます。

「丰《ほう》」が基本単位です。これは「邦《ほう》」で説明したように、「『へ』型に盛り上がる」というイメージを示す記号です。このイメージは、頂点が『へ』の形を呈《てい》するので、両方からやってくる線が一点で出会うというイメージにつながります。

これを利用したのが「夆」です。「夂」は下向きの足の形です。両方から歩いて来て一点で出会うことを表します。出会うことをはっきりさせるために「辶」（「しんにょう」）をつけました。これで「辶」（行く、進むことを示す限定符号《げんていふごう》）がつく理由がおわかりでしょう。

さて、着物をぬうときを想像してみてください。糸をつけた針で二つの布を一つに合わせますよね。これが先《さき》の二人が出会う姿と似ていませんか。だから「糸＋逢（あう）」と書くのです。

漢字作りの秘密がここに一つあります。二つの物事が似ているなら同じ記号を利用するということです。視覚記号（文字）だけではなく、聴覚《ちょうかく》記号（ことば）も共通という場合も多いのです。「縫」と「逢」は音《おん》もホウで同じです。

冒か冒か
帽か帽か

覆いかぶせるイメージ

「冒《ぼう》」「帽《ぼう》」が正解です。「目」が「日」になった一字目、三字目は誤字です。

　これも意味を考えるのが近道です。古代漢語で、mau（マウ→モウ→ボウ）ということばは「覆《おお》いかぶせる」という意味がありました。「冒頭《ぼうとう》」の「冒」はこれです。

　馬は目隠《めかく》しするとがむしゃらに突進《とっしん》します。何も見ずにただ突《つ》き進むことを「冒」というのは、「覆いかぶせる」から「わけがわからず突《つ》っ走《ぱし》る」にイメージがつながるからです。「冒険」の「冒」はこれです。

　以上の意味を実現するのが「冒」という図形です。上の「曰」は「月」の変形で、「冂（おおい）＋二」により、物の上に覆いをかぶせることを示す符号《ふごう》です。目の上に覆いをかぶせると何も見えなくなり、がむしゃらな行為《こうい》に走るというわけです。

　帽子《ぼうし》の「帽」はいわずもがなでしょう。頭に覆いかぶせるものが「帽」です。

望か望か

背伸びして見ようとするありさま

「望《ぼう》」の下は「主」ではなく「王」です。したがって、「望」は誤字です。

なぜ「王」なのでしょうか。これと同じ形は「呈《てい》・聖《せい》・徴《ちょう》」にあります。これらの「王」は「壬《てい》」の変形です。「廷《てい》」の右側も実は同じです。「壬」はまっすぐ背伸《せの》びしている人の形です。

「望」を解剖《かいぼう》すると「亡＋月＋壬」となります。「亡」は「姿が見えない」ことを表す記号です。そこで、月が見えず、背伸びして見ようとするありさまの図形化が「望」なのです。

「望《のぞ》む」というのは、ないものを見ようとすることであると同時に、現在ないものを求めようとすることでもあります。「眺望《ちょうぼう》、展望《てんぼう》、希望《きぼう》、欲望《よくぼう》」の「望」は一連のつながりがあります。

以上から誤字を訂正してください。

ついでに言いますと、「望」の「月」は少し斜《なな》めになります。ただし「祭」や「然」ほど傾《かたむ》きません。何が違うかというと、「望」の「月」は「つき」ですが、「祭」の「夕」は「にくづき」（「肉」の変わった形）なのです。

睦か睦か

仲よくむつまじいことを表す

「睦《ぼく》」は「めへん」が正しいのですが、ではなぜ「めへん」かが問題です。

「睦」の右側は「陸《りく》」と共通です。「陸」は土が集まってできた大地で、多くのものが寄り集まるというイメージがあります。このイメージをもつ「坴《りく》」という記号を利用します。親しい人たちが寄り集まる場面を想像してください。にこにこしています。目が笑っています。「仲《なか》よくむつまじい」ことを表すのに「目＋坴」の組み合わせとした理由は、そういう想像力が働いたからです。

僕か僕か撲か撲か――ぎざぎざで粗削りというイメージ

相撲《すもう》好きの作家内館牧子《うちだてまきこ》さんは「相撲」を「相模《さがみ》」と間違《まち》えたと、著書に書いています。「模《ぼ》」は存在する字の誤記ですが、ここにあげた「僕」と「撲」は両方とも存在しない誤字です。

「僕《ぼく》」や「撲《ぼく》」のつくりは「業《ぎょう》」とよく似ています。ただし音《おん》が違《ちが》うのは決定的です。前にも述べましたが、誤字の直し方はまず発音してみることです。

次に形《けい》の面から違《ちが》いを探《さぐ》ります。

「業」は、先端《せんたん》がぎざぎざになった台座の図形です（下図）。それに棒をのせて楽器を架《か》けます。「業」の下部に注目してください。まっすぐな心棒《しんぼう》があり、斜《なな》めのつっかい棒がその両側についています。

「業」はそれと字源《じげん》が違います。「丵」と「𦥑」（両手の形）がドッキングしたものです。「丵」はぎざぎざで粗削《あらけず》りな材木の形です（下図右）。まだ加工していない材木を手にもつありさまの図形化が「業」で（下図左）、「ぎざぎざで粗削り」というイメージを示

す記号とします。

「僕」は粗削りで粗野《そや》な人間ということで、自分を卑下《ひげ》することばです。

「撲」は「打撲《だぼく》、撲殺《ぼくさつ》」の「撲」で体にぎざぎざの傷がつくほどなぐることを表しています。

每か毎か

誤字ではなく旧字体

「每」は「毎《まい》」の旧字体《きゅうじたい》です。誤字ではありません。しかし単独ではめったに使いません。次のように使い分けを覚えれば不安はなくなります。

①「毎」……常用《じょうよう》漢字だけの字体《じたい》。毎・海《かい》・悔《かい》・侮《ぶ》・梅《ばい》・敏《びん》・繁《はん》

②「每」……表外字《ひょうがいじ》の字体。晦《かい》（「大晦日《おおみそか》」）・誨《かい》（「教誨師《きょうかいし》」＝囚人《しゅうじん》を教えさとす人）

本章の「母《ぼ》」の項《こう》（三八七ページ）もご覧ください。

満か満か

左右同形がポイント

「満《まん》」が正解です。「満」は「満」の右下を「禸」と混同した誤字です。「禸」は動物の後ろ足と尻尾《しっぽ》の形で、「禽獣《きんじゅう》」の「禽《きん》」や「離《り》」に含《ふく》まれています。「偶《ぐう》」や「属《ぞく》」にも似た形が含まれています。いずれも虫や獣《けもの》と関係があります。

一方、「満」（旧字体《きゅうじたい》は「滿」）のつくりは「廿」（廿は変形）と「兩《りょう》」（＝両）」の省略形からできています。「廿」は「革《かく》」や「席《せき》」に含まれる「廿」と同じ

で、獣の革《かわ》の敷物《しきもの》です。「兩」は左右同形を示す符号《ふごう》です。それで、「㒼《まん》」は敷物を左右バランスよく敷《し》き広げるありさまを図形化しました。だから「まんべんなく行きわたる」というイメージを示す記号になります。水が枠《わく》いっぱいに行きわたることが「満」です。

「満」の右側は左右同形がポイントでした。「ム」と書いてはそれが崩《くず》れてしまいます。

𦙶か脈か脈か

明朝体より教科書体？

三字目の「脈《みゃく》」が正解です。つくりが「爪《つめ》」に近い一番上の字は、誤字です。しかし、「く」を三つ書いたような感じの二番目の字は誤字とまでは言えないかもしれません。

「脈」の右側をどう書くのが正しいかを定めるのはなかなか困難です。私は教科書体（後述）を推奨《すいしょう》したいです。そうすると二字目がちょっと近いのです。

「𠂢」は「派《は》」にも含《ふく》まれていて、水が枝分かれする図形（下図）です。実は「永《えい》」の鏡文字《かがみもじ》です（二〇五ページ下段の図参照）。字体《じたい》の観念からいえば、「く」のような形を三つ書けばいいのですが、これでは漢字らしくありません。やはり美形に整える必要があります。その結果生まれたのが明朝体《みんちょうたい》です。「𠂢」の左側は「厂」ではなく「遞《てい》」のつくりのように斜《なな》めから入ります。真ん中は「にんべ

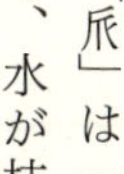

ん」に近くなります。そうなると「旅《りょ》」や「衆《しゅう》」と似てきますが、しかし微妙《びみょう》に違《ちが》います。「脈」や「派」の字体の観念に「にんべん」を入れると、形が崩《くず》れてしまいます。

結論としては明朝体よりは教科書体がお奨《すす》めということです。

脈（明朝体）――脈（教科書体）

「派」もこれに準じればよろしいのです。

派（明朝体）――派（教科書体）

上からかぶさるというイメージ

三字目の「茂《も》」が正解です。誤字パターンは余計な点画《てんかく》を入れたり、必要な点画を落としたり、いろいろです。

「戉」や「戍」との混同があります。形が紛《まぎ》らわしい字を次にあげます。

①戊……音《おん》はボ。「茂《も》」の基幹符号《きかんふごう》になる。
②戉……音はエツ。「越《えつ》」の基幹符号になる。
③戍……音はジュ。「幾《き》」などに含《ふく》まれる。
④戌……音はジュツ。「威《い》・感《かん》・減《げん》・滅《めつ》・歳《さい》」などに含まれる。

②については「越」の項《こう》（二四二ページ）で、③については「幾・機《き》」の項（二六七ページ）で、④については第一章の「減《げん》」の項（八〇ページ）で説明しました。そちらを見てください。ここでは①について説

明します。

甲《こう》、乙《おつ》、丙《へい》、丁《てい》と来ると、次は戊《ぼ》です。十干《じっかん》で五番目、「つちのえ」です。

「戊」はおのやまさかりに似た武器を描《えが》いた象形文字《しょうけいもじ》です（下図）。これを漢字を構成する記号として利用する場合、「上からかぶさる」というイメージを取ります。たぶんこの武器が上から打ち下ろすような使われ方をしたからでしょう。草木がしげると、枝や葉が上からかぶさります。だから繁茂《はんも》の「茂」が生まれました。

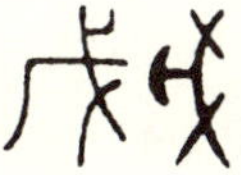

五字目の「茂」という誤字は「幾」の干《かん》渉《しょう》ですが、「戍《じゅ》」と「幾」の下は形が少し違《ちが》うことにご注意ください（二六七ページの「幾・機」の項参照）。「戊」は「幾」の下にあるのが本来の形で、「人（人）＋戈」の組み合わせなのです。
「戍」の右肩《みぎかた》に点が要《い》るか要らないかは、「弋《よく》」「戈《か》」を含めて①から④まですべて共通の問題です。武器の刃《は》に当たる右肩の点が必要です。

網か網か

漢字は複雑化し、また簡略化する

正しくは「網《もう》」です。つくりは「岡《こう》」と似ています。「罔」の「亡《ぼう》」を「山」と取り換《か》えると「岡」になるのです。ということは、「罔」は「冂」と「亡」の二つの部分に分けられるということです。

「罔」は「网《もう》」が変わった形です。「网」がいちばん古い字で、「あみ」の象形文字《しょうけいもじ》です（一四八ページの図参照）。だからこれだけで「あみ」の意味がありました。これではあまりに単純と考えたのでしょうか、「亡」を加えて「罔《もう》」としました。これも「あみ」です。

ほかならぬ「亡」を加えた理由は、「あみ」は獲物《えもの》に見えないように仕掛《しか》けてあるからです。「見えない」ことを示す記号が「亡」でした。

「見えない」が単に「ない」に転義することがあります。「罔」も「ない」という意味で使われるようになりました。そうすると「あみ」との区別がつかなくなりました。そこでまた「糸」を加えた「網」の字となったわけです。

漢字というものはだんだん複雑化していく傾向《けいこう》があるのです。これではいけないと反省した結果、現代では簡略化の方向へ進んでいます。「網」は現在の中国の簡体字《かんたいじ》ではいちばん古い「网」を採用しています。日本はまだ「網」のままです。

「綱《こう》」と「網」を取り違《ちが》える誤記については、第二章の「綱《こう》と網《もう》」の項《こう》（一四八ページ）をご覧ください。

黙か黙か黙か

「大」なのか「犬」なのか「太」なのか

字の構成が問題です。旧字体《きゅうじたい》は「默」でした。これなら構造が明らかです。つまり「黑＋犬」です。

当用漢字《とうよう》（常用漢字《じょうよう》の前身）の字体では「黙《もく》」（これが正解です）のように配列替《はいれつが》え

しました。ここで「犬」か「大」か「太」か曖昧《あいまい》になる誤字が発生するのですね。それは「犬」が上に棚上《たなあ》げされたため、犬の意識が遠のいたからではないでしょうか。

ではなぜ「犬」かということです。「默」から考えましょう。漢字を作った人はかなりユーモアのセンスがあったと見えます。「だまる」を犬から発想したのです。

まずモクという音《おん》を再現させるために「黒《こく》」を選びました（古代ではモクに近い音でした）。これはイメージも兼《か》ねます。「くろい」は「暗い」というイメージに連合します。次に「だまる」を暗示させる場面として犬をもってきました。犬が吠《ほ》えないのは元気がないからと想像します。犬も暗い気分になって吠えないというわけです。

犬をだしにして作られた字に、「伏《ふく》・状《じょう》・獄《ごく》・独《どく》」などがあります。「突《とつ》・臭《しゅう》・戻《れい》・器《き》・類《るい》」も「大」になっていますが、元《がん》来《らい》は「犬」でした。右側を「大」と書いてしまう誤字（一字目）は、「犬」を「大」に改めた新字体の影響《えいきょう》があるのかもしれません。

愉か愉か 癒か癒か

新旧字体の混乱

いずれも、上の字が正解です。昭和二一年の当用《とうよう》漢字で次のように字《じ》体《たい》が変わりました（ただし「癒」は常用《じょうよう》漢字表に新たに入った字です）。

愉《ゆ》（旧字体）→愉（新字体）

諭《ゆ》（旧字体）↓諭（新字体）
輸《ゆ》（旧字体）↓輸（新字体）
癒《ゆ》（旧字体）↓癒（新字体）

以前の「兪」と比べると三ヵ所が変わっています。上端《じょうたん》は「入」（ただしこれは明《みん》朝体《ちょうたい》の装飾《そうしょく》形）、下部は「月」と「巜」だったのです。

「兪」の字源《じげん》を調べます。「亼」と真下《ました》の「く」を合わせた形が刃物《はもの》を表しています。「月」は「舟」の変形、もう一つの「く」は削《けず》り屑《くず》です。要するに、刃物で木を削って舟《ふね》を造る場面の図形化が「兪」なのです。木を削って屑を出すから、こっちのものをあっちに移すというイメージがあります。「運輸」の「輸」はまさにそのイメージが生きています。

正しくは「愉《ゆ》」と「癒《ゆ》」ですが、ここにあげた誤字はいずれも新旧字体が混乱しています。旧字体はほとんど使われませんが、表外字《ひょうがいじ》（常用漢字表にない字）にはまだ「兪」の形が残っています。例えば「比《ひ》喩《ゆ》（たとえ）」の「喩《ゆ》」、「偸盗《ちゅうとう》（ぬすびと）」の「偸《ちゅう》」、「真鍮《しんちゅう》（銅《どう》と亜鉛《あえん》の合金）」の「鍮《ちゅう》」などです。

雄か雄か

翼を大きく張り広げるありさま

アンケートの回答には、「自分の名前が雄と書かれて来ることが多い」という報告がありました。

「雄」のような誤字が生まれるのは、「雄《ゆう》」の左側が「広」と似ているせいでしょう。

「厷《こう》」という字を単独では用いないこともあるでしょう。常用漢字《じょうようかんじ》では「雄」にしかありませんが、人名用漢字の「宏《こう》」「紘《こう》」、表外字《ひょうがいじ》の「肱《こう》」（ひじ）には含《ふく》まれています。

「厷」を字源《じげん》から分析《ぶんせき》します。「ナ」は「又」と同じで、右手の形。「右」「友」「有」の「ナ」と同じです。いずれもユウの音《おん》です。「雄」もユウの音ですが、これは日本語で偶然《ぐうぜん》同じになっただけです。しかし「雄」を覚えるときの目安にはなります。

「ム」はひじを張り出した形です。だから「厷」は「大きく張り出す」というイメージを示す記号になります。鳥の「おす」を表すのに、翼《つばさ》を大きく張り広げるありさまを図形化して、「雄」ができました。孔雀《くじゃく》などの雄《おす》は雌《めす》にそんなディスプレーをするそうです。古代の人はよく観察していました。

それに対して「雌《し》」（めす）は「此《し》」（ちぐはぐでそろわないイメージ）という記号を用い、翼を折りたたむ姿が図形化されました。

ついでにいいますと、「弘《こう》」の「ム」もひじです。張り広げるから「ひろし」です。では「広」の「ム」もひじかというと、違《ちが》いました。旧字体《きゅうじたい》の「廣」を簡略化しただけです。

祐か祐か

漢字を作った人は、右利き？

「ネ」（「しめすへん」）と「衤」（「ころもへ

ん」）を混同する人が多いようです。「裕《ゆう》」については第一章（九一ページ）で述べましたので、そちらをご覧ください。

ここでは「祐《ゆう》」（これが正解です）がなぜ「しめすへん」かを説明しましょう。

「ネ」は「示」が変わった形で、祭壇《さいだん》を表す図形です。だから漢字を構成するとき、その字の意味の領域が神に関係があることを示す符号《ふごう》になります。こういった符号を私は限定符号《げんていふごう》と呼んでいます。普通《ふつう》は部首《ぶしゅ》と言います。しかし部首は字典で漢字を分類するための用語で、限定符号と少し違《ちが》います。例えば「亠」（「なべぶた」）はそんな形の字を集めるために設けただけで、意味とは何の関係もありません。

さて「祐」は「天祐《てんゆう》」ということばがありますように、神のお助けという意味です。「たすける」にもいろいろあります。力を貸すのは「助《じょ》」、脇《わき》から支えるのは「輔《ほ》」、困った事態に手を差《さ》し伸《の》べるのは「援《えん》」です。さらに、相手を何かからかばってくれるという助け方もあります。こういう大乗的《だいじょうてき》（？）助け方を表すことばがありました。これを書き表すのに「祐」と「佑《ゆう》」を作ったのです。前者は神がかばってくれる場合、後者は人がかばってくれる場合です。

神であろうと人であろうと、「右《ゆう》」がその助け方を示す基本的な記号です。人名などで「右」を「すけ」と読むのは、「右」に「たすける」という意味があるからです。「右」の「ナ」は「又」と同じで、右手の形です。「口」は何かある物を示します。物をかばうようにする右手を表すのが「右」という字です。右手でかばうから、また「かばって助ける」という意味にもなります。漢字を作った人は、右利き《みぎき》だったようです。

郵か郵か郵か陲か

「下る」というイメージを表すために利用された記号

「郵《ゆう》」（一字目）が正解です。「郵」は横棒が余分に多い誤字です。第一章の「垂《すい》」の項《こう》（三六ページ）を参照してください。「郵」は余計な点画《てんかく》を入れた誤字、「陲」は左右あべこべです。ただし「陲」は存在する字ですから、「陲」自体は誤字ではありません。ちなみにスイという音《おん》で、地の果てという意味です。

「郵」がなぜ「垂」を含《ふく》むか、なぜ「阝」が右につくかを説明します。

「郵便」の「郵」の原形は中央から地方へ通信を伝えていくための中継所《ちゅうけいしょ》でした。中央から地方へ行くから「下る」というイメージです。日本でも都《みやこ》から地方へ行くのは「くだる」といいます。

「下る」というイメージを表すために「垂」という記号を利用しようと思いついたのです。「垂」は草木《そうもく》の枝葉《えだは》が垂れ下がる図形なので、「上から下のほうへ下っていく」というイメージがあります。中継所は町や村に設けられるので、これを示す符号《ふごう》として「阝」を「垂」につけます。「阝」は

「邑《ゆう》」（むら）の変形で、部首《ぶしゅ》の名としては「おおざと」（大きな里の意）と呼びます。

「おおざと」をなぜ右につけるかの理由ですが、必然性はありません。同じ「阝」の形をとる「阜」（「こざとへん」）を左につけ、「おおざと」を右につけて、両者を区別するのです。ちなみに「おおざと」は人が住む比較的大きな地域を限定し（例えば、都《と》・郡《ぐん》・郊《こう》）、「こざとへん」は丘《おか》、階段、盛《も》り土《ど》など人の住まない限られた場所を限定します（例えば、陵《りょう》・院《いん》・階《かい》）。

余談ですが、「となり」は隣《とな》り合《あ》った村を念頭《ねんとう》に置いて「鄰」と書いていたのですが、お隣《となり》の家という意識が強くなったせいか「隣」に変わってしまいました。

与か与か与か

めりはりが利いている明朝体

一番目と二番目はともに正解です。

二番目の「与《よ》」は明朝体《みんちょうたい》（普通《ふつう》の活字《かつじ》体《たい》）です。この字体の特徴《とくちょう》はめりはりが利《き》いていることです。ひげみたいなものをつけて、格好《かっこう》よくしています。そのため画数《かくすう》がわかりにくいものもあります。「与」だと四画に数えそうですが、「ㄅ」を一筆《いっぴつ》に書いて、三画に数えます。一番上の「与」は教科書体です。書くときはたいていこうなると思います。だからどちらも誤字ではありません。

現在使っている常用《じょうよう》漢字の字体は活版《かっぱん》印刷にふさわしく作られた明朝体が基礎《きそ》にな

っています。いまや活版印刷はほとんど消え、コンピューターなどに取って代わられました。しかし字体はまだもとのままです。今後、コンピューターにふさわしい字体の創造を検討する必要があると思います。

　三番目の「与」は年配者が書きそうな誤字です。「与」の旧字体「與」を知っている方でないと書けません。「與」の下部が生き残ったのです。

刅か幼か

「刀」なのか「力」なのか

「刅」は間《ま》違《ちが》いです。「力」か「刀」かは限定符号《げんていふごう》の働きと、「幼《よう》」の意味で考えるほかはありません。字典の分類では「幼」は「幺《よう》」の部に入っています。しかし字源《じげん》的に見ると、「幺」が音《おん》とイメージを示す要素、「力」が限定符号です。

「幼」の意味は、子供がまだ成長しきらないで弱々しいということです。成長せず小さいというイメージを表すために「幺」を利用します。これは「糸」の上の部分で、小さい糸を表す記号です。また、子供は力がなく、か弱いから「力」の範疇《はんちゅう》に入れます。そこで「幼」という字が生まれました。「幼」は「刀」を入れる余地はありませんでした。

　余談ですが、「功」は「刀」を入れる余地はあるでしょうか。普通《ふつう》は「功績」は力で獲得《かくとく》するものです。しかし武器で手に入れると考えた人もいるようで、「㓛」の誤字が生まれました（『正字通《せいじつう》』に出ています）。有名な企業人に中内㓛《なかうちいさお》という方がいます。新聞などはちゃんとこの字を作字しています。前にもふれましたが、プロボクサーの辰吉丈一郎《たつよしじょういちろう》さんに対しては「丈」にしていました。それぞれに字体《じたい》の扱《あつか》いも違うようです。

陽か陽か

上方や天を表す大切な符号

「陽《よう》」が正しく、「陽」は間違《まちが》いです。「賜《し》」では「昜《よう》」になり、「傷《しょう》」では「易《えき》」になる誤字が出てきました。「昜」と「易」は「一」のあるなしだけの違いで、よく混乱するようです。

「昜」の「一」は何であるかを説明しましょう。

「昜」の上は「日」です。金文《きんぶん》（下図右）では「日」の下に「丂」を加え、篆書《てんしょ》（下図左）では「丂」と「彡」をドッキングさせた形になっています。

「丂」は上の線に向けて下から次第《しだい》に上がっていく様子を暗示させる符号《ふごう》です。「彡」は光が発散する様子を示す符号です。

以上の分析《ぶんせき》から、日が光を発散させながら天に上るありさまを図形化したのが「昜」だと判明しました。「一」は上方や天を表す大切な符号でした。

太陽の「陽」になぜ「阝」（「こざとへん」）がつくかの説明もしたほうがよいでしょう。

「阝」は「阜」（おか）の変形で、丘《おか》、段々、盛《も》り土《ど》などに関することを示す限定符《げんていふ》号《ごう》です。日の光がよく当たる山の南側を「昜+阝」で表したのです。反対の北側は「陰《いん》」です。中国地方の山陽《さんよう》、山陰《さんいん》は文字通りの使い方です。そこから発展して、日の光が当たれば明るいから、明るいものや明るさを意味するようになりました。明るいものでいちばん大きなものといえば日です。ここから「太陽」ということばが生まれたのです。

様か様か様か様か樣か様か

なぜこんな字になってしまったのか

なぜこんなに誤字が出るのでしょう。「様《よう》」（これが正解です）の字体《じたい》の観念が怪《あや》しいですね。

「羊」の形に二通りあります。

①「羊」……羊《よう》・祥《しょう》・詳《しょう》・群《ぐん》・鮮《せん》・達《たつ》・善《ぜん》・遅《ち》（以上、常用漢字《じょうようかんじ》）、翔《しょう》（人名用漢字）、羸《るい》（表外字《ひょうがいじ》）

②「𦍌」……養《よう》・美《び》・義《ぎ》・儀《ぎ》・議《ぎ》・犠《ぎ》・窯《よう》・差《さ》・着《ちゃく》（以上、常用漢字）、羞《しゅう》・羨《せん》・羹《こう》（以上、表外字）

この中には「ひつじ」と関係がないものもあります。「様」はどうかというと、「ひつじ」と関係がありますが、①にも②にも入れにくいのです。「様」のつくりの「羊」の中棒が下に延びたうえ、はねています。こんな形はほかにありません。

こうなった理由は「様」の旧字体「樣」を簡略化したからです。見出しにあげた最後から二番目が、その旧字体です（したがってこれは誤字ではありません）。これなら②に入ります。

もう一つ混乱させるのは、「水」が下に来るときの「氺」（「したみず」）と似ていることです。これは常に切り離《はな》された形で、他の符号《ふごう》とくっつくことはありません。

常用《じょうよう》漢字の「様」の字体に問題はありますが、これを尊重《そんちょう》しましょう。

余談を一つ。手紙などで宛名《あてな》にわざわざ旧字体の「樣」を使う人もいます。「樣」は最大の敬意を表すという説がありますが、理解に苦しみます。

養か養か　とても奇妙な字

「養」が正しいのですが、よく見ると変な形です。字《じ》体《たい》の観念がしっかりしていないと、とても奇妙《きみよう》な字に見えると思います。例えば「羊」に「八」を書き、その下に「艮」を書くと、一応それらしく見えても、どこか変です。

一番目にあげた「養」は誤字ですが、「𦍌」に「八」を書いて、下に「艮」を書いているのではないでしょうか。

「養」の字体の観念は、「羊《よう》」で音《おん》を再現させ、「食」で意味を限定させ、二つを上下に重ねるということです。ただ字体（万人共通の観念）を字形（実際に書く形）に実現させるときは、「羊」は「𦍌」の形をとります。それだけではありません。「食」と「𦍌」をドッキングさせるとき「𠆢」の先《せん》端《たん》をそのまま「𦍌」につけるのではなく、

「八」に開いてつけるのです。

なぜこんな字形になったのかよくわかりません。隷書《れいしょ》までは「食」をこのまま書いていたのですが、楷書《かいしょ》から現在のように変わりました。

なお「寡《か》」の下部も「養」と同じように「八」が上についています。

祼か裸か

果物は、はじめからはだか

「ネ」（「しめすへん」）と「衤」（「ころもへん」）の混同がここでも現れました。「裸」（これが正解です）は「ころもへん」です。「はだか」の意味を考えればわかります。生まれたての赤ちゃんはともかく、普通《ふつう》の人間は着物を脱《ぬ》いではだかになります。だから「ころもへん」がつくのです。

ところで、つくりの「果」は何でしょうか。なぜ「衤＋果」で「はだか」になるのでしょうか。「果」は果物《くだもの》で、はじめからはだかだからです。りんごのような果物は肌《はだ》がつるつるしています。着物を脱ぐとこんな人肌《ひとはだ》が現れるはずです。

覧か〓か

枠の中に姿を映して見るありさま

「賢《けん》」で「〓」と書く誤字がありましたが、ここでは逆の誤字が現れました。つまり、「〓」のほうが誤字です。

「覧《らん》」の上は「監《かん》」の上と共通です。「覧」の旧字体《きゅうじたい》は「覽」でした。この字の上は、少し変形していますが、「監」と同じです。

ということは「覧」は「監」の省略形を音《おん》符《ぷ》（ことばの読みを示す符号《ふごう》）とするわけです。

「監《かん》」を音符とする字はカンとランの二つの音《おん》のグループがあります。

①カン……監・鑑・艦・檻（おり）

②ラン……覧・濫・藍（あい）・籃（かご）

「覧」は見るという意味です。見るは見るでも、物や風景を枠《わく》の中に収めて見るという意味です。「一覧《いちらん》、展覧《てんらん》、観覧《かんらん》」などの使い方を考えればおわかりと思います。

字源《じげん》は「臣（目玉の形）＋𠂉（人）＋一（水を横に張った形）＋皿（さら）」を合わせた「監」に、「見」（限定符号《げんていふごう》）を添《そ》えたものと分析《ぶんせき》できます。水鏡《みずかがみ》という一定の枠の中に姿を映して見るありさまを図形化しています。

本章の「監《かん》」の項《こう》（二六〇ページ）も参照してください。

裏か裏か裏か裏か

そんなに難しい字？

これも、いろいろな誤字があります。「裏《り》」（これが正解です）はそんなに難しい字でしょうか。また字体《じたい》の観念をもち出しますが、それさえ頭にあれば何でもないと思います。

「暗々裡《あんあんり》」などの場合に使う「裡」は「裏」の異体字《いたいじ》です。これからわかるように、「衣＋里《り》」が字体の観念です。ただし「衣」の「亠」と「𧘇」の間に「里」を入れるのが正字《せいじ》です。したがって、下にもう一つ「衣」をつけた三番目は誤字です。
「裏」は中国にもあって、俗字扱《ぞくじあつか》いをされていますが、どう見ても誤字でしょう。

離か離か　虫眼鏡で見ないとわからない

改めてよく見ると、正しい「離《り》」は「禸」の部分が「偶《ぐう》」や「属《ぞく》」と違《ちが》っています。虫眼鏡《むしめがね》で見ないとわからない部分です。

①「厶」……離・禽《きん》
②「厶」……偶《ぐう》・遇《ぐう》・隅《ぐう》・愚《ぐ》・属《ぞく》・嘱《しょく》

この違いはいったい何でしょうか。「離」の左側の「离」は獣《けもの》の形をした山の神だと古代の文字学者は説明しています。空想的な獣といってよい

でしょう。「魑魅魍魎《ちみもうりょう》」（妖怪変化《ようかいへんげ》の意）ということばがありますが、この中の「魑《ち》」に含《ふく》まれています。「禸」の下部は後ろ足と尻尾《しっぽ》の形です。
「禺《ぐう》」はある種の類人猿《るいじんえん》を描《えが》いた象形文字《しょうけいもじ》です。「禸」の部分はやはり後ろ足と尻尾の形です。

以上でおわかりのように①も②も基本は同じでした。しかしなぜ違った形になるのでしょう。①と②の字をよく見比べてみると、①は尻尾だけで短い場合の書き方、②は胴体《どうたい》から尻尾までつながって、長い線になる場合と判明します。「禺」を「厶」のように書くとどうしても字形《じけい》が崩《くず》れてしまいます。それでは「離」のほうを②のようにまっすぐ書けばいいのでしょうが、これ

また美形上「ム」と書くのがいいと判断したのでしょう。

こういうわけで形が違ったのだろうというのが、私の推定です。もともと同じですから目くじらを立てなくてもいいと思います。したがって「離」の字は誤字ではなく許容字体《きょようじたい》と考えたいと思います。

夘か卯か——するするすべるというイメージ

「夘」は間違《まちが》いです。「卯《ぼう》」と「卬《こう》」は形が似ているので、これを含《ふく》む字がよく混同されます。違いについては第一章（二〇〇ページ）で述べましたので、そちらをご覧ください。

ここではなぜ「やなぎ」が「柳」と書き表されるかの説明をしましょう。第一章にも述べたように、「卯」は門を開ける様子を暗示させる図形です。だから、するするとすべって止まるというイメージがあります。すべった結果止まるから、「するするとすべる」と「止まる」の二つのイメージに分けることもできます。二つは反対のイメージですが、漢字を構成する記号として、同じ「卯」を用います。

「やなぎ」の特徴《とくちょう》は枝が垂《た》れていることです。風に吹かれると流れているように見えます。かくして、「卯」の一つのイメージである「するするとすべる」を利用して、「卯＋木」と組み立てる「柳《りゅう》」が生まれました。

ついでにいいますと、「留《りゅう》」は「とまる」

という意味です。この字の上は「卯」が変わった形です。「卯」のもう一つのイメージを利用しました。また「溜飲《りゅういん》」の「溜」は「たまる」と読んでいます。これも「止まる」のイメージです。ここまで来ると「瘤《りゅう》」はすぐおわかりでしょう。血液などがつかえて止まってできたしこり、つまり「こぶ」です。

梁か梁か梁か

誤字と断定するには微妙

「梁」と「梁」は、どちらも誤字と断定するには微妙《びみょう》です。

前者のように「刃」を書く字形《じけい》は書道ではよく見られます。「さんずい」が前に移動した後者にしても、篆書《てんしょ》を見ると「さんずい」から書き出しています。つまり篆書の段階までは「水」の部に属していた字です。現在は「木」の部に入っています。

このように誤字とはいいにくいのですが、私は『康熙《こうき》字《じ》典《てん》』に準拠《じゅんきょ》して「梁」を正字《せいじ》とします。他の二つの字は普通《ふつう》の字典には出ておりません。

岡山県に高梁という市があります。「たかはし」と読みます。「はし」、つまり橋というのが最初の意味でした。ここで字源《じげん》を導入します。

「刃」は「刀」の片側に点をつけて「は」を示していますが、「刅」は両側に点をつけています。だからこれは両刃《りょうば》を暗示させるわけです。「両方」というイメージが大切なのです。川に架《か》けた「はし」は一方から他方へ渡すものであるし、両側をつなぐものでもあります。だから「氵（水）＋刅＋木」で「はし」を書き表すのです。「棟梁」の「梁」は「はり」です。これも両側に架け渡すものです。「はし」も「はり」も木製ですが、水と縁があるのは「はし」です。だからこれが最初の使い方です。

療か療か療か

ふだんなにげなく書いている難しい字

原尞《はらりょう》という推理作家がいますが、本名なら戦前の生まれでしょう。「尞」は普通《ふつう》見かけない字です。単独で使われることはありません。

一字では難しいのに、他の字の構成要素になっているため、普段《ふだん》なにげなく書いているという字は多いものです。「尞」は「僚《りょう》・寮《りょう》・療《りょう》」の構成要素です。「瞭《りょう》」（人名用漢字）もあります。

なにげなく使っているのに、よく考えると、いったいなぜそうなっているのかわからず、つい誤字を書いてしまうことがあります。「療」もこの類《たぐい》でしょう。

一番上の誤字は単純な錯覚《さっかく》だと思います。医療《いりょう》は病気を治す行為《こうい》ですから、「疒」（「やまいだれ」）です。それとも病室と関係があるから「广」（「まだれ」、建物を限定する符号）と考えたのでしょうか。

三つ目の「療」という誤字は字源《じげん》をもち出さないと説明がつきませんが、字源が厄《やっ》介《かい》です。「尞」は焚《た》き火の図形で、上部は火《ひ》の粉《こ》が空中に飛び散る形です。「日」は燃やすものを入れる器と考えてください。「小」は「火」の変形です。「票」の下部にも似た形があります。

　詳《くわ》しいことは第二章の「寮《りょう》と僚《りょう》と療《りょう》」の項《こう》（二二三ページ）をご覧ください。

輪か輪か輪か

順序よく並べるというイメージ

「輪《りん》」が正解です。一番上は「冊」と「用」を混同する誤字です。本章の「編《へん》」の項《こう》（三八四ページ）をご覧ください。

　三番目の「輪」は「冊」か「册」かわからなくなったケースです。漢字の構成要素になるときは「冊」のように書き、両端《りょうはし》がはみ出ません。これについても「編」の項で説明しました。さらに本章の「冊《さつ》」の項（三〇四ページ）も参照してください。

「侖《りん》」の字源《じげん》から誤字の処方《しょほう》を考えます。

「侖」は「亼」（集めることを示す符号《ふごう》）と「冊」を組み合わせたもので

す。「冊」は木や竹の札《ふだ》を並べてひもで結んだ、古代の書物を表した図形です。昔の本造りは現代と違《ちが》い、札を横に並べるだけでした。ひもが切れたりすると順序が狂《くる》ってしまいます。だから順序よくきちんと並べることから本造りが始まります。ということで、「筋が通るように順序よく並べる」というイメージを表す記号として「侖」を用いるのです。
　昔の車のタイヤをご存じでしょうか。現在の自転車のタイヤと似たようなものです。

周囲に鉄の輪があり、中央に軸《じく》を通す部分（こしき）があり、こしきから輪にスポークが出ています。スポークが順序よく並んでいないと役に立ちません。「車＋侖」で車輪を表す漢字が生まれた理由が納得《なっとく》されたと思います。

礼か礼か

由緒のある字

「礼《れい》」が正解です。誤字は「ネ」（「しめすへん」）と「ネ」（「ころもへん」）を混同したものです。これについてはたびたび述べました。第一章の「裕《ゆう》・祝《しゅく》」の項《こう》（九一ページ）をご覧ください。

「礼」の旧字体《きゅうじたい》は「禮」です。人名にはこの旧字体も見かけます。しかし人名用漢字許容字体表《きょようじたいひょう》には入っていません。子供の名前に「禮」をつけると、役所ではねつけられる恐《おそ》れもあります。

ところで「礼」は「禮」の簡略字ではありません。古文《こぶん》（五四ページ参照）という書体《しょたい》に「礼」がありました。由緒《ゆいしょ》のある字です。「L」は下に押《お》さえつけることを示す符号《ふごう》ですが、「礼」の場合はお辞儀《じぎ》をするありさまを象徴《しょうちょう》的に表したのでしょう。なぜ「ネ」（「しめすへん」）かというと、その原形の「示」が祭壇《さいだん》の図形だからです。拝礼《はいれい》する対象として神様をもってきたのはだれもが発想することです。

霊か霊か霊か霊か

旧字体は意味が通るまっとうな字

「霊《れい》」が正しいのですが、この下部は何だろうと、私も不思議に思っています。字源《じげん》を調べて確かめるほかはありません。

「霊」の旧字体《きゅうじたい》は「靈」でした。「口」が三つ並んだ形を新字体で

は「一」に略したようです。いちばん下は「巫」です。これを略すと三番目の「霊」のようになりそうなものですが、どういうわけか「亜」になりました。「並」の下部と似ています。だから四番目の「霊」のような誤字が発生するのでしょう。

意味を考えます。「霊《れい》」は空から雨粒《あまつぶ》が降《ふ》る図形です。これを「上から下に降《お》ろす」というイメージを表す符号《ふごう》に用います。これに「巫」（みこ）をつけます。巫《み》女《こ》が神降《かみお》ろしをする場面を想定して生まれた漢字が「靈」です。それによって「神霊《しんれい》、霊魂《れいこん》」という意味を表したのです。

旧字体は意味が通るまっとうな字ですが、「霊」は困りものです。新旧の比較から誤字を直すしか手がありません。

隷か隷か

祟りを受けて捕まえられた人

「隷」はつくりの二ヵ所に間違《まち》いがあります。「隷《れい》」（これが正解です）のつくりと「逮《たい》」のつくりは共通なのです。

まず「隶《たい》」を説明しましょう。「氺」は

尻尾《しっぽ》の形です。「属《ぞく》」の旧字体《きゅうじたい》の「屬」や「犀《さい》」（動物のサイ）に含《ふく》まれています。「ヨ」は手の形です。だから尻尾を捕《つか》まえるありさまの図形（下図）が「隶」です。「逮捕《たいほ》」の「逮」はこれで明らかでしょう。

「隷」の解釈《かいしゃく》は面倒《めんどう》です。「隷」の左側は「柰」と「祟」の両形がありました。後者を説明しましょう。「祟《すい》」は「たたり」です。祟《たた》りを受けて捕まえられた人が奴隷《どれい》ということです。

「ヨ」の中の横棒が右に抜《ぬ》けるか抜けないかについては法則があります。第一章の「帰《き》」の項《こう》（五六ページ）をご覧ください。

廊か廊か廊か

音を再現させるために利用

一番上の字は必要な点画《てんかく》を落とした誤字です。「良」と「艮」の違《ちが》いについては本章の「退《たい》」の項《こう》（三四五ページ）をご覧ください。

正解は真ん中の「廊《ろう》」です。

「廊」は「郎《ろう》」からできています。「郎」になぜ「阝」（「おおざと」）がついているかが問題です。「おおざと」は人が住む比較的大きな場所、つまり町や村を限定する符《ふ》号《ごう》です。だから「郎」はもとは地名でした。地名を「おとこ」の意味に使うのは「漢」（川の名、また国名）の例もあります。「郎」の場合はこの字を構成する「良」のイメージを利用したようです。昔、女が男を「良《りょう》人《じん》」といって呼びかけました。「いい人、優《やさ》しい殿方《とのがた》」という意味です（日本では「良人」を「おっと」と読みます）。やがて「良人」を単に「郎」というようになったのです。

さて廊下の「廊」ですが、いい男の意味とは関係がありません。Aという建物（場所）とBという建物（場所）をつないで渡すところを「廊」といいます。「郎」を利用したのは lang という音《おん》を再現させるため利用しただけです。

漏か漏か
「尸」なのか「尸」なのか

雨漏《あまも》りが頭に浮かぶと、二字目のように「尸」を書きたくなります。しかし誤字です。

「漏《ろう》」のつくりは「尸＋雨」の組み合わせです。「尸」は何でしょうか。漢字を構成する「尸」には三通りの働きがあります。

①尻《しり》を示す符号《ふごう》……尾《び》・尿《にょう》・属《ぞく》・嘱《しょく》・刷《さつ》・屈《くつ》・掘《くつ》・堀《くつ》（ほり）・展《てん》・殿《でん》・居《きょ》・据《きょ》・尉《い》・慰《い》・遅《ち》（以上、常用漢字《じょうようかんじ》）、尻《こう》（しり）・屁《ひ》（へ）・屍《し》（しかばね）・屎《し》（くそ）・犀《さい》（以上、表外字《ひょうがいじ》）

②人・人体を示す符号……尼《に》・泥《でい》・届《かい》・履《り》・壁《へき》・癖《へき》・避《ひ》（以上、常用漢字）、屑《せつ》（くず）・屠《と》（以上、表外字）

③屋根《やね》を示す符号……屋《おく》・握《あく》・漏《ろう》・層《そう》・塀《へい》（以上、常用漢字）

「漏」の「尸」は③の働き、つまり屋根だ

ったわけです。「屋」と関連づければ「戸」にする誤字は解消します。

禄か禄か

お上に権威があった時代のことば

最近の新聞には「貫録」という書き方が躍《おど》っています。スポーツ欄《らん》の見出しに、「ジャンボ貫録の優勝」などと書いてあるのを見たことはありませんか。たいていの新聞が「貫録」にしているのです。不思議なことに新聞以外では見たことがありませんん。私はいつも頭をひねっています。「貫録」は当然誤用《ごよう》です。そして、「禄」を「ネ」(ころもへん)にするのは誤字です(二字目)。なぜ「ネ」(しめすへん)が正しいかの説明をしましょう。

幸せは神様から下されるものという考えが古代にあったという話を「祉《し》」の項《こう》(三〇七ページ)で述べました。「福《ふく》・祉・禎《てい》・祥《しょう》」など「しあわせ」という意味をもつ漢字が作り出されています。もちろん反対に「禍《か》」(わざわい)や「祟《すい》」(たたり)もあります。

「禄《ろく》」も幸せの仲間です。「天の美禄《びろく》」といえば酒の異名《いみょう》ですが、天から下された幸せという意味です。「俸禄《ほうろく》」は給料ですが、これも幸せの一種です。ただし会社からもらう給料ではありません。天から下される給料、要するにお上《かみ》(政府)からいただく給料です。お上に権威《けんい》のあった時代のことばです。

お上の権威が廃《すた》れて、いまでは「貫禄《かんろく》」

や「余禄《よろく》」に残っているだけです。それでも「貫禄」には威厳《いげん》のあるイメージが微《かす》かに生きています。ジャンボ尾崎さんだから貫禄があるわけで、いくら実力があってもタイガー・ウッズはまだ貫禄とはいえないでしょう。もっとも優勝を重ねるにしたがい、最近の新聞ではタイガー・ウッズにも「貫禄」の形容詞がつくようになりました。貫禄をいうには年季《ねんき》も必要です。

第二章の「緑《りょく》と録《ろく》と縁《えん》」の項《こう》（二二四ページ）も参照してください。

隈か隈か隈か

押さえられてへこむというイメージ

二番目の「隈」は、余計な点画《てんかく》を入れた誤字です。第一章の「展《てん》」（四四ページ）を参照してください。

その他、こんな誤字もあるのかと驚《おどろ》きました。

正解は「隈《わい》」です。これは常用《じょうよう》漢字ではありませんが、「界隈《かいわい》」や「隈取《くまどり》」などに使われます。「くま」という意味です。「くま」はへこんで奥《おく》まったところということです。

「隈」は「畏《い》」からできています。「畏」は「おそれる」という意味があり、「畏怖《いふ》、畏敬《いけい》、畏友《いゆう》」という使い方をします。

「畏」を字源《じげん》から説明します。「田」は「鬼《き》」の上部の「田」の形です。「乀」は「鬼」の下部の「儿」が変化した形です。それらを除いた部分は「T」型の武器の形です。全体を合わせると、鬼《き》（丸い頭の化け物）

が武器をもって脅《おど》しつけるありさまの図形化となります。これで「おそれる」の意味がおわかりでしょう。

　脅《おど》されるとびびってしまいます。体は自然に萎縮《いしゅく》します。そこで「畏」を「押《お》さえられてへこむ」というイメージを表す記号とするのです。へこんだ「くま」を「隈」で書き表すのはそういう由来《ゆらい》があったのです。

「隈」の右下は「T」型の武器だったということから誤字を訂正してください。

惑か惑か

ある範囲を区切るというイメージ

「惑」は上下あべこべの誤字です。「一」が「口」の上か下か、ちょっとややこしいのです。

　字源《じげん》から説明します。「惑《わく》」は「或《わく》」が基幹符号《きかんふごう》です。「或」の金文《きんぶん》を調べると、「戈」を除いた部分は「𠮛」という形になっています（下図右）。「口」の上にも下にも「二」があったのです。これは場所を二線で仕切る様子を暗示させる符号です。

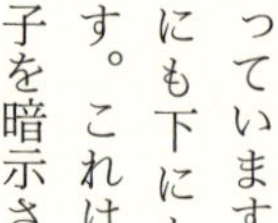

　ちょっと寄り道しますが、「画《かく》」の旧字体《きゅうじたい》「畫」を見てください。「田」の下に「一」があります。これも田を線で区切る様子を暗示しています。「畫」は田を区画するありさまを図形化したものです。もう一つ、「昼」の旧字体の「晝」を見てください。「晝」とよく似ていますね。「日」の下に「一」をつけて、一日の生活の中心になる

時間帯（つまり「ひる」）を区切るありさまの図形化です。

以上の例もありますので、篆書《てんしょ》（前ページの図左）では「口」の下に「一」を添《そ》えただけの「或」になりました。「戈」は「ほこ」という武器です。ここは自分の領土だと区切って境界線をつけ、武器で目印《めじるし》をするありさまを図形化したのが「或」なのです。

漢字の構成要素として、「或」は「ある範囲《はんい》を区切る」というイメージを表す記号になります。「域《いき》」は区切られた土地、「國《こく》」（「国」の旧字体）は区切って囲みをした領土です。では「惑」とは何でしょうか。

「心」は精神や心理にかかわることを示す限定《げんてい》符《ふ》号《ごう》です。「惑」はどういう心理かといいますと、心が狭《せま》い枠《わく》に区切られてよい判断が妨《さまた》げられる状態です。「困惑《こんわく》、疑惑《ぎわく》、魅惑《みわく》」の「惑」です。自由な精神を失ってまどい、まどわされるのが「惑」なのです。

殴 118
なつかしい
懐 255
なつかしむ
懐 255
なつく
懐 255
なつける
懐 255
なべ
鍋 85
ならう
習 253
ならわし
習 253
なわ
苗 377
ナン
南 358
難 360

に

ニ
弐 201, 360
におい
匂 201
におう
匂 201
になう
担 188
にぶい
鈍 163
にぶる
鈍 163
ニョ
女 317
ニョウ
女 317

ぬ

ぬう
縫 392

ね

ネイ
寧 361
ねがう
願 263
ねんごろ
懇 50

の

ノウ
脳 362
のせる
載 154
のぞく
除 166
のぞむ
望 393
のべる
述 314
のる
載 154

は

は
端 84, 174
バ
婆 157
ハイ
拝 30, 363
廃 363
バイ
売 364
はえ
栄 241
はえる
栄 241
はぎ
萩 161
ハク
博 39
薄 212, 365
はく
掃 339
はさまる
挟 136
はさむ
挟 136
はし
端 84, 174
橋 71
はじめ
初 92
はじめて
初 92
はす
蓮 87
はた
畠 366
端 84, 174
機 267
はだか
裸 411
はたけ
畠 366
はたす
果 247
ハツ
発 367
髪 368
はつ
初 92
バツ
妹 214
はて
果 247
はてる
果 247
はな
華 248
鼻 374
はなす
離 413
はなはだ
甚 325
はなはだしい
甚 325
はなれる
離 413
はは
母 387
ばば
婆 157
はら
腹 206, 381
はらす
晴 175
はり
梁 415
はる
張 192
はれる
晴 175
ハン
版 369
班 202

見出し語音訓索引

＊本書に見出し語として取り上げた漢字の音と訓を五十音順に配列しています。
＊音はカタカナ、訓はひらがなで示し、同音・同訓の場合は画数順に並べました。

あ

アイ
哀 115, 235
愛 235
あおぐ
仰 100
あおる
煽 98
あかつき
暁 272
あがる
挙 141
あき
秋 308
あげる
挙 141
あじ
味 215
あじわう
味 215
あそぶ
遊 75
あたえる
与 406
あつい
暑 164
あなどる
侮 125
あぶない
危 58
あま
天 65
あみ
網 148, 399
あむ
編 384
あめ
天 65
あやうい
危 58
あやつる
操 181
あやぶむ
危 58
あらかじめ
予 218
あらそう
争 337
あわ
粟 182
あわれ
哀 115, 235
あわれむ
哀 115, 235
アン
庵 236

い

イ
已 143
伊 238
医 237
委 116
遺 142
いおり
庵 236
いく
幾 267
いこい
憩 279
いこう
憩 279
いさぎよい
潔 281
いただく
戴 154
いたむ
傷 319
いためる
傷 319
いのる
祈 264
いましめる
戒 124, 250
いもうと
妹 214
いろどる
彩 296
いわう
祝 91, 313
イン
陰 238
隠 120

う

ウ
宇 239
烏 117
うい
初 92
うえる
植 171
うけたまわる
承 317
うず
渦 122
うすい
薄 212, 365
うすまる
薄 212, 365
うすめる
薄 212, 365
うすらぐ

この作品は二〇〇〇年二月、小社より刊行された『いつも迷ってしまう漢字大疑問』を改題し、加筆・訂正ならびに再編集しました。

加納喜光―1940年、鹿児島県に生まれる。茨城大学人文学部教授。東京大学文学部中国哲学科を卒業後、同大学大学院修士課程修了。専門は中国思想、中国文学、中国博物学史。大学で教鞭をとるかたわら、独自の「字源分類方式」によって、系統的かつ合理的な漢字の習得法を提唱している。

編著書には『常用漢字ミラクルマスター辞典』(小学館)、『似て非なる漢字の辞典』(東京堂出版)、『見て味わう漢字の満漢全席』(徳間文庫)、『知ってるようで知らない日本語辞典』(講談社文庫)、『読めそうで読めない漢字2000』(講談社+α文庫)などがある。

講談社+α文庫 書《か》けそうで書《か》けない漢字《かんじ》2000
――あいまい書き・うっかり書き実例集
加納喜光《かのうよしみつ》

2003年10月20日第1刷発行

発行者――野間佐和子
発行所――株式会社 講談社
東京都文京区音羽2-12-21 〒112-8001
電話 出版部(03)5395-3529
販売部(03)5395-5817
業務部(03)5395-3615
デザイン――鈴木成一デザイン室
カバー印刷――凸版印刷株式会社
印刷――慶昌堂印刷株式会社
製本――株式会社国宝社

落丁本・乱丁本は購入書店名を明記のうえ、小社書籍業務部あてにお送りください。
送料は小社負担にてお取り替えします。
なお、この本の内容についてのお問い合わせは
生活文化第二出版部あてにお願いいたします。
Printed in Japan ISBN4-06-256785-7
定価はカバーに表示してあります。